Gastineau, Benjamin

Les femmes et les mœurs de l'Algérie

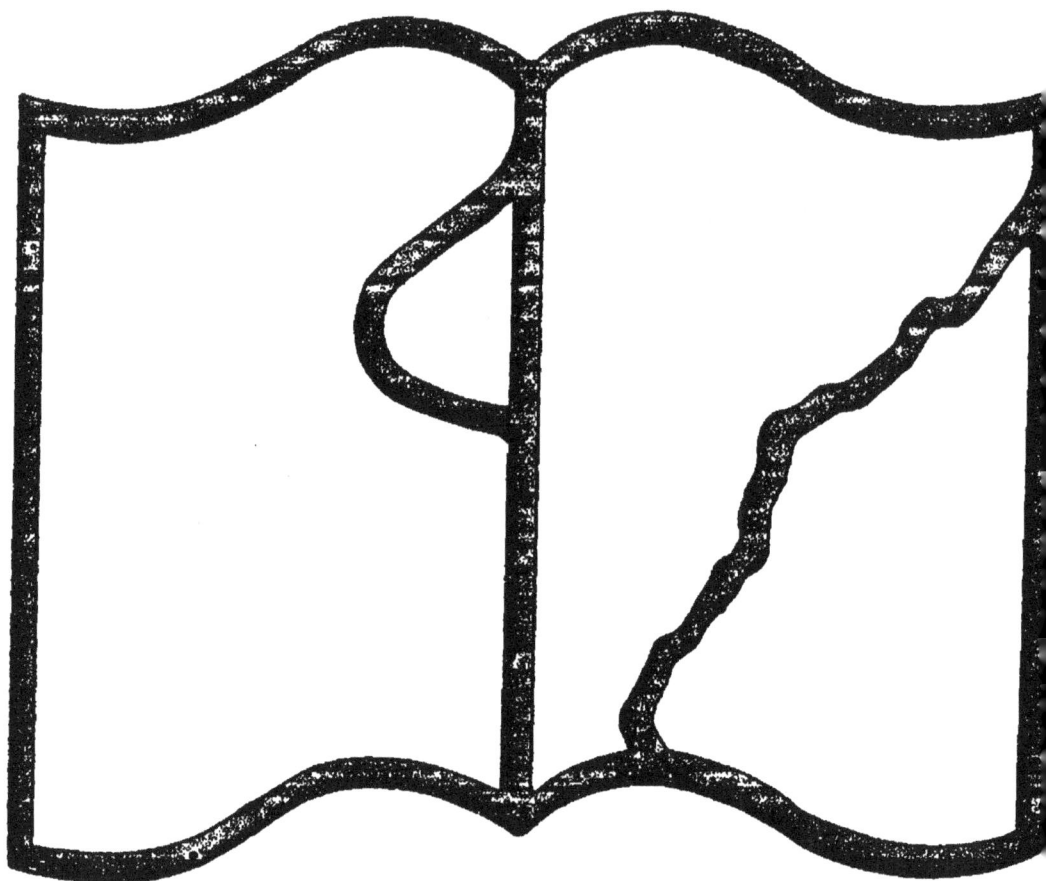

Symbole applicable
pour tout, ou partie
des documents microfilmés

Texte détérioré — reliure défectueuse

NF Z 43-120-11

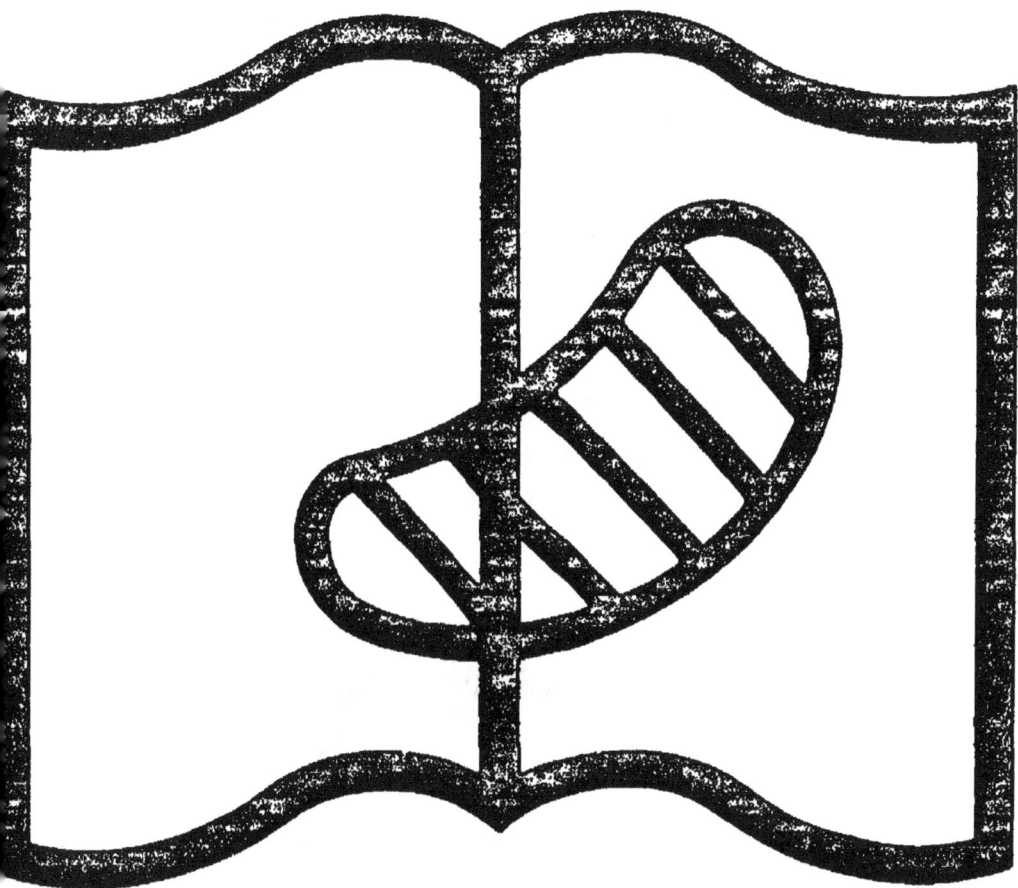

Symbole applicable
pour tout, ou partie
des documents microfilmés

Original illisible

NF Z 43-120-10

LES FEMMES

ET LES MŒURS DE L'ALGÉRIE

9,648 — ABBEVILLE, IMP. RENÉ HOUSSE

BENJAMIN GASTINEAU

LES FEMMES

ET LES MŒURS

DE L'ALGÉRIE

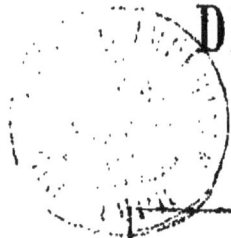

PARIS

COLLECTION HETZEL

LIBRAIRIE DE MICHEL LÉVY, FRÈRES

2 BIS, RUE VIVIENNE

1861

AUX ARABES

On trouve des frères partout! Voilà une vérité
que je vérifiai deux fois en Afrique, lorsque le vent
de l'exil m'y poussa en 1852 et en 1858. Les Arabes reçurent hospitalièrement sous leurs tentes le
proscrit français, et lui offrirent la diffa. Aussi,
est-ce avec une âme reconnaissante que je leur
dédie aujourd'hui ce livre écrit parmi eux, dans
les oasis de leur désert, sous leur ciel qui verse au
cœur les flammes de la passion, et sur leur terre
fertile en grands souvenirs, où sont couchées,
comme des sphinx du passé, les ruines des em-
pires éteints.

BENJAMIN GASTINEAU.

Paris, avril 1861.

FEMMES, LES MŒURS

ET LES ROMANS DE L'ALGÉRIE

I·

Les Femmes en Algérie

L'Algérie a le désert, l'oasis, la mer et les montagnes, un ciel toujours beau, une terre fertile, des forêts de chênes-liége peuplées de lions et de panthères, des sources glaciales et des eaux thermales, des chevaux enviés de l'Europe, des carrières de marbre, des mines d'or, d'argent, de fer et de plomb. L'Algérie a tous ces infinis, toutes ces richesses, toutes ces beautés, mais elle n'a pas la femme.

Où manque la femme, la vie n'est pas. Aussi la ma'aria a-t-elle jeté son voile terne sur la colonie algérienne, qui s'ennuie, qui est livrée à un perpétuel bâillement. On a beau boire café sur absinthe, courir des fantasias échevelées, chasser la bête féroce, se démener, suer sang et eau sous le soleil qui verse des flammes, rien ne comble le vide du cœur et de l'esprit; on ne supplée pas au foyer absent.

Les Européens qui ont un intérieur sont vraiment privilégiés, puisqu'on ne compte pas cinquante mille femmes immigrées en Algérie, nombre très-inférieur à celui des immigrants.

Quels préjugés arrêtent l'émigration des femmes en Algérie? Pourquoi l'Européenne n'a-t-elle pas encore voulu traverser la Méditerranée? Est-ce de peur de s'y noyer, de ne pas trouver en Afrique les galanteries auxquelles elle est habituée, les égards auxquels elle a droit, ou plutôt craint-elle de ne pouvoir résister au climat? Autant de terreurs puériles. Un voyage de trente-six heures dans le salon d'un paquebot à vapeur n'offre pas de danger sérieux; quant à la cour d'amour, elle est faite en Afrique avec plus d'assiduité qu'ailleurs. Eve règne et trône au-delà de la Méditerranée; elle a un cercle d'adorateurs qui se disputent ses sourires et ses bonnes grâces, des cavaliers servants qui, sur un signe, s'empressent d'exécuter ses ordres. Le climat africain n'agit réellement sur l'organisation nerveuse de la femme que la première année; dès la seconde année, elle est acclimatée, elle devient Africaine.

Africaine, c'est le baptême donné à toute dame qui a rompu en visière avec les mièvreries, les fadeurs, les mollesses de l'occident. Cette Parisienne aux couleurs pâles, à l'organisation délicate, que vous avez vue frêle comme une sensitive, vous êtes tout étonné de la retrouver africaine, bravant les incandescences du soleil, les fatigues, les dangers ; le matin, amazone, courant sur un gracieux cheval arabe ; le soir, naïade aux eaux thermales ou dans une baie de la Méditerranée. Aussi a-t-elle gagné à ces exercices spartiates, à cette vie active, la sève qui colore ses joues d'un vif incarnat, nourrit ses veines d'un sang généreux et abondant, fortifie ses muscles et donne une solide assiette à son corps, indice victorieux d'une plénitude de santé. Qu'importe après cela qu'une teinte bistrée ait chassé la pâleur mate de son visage ? La frêle et pâle fleur d'un jour s'est métamorphosée en cactus centenaire aux corolles d'acier.

Où l'amour serait-il ardent sinon dans ces régions tropicales ? Les amants du Sahara prouvent la sincérité de leur passion en laissant éteindre des charbons sur leurs chairs. L'Algérie est la vraie patrie, le merveilleux théâtre du roman d'amour. La responsabilité d'un cavalier servant est d'ailleurs sérieuse ici. Vous avez à redouter les bandits arabes, les ravins au fond desquels vous pouvez rouler, les panthères et les lions qui font cabrer vos chevaux et vous démontent si vous êtes mauvais cavalier.

Mais du danger naissent l'émotion et le charme. Sous vos yeux palpite la belle et fière amazone. A la vue d'une panthère sortant d'un fourré, son courage faiblit, s'évanouit ; vous êtes là pour la recevoir. Ou bien l'amazone a jeté les yeux sur un rouge hélianthème accroché aux flancs d'un ravin sauvage. A vous de descendre l'abîme, au risque de vous rompre le cou, et de rapporter la fleur désirée, fût-elle teinte de votre sang.

Quand vous avez galopé au bord des abîmes, monté et descendu les rampes étroites et rapides des forêts algériennes, avec quels délices ne vous reposez-vous pas à l'abri de la tente hospitalière ou au fond d'un ravin qui fait couler ses eaux sous des tunnels de lauriers-roses, sous des portiques naturels d'aubépines en arbres ? Vous êtes enivrés. Une délicieuse sensation de fraîcheur vous envahit. Ensevelis dans ce ravin, oubliés du monde, ne recevant qu'une lumière tamisée à travers le feuillage dentelé du caroubier et de l'olivier, si vous avez su scander à propos quelques beaux vers de Victor Hugo ou de Musset, n'avez-vous pas été cavalier heureux, le paradis n'a-t-il pas existé en vous et autour de vous ?

Les romans africains se déroulent presque toujours au bord de la mer, dans ces admirables baies ensablées qui découpent le littoral algérien, en forêt ou sous la tente. Cette Mauresque de fantaisie qui ferme hermétiquement son taklila sur son visage et sort furtivement de la ville, suivie par un Maure équivoque, va s'abattre, oiseau blessé au cœur, sous une tente préparée pour la recevoir. Mahomet, pardonne-lui son déguisement. Il y a temps pour toutes choses, dit Salomon, temps pour la sagesse, temps pour la folie.

A Bône, la plus jolie et la plus mondaine ville de la province de Constantine, la forêt de l'Edough supplée à tous les déguisements. Ses cépées et ses futaies ont vu plus d'intrigues que le romancier le plus fécond ne saurait en écrire.

Dans les premières années de la conquête, une jeune et riche héritière bonoise, refusée à un officier de spahis, disparut; après mille recherches inutiles on crut à un suicide. Mais voici ce qui était arrivé.

Par une belle nuit, à l'heure du profond sommeil des parents, l'officier de spahis de concert avec son amante, l'avait enlevée sur son agile cheval arabe et mise en retraite à l'Edough.

L'officier avait construit de ses mains un gourbi, un ermitage au fond de la forêt de l'Edough, où vivait très heureuse la demoiselle enlevée. Tous les soirs, l'officier de spahis venait la trouver. Il s'était entendu avec un Arabe qui servait de domestique à la belle fugitive, et lui apportait ses repas.

Un soir, l'officier retenu sans doute par une obligation de service, n'arriva pas.

La jeune fille sortit imprudemment, à la nuit, de son gourbi pour aller au-devant du bien-aimé. Mais la forêt de l'Edough est épaisse, inextricable; il faut bien connaître ses sentiers, qui ne sont pas tracés au cordeau comme ceux de Fontainebleau, pour ne pas s'égarer à travers ses hautes futaies de chênes-liége et de chênes-zend et ses buissons de vignes vierge.

La jeune fille transie de peur marchait toujours en avant, prêtant l'oreille, s'imaginant entendre le pas du cheval de l'officier, lorsqu'une panthère sauta sur elle, la saisit à la nuque, l'égorgea sous sa griffe et but tout son sang. Ses restes furent inhumés à l'Edough.

Les habitants du village de Bugeaud, situé sur un des points culminants de l'Edough, et qui sont pour la plupart employés par la Société d'exploitation de chêne-liége, vivent pourtant fort paisibles dans cette forêt, convenablement peuplée de bêtes féroces, comme toute bonne forêt africaine.

J'ai vu là deux demoiselles très âgées aujourd'hui; elles exploitent une concession donnée par les princes d'Orléans à leur frère, qui a ramené en France le premier troupeau de chèvres du Thibet et nationalisé l'industrie du cachemire. Elles vivent depuis vingt ans sans accident au milieu des Arabes et des bêtes féroces. Jamais elles n'ont été attaquées. Une seule fois, un Arabe a voulu s'emparer de quelque tête de bétail; leur chien de Terre-Neuve l'a étranglé ; les demoiselles M... dorment parfaitement dans ces solitudes, malgré l'étrange concert de glapissements, de rugissements, de cris stridents qui éclatent la nuit à l'Edough. Les demoiselles M... sont Parisiennes; leur courageuse odyssée a commencé dans un magasin de modes de la rue Vivienne. Mais les modistes s'habituent aux rugissements du lion comme les conscrits au hourvari de la bataille et au bruit du canon.

Il n'y a pas d'auberge à l'Edough ; les touristes reçoivent une hospitalité cordiale des colons de Bugeaud.

C'est aux demoiselles M... que je dois de connaître l'Edough, la reine des forêts africaines. Elles m'ont fait gravir tous ses pics qui dominent une étendue de vingt-cinq lieues, m'ont obligé à descendre dans tous ses ravins, m'ont conduit à la Fontaine-des-Princes et fait admirer les ruines de l'aqueduc romain qui amenait les eaux de la forêt à Hippone.

C'est un monde d'enchantements, d'harmonies, d'étrangetés que cette forêt qui dort le jour en paresseuse sultane, grillée par les rayons solaires, et se réveille la nuit au souffle puissant du lion et aux glapissements des chacals. Quand un orage se déchaîne sur elle, c'est un bruit d'enfer à assourdir les tympans les plus solides.

Dans les ravins, les galets roulent et chargent comme des escadrons furieux. Malheur à vous si vous vous laissez surprendre. L'orage passé, les arbres reprennent leur sérénité, leur immobilité, et à l'extrémité des portiques de feuillage sourient les flots bleus de la Méditerranée.

C'est encore au pied de l'Edough, dans une crique de la Méditerranée, que s'est joué le principal épisode d'un roman africain.

L'Algérie, qui sous tous les rapports est à l'état primitif, et attend un génie organisateur sachant tirer parti et profit pour la France de toutes ses richesses inexploitées et endormies, l'Algérie ne possède ni sociétés de bains de mer, ni cabanes où puisse se réfugier la pudeur, ni palais de cristal pour se réunir, causer et entendre des morceaux d'opéra, comme à Dieppe et à Trouville.

Pour parer autant que possible à ces inconvénients, les dames algériennes emportent des tentes, se font accompagner par des cavaliers qui doivent les protéger contre les flots, et, ce qui est plus difficile, contre les regards trop curieux.

Un aide-major de Bône avait été chargé, dans l'après-midi d'une chaude journée de juin, de veiller au salut de deux femmes dont l'une était sa fiancée et l'autre sa future belle-sœur.

Les dames s'ébattaient en vraies sirènes dans la crique de l'Edough, pendant que leur protecteur,

1.

oubliant trop facilement sa mission, s'était mis
à ramasser sur le bord des débris de corail et de coquillages.

Tout à coup la mer monta avec cette rapide
inconstance particulière à la Méditerranée.

Les baigneuses poussent des cris, appellent à leur
secours. Mais déjà une grosse vague les avait jetées
en pleine mer.

L'aide-major voit le danger. En un clin d'œil il
est débarrassé de ses vêtements, et, bravant la fureur de la mer, qui déferlait avec rage sur les
roches, il se jette à la nage.

Malheureusement les deux baigneuses étaient
éloignées l'une de l'autre.

Il poussa à celle qui était le plus en danger, la
prit par ses cheveux dénoués et flottants, et revint
vers l'autre qu'il ne put saisir, mais qu'il poussa vers
le rivage avec des efforts surhumains, désespérés.

Il échoua avec ses précieux fardeaux sur un
rocher, dont les aspérités le déchirèrent et le poi-
gnardèrent, mais il s'y cramponna et y resta malgré le flot furieux qui voulait reprendre sa proie.

Les deux femmes étaient évanouies. L'aide-major
fut assez heureux pour les rappeler toutes deux à
la vie. En ouvrant les yeux, les baigneuses jetèrent
des regards d'amour et de reconnaissance à leur
sauveur. Mais ce ne fut pas le regard de sa fiancée
qui toucha le plus vivement l'héroïque nageur.
Mystère du cœur humain! Toujours est-il que
l'aide-major rentra triste à Bône et qu'un mois après
cette scène de naufrage, il ne se mariait pas avec
celle qui lui avait été primitivement fiancée, mais
bien avec sa sœur.

La sœur sacrifiée ne se plaignit pas. Elle ne cessa pas ses relations avec l'aide-major et sa femme. Aussi la ville de Bône ne fut-elle pas surprise le moins du monde en apprenant que Mlle L... avait été tuée en tombant au fond d'un ravin de la forêt de l'Edough, où son cheval l'avait jetée. Les Bonois ne virent là qu'un accident. L'aide-major comprit que c'était un suicide; il eut quelques remords d'avoir sacrifié un cœur si dévoué. Il quitta la ville, et ne vécut pas heureux avec sa femme.

Je n'en finirais pas si je prétendais raconter tous les romans d'amour nés sur les bords de la Méditerranée ou dans les forêts africaines. Les travailleurs de chênes-liége de l'Edough débitent ces histoires à qui vient les visiter, et toutes, il faut le dire, n'ont pas pour excuse la passion noble et ardente des deux épisodes que nous venons de raconter succinctement.

L'opinion des villes d'Afrique acquitte facilement toutes les peccadilles d'amour; elle n'est impitoyable que pour les mésalliances de race à race. Les Mauresques, mariées à des Français, fussent-elles très-convenables en tous points, rencontrent toujours un froid accueil chez les dames européennes. Pourquoi ce préjugé? Est-ce parce que les femmes arabes ne demandent à l'amour que des sensations bornées? Ignorant les horizons infinis de la passion, elles dégradent l'amour qu'aiment à quintessencier les Européennes.

A Oran, au milieu d'une fête de nuit, une dame espagnole, surprise sous les orangers du château en conversation intime avec un caïd des Hachems, dut quitter la ville, tant le scandale fait autour d'elle fut grand.

Les dames qui gèrent leurs propriétés en Algérie traitent les Arabes comme un pédagogue ses écoliers, et rien n'est plus comique que de voir de faibles êtres commander en despotes à ces Hercules, tremblants et courbés devant Omphale.

La femme a été la pierre d'achoppement du mahométisme qui a créé le gynécée et n'a pas su fonder le foyer, cette force civilisatrice par excellence. Les femmes arabes sont cotées comme marchandises. Une belle créature vaut de 1,000 à 1,500 fr., une moukère commune de 200 à 300 fr. Le marché se fait entre le futur et le beau-père ; de même que se traite le prix de vente d'un cheval entre le maquignon et le client.

— Regrettes-tu ta femme ? demandai-je un jour à un Maure d'Oran.

— Je crois bien, me répondit-il, elle me coûtait 1,000 fr.

Ainsi ce brave Maure n'avait pas perdu de femme, mais un millier de francs.

Par les chemins d'Afrique, il n'est pas rare de rencontrer des femmes meurtries et en sang, marchant devant leurs seigneurs et époux campés commodément sur un cheval ; elles viennent demander justice et divorce au cadi de la ville. Le maître vient également plaider sa cause pour faire ressortir les torts de la femme et se faire rembourser par les parents le prix qu'il a déboursé, moyennant quoi il achète une autre femme.

Un habitant de Philippeville avait, par commisération, logé une femme kabile. Elle était la propriété privée d'un turco (Arabe engagé au service de la France), qui lui donnait plus de coups que de morceaux de pain. Lella Zorah couchait dans une chambre du premier étage sur une natte. Le turco ne paya pas le loyer et l'abandonna en changeant de garnison. Cette pauvre Zorah, cherchant à se placer, se surchargeait le corps de tatouages. Elle venait au milieu de nous, toute resplendissante avec ses pieds rouges de henna, ses grands yeux brillantés de koheul, son visage sillonné d'étoiles et de losanges, d'arabesques bleues. Mais personne ne s'en souciait. Assez embarrassé de son étrange locataire, qu'il avait fini par nourrir, l'habitant de Philippeville prit le parti d'en proposer l'achat à ses connaissances. Un Anglais l'acheta 800 fr. et l'emmena à Londres.

Le Koran donne plein pouvoir aux maris sur leurs femmes. « Les femmes sont votre champ, dit-il; allez-y quand et comme vous voudrez. »

Le Koran autorise l'époux à frapper ses femmes, quand elles se montrent rebelles à sa volonté.

Il est vrai que les commentateurs, l'iman Chouchaoui entre autres, ont cherché à atténuer cette dure loi en disant que le mari doit employer d'abord contre la femme rebelle la réprimande; en second lieu, la privation du lit conjugal, et enfin, si ces deux moyens n'aboutissent pas, il peut la frapper avec un objet doux, simple et large.

Mais, le principe étant consacré, la plupart des Musulmans n'ont admis aucune restriction.

On a vu de misérables indigènes, sur une odieuse calomnie, sur un soupçon d'infidélité, couper le nez à leurs femmes et les renvoyer ainsi mutilées à la tribu de leur père; d'autres leur brûler les pieds devant un feu ardent ou leur fendre la tête d'un coup de yatagan.

En vain les femmes énergiques se plaignent-elles devant leur cadi des mauvais traitements qu'elles subissent; ce juge fait rarement droit à leurs justes plaintes. Mieux vaut donc encore pour elles souffrir muettes et résignées les duretés de l'époux, jusqu'à ce que la mort les délivre et les métamorphose en houri du paradis de Mahomet.

Les femmes arabes jouent le rôle d'ouvrières universelles dans les tribus. Tout à la fois meunières, boulangères, cuisinières, blanchisseuses, tailleurs, etc., elles servent de factotums à leurs maîtres, demi-dieux qui méprisent les œuvres de peine et tuent le temps à courir la fantasia, ou à jouir au soleil d'un éternel farniente. L'Africain s'est en tous points modelé sur le type de son prophète. Il est pasteur, commerçant et voyageur; mais il méprise le travail manuel. Il n'a pas, comme les chrétiens, le touchant exemple d'un Messie charpentier.

Les femmes arabes connaissent si peu la valeur du lien conjugal, qu'elles se croiraient plutôt fautives en ne faisant point cuire à point le couscoussou, le nec plus ultra de la ménagère arabe, qu'en étant infidèles à leur maître. Si elles ne craignaient pas le matrak et le yatagan, elles seraient toutes adultères. Dans les douars et sous les tentes, il y a plus de dissolution qu'au milieu de nos villes. Le désert a aussi ses licences.

Chez les Kabyles, les femmes, beaucoup plus libres que les femmes arabes, vont à visage découvert. Le Kabyle ne prend du Koran que ce qui lui convient, et laisse à son épouse une part d'autorité et de liberté dans le gourbi. Si le trait d'union doit se faire un jour entre les races africaine et française, assurément le premier anneau de l'alliance se scellera en Kabylie.

Si brillantes et si bruyantes que soient les cérémonies du mariage arabe, elles révèlent éloquemment la dégradation systématique de la musulmane. Je ne me rappelle qu'avec répulsion le spectacle auquel me fit assister une dame de Bône. Un soir je fus introduit dans la maison mauresque de Sidi Embarek, riche Arabe qui mariait son fils avec Lella Fatma, une des beautés de la tribu des Harectas. Un instant, les émanations combinées de la pâtisserie indigène et de la parfumerie des mauresques, l'éclat des bijoux et des vêtements multicolores me suffoquèrent et m'éblouirent. Dans le coin des femmes, ce n'étaient que lumière, gaze et or. L'intérieur de la maison mauresque formait trois étages à galeries superposées et terminées par une terrasse. Sur les dalles en marbre blanc et noir du rez-de-chaussée, s'agitaient fiévreusement des danseuses, dénudées plutôt qu'habillées par leur diaphane costume de gaze, qui donnaient aux spectateurs et surtout aux spectatrices fort enthousiastes, comme l'attestaient leurs cris aigus, une représentation des scènes du mariage. Le yatagan volait au-dessus de leur tête constellée de sultanis d'or, le foulard de soie s'enroulait amoureusement autour de leurs bras, de leurs reins et de leur taille. Pour dominer l'ensemble, je montai avec mon introductrice jusqu'à la terrasse. Dans une pièce du premier étage, nous vîmes le fiancé Sidi-Embarek accroupi sur un tapis et rafraîchi par deux nègres agitant des éventails en plumes d'autruche. Il était entouré de musiciens et d'invités de la noce, également accroupis dans des poses de singes, qui lui faisaient un charivari de compliments hyperboliques avec accompagnement de derbouka, de tar et de zoumarah. Le fiancé avait un air monacal et ennuyé qui n'était pas précisément de circonstance. Dans les autres galeries, je rencontrai beaucoup de femmes européennes, espagnoles, italiennes et françaises. Ces fêtes nocturnes, où ne les suivent pas leurs maris, ont le privilége de les attirer. Arrivés sur la terrasse, nous tombâmes dans un groupe de Mauresques.

On ne respirait pas plus en haut qu'en bas. Il faisait une nuit de sirocco. Le ciel était noir, le fond de l'horizon sanglant. La ville de Bône était couchée, elle avait éteint toutes ses veilleuses; on distinguait difficilement les dômes des maisons mauresques et le minaret de la grande mosquée. C'était un singulier contraste de silence et de ténèbres, avec les agitations folles et les lumières de la fête. Tout à coup les danses s'interrompent à l'injonction faite aux hommes par un chaouch d'avoir à déguerpir. Je n'en étais pas réellement fâché. Mais la dame qui m'avait amené ne l'entendait pas ainsi ; elle couvrit ma tête d'un filet de perles, jeta un châle sur mes épaules, et me fit agenouiller devant la balustrade de la terrasse en me commandant de ne pas bouger. J'obéis. Dès que le sexe fort eut franchi les portes de sortie, le bataillon entier de mauresques, musique en tête, alla chercher la mariée reléguée dans une chambre du rez-de-chaussée. Lella Fatma sortit lentement, comme si on devait la conduire à la mort. C'était une mou kère de douze à treize ans, enfant encore. Elle traversa la salle et fut remise aux mains des tambourineuses et des parfumeuses entourées de toutes les Mauresques tenant des cierges allumés. Les tambourineuses commencèrent par masser la mariée, lui déliant les doigts, lui faisant craquer les muscles, puis ce paquet d'os et de chair fut repassé aux parfumeuses qui l'enluminèrent et l'enjolivèrent comme on fait d'une poupée, l'une lui teignant les pieds de henna, l'autre la paume des mains et les ongles, celle-ci lui tatouant les joues d'arabesques bleues, celle-là lui brillantant les yeux de koheul. Enfin vinrent les habilleuses qui lui passèrent la chemise de gaze à manches brodées, le seroual, large pantalon de mousseline serré au-dessus de la cheville par deux anneaux en or, le gilet à épaulettes en satin broché, la jouba, robe lamée d'or, les écharpes et bandelettes cannetillées d'argent, le fouta de fine laine qui, s'enroulant autour des hanches, tombe jusqu'aux pieds; puis on coiffa ses cheveux nattés d'une calotte en velours à gros gland d'or ; on surchargea ses oreilles de cercles d'argent, de grappes de perles et de corail, on la couvrit de bijoux, de colliers de corail et de médailles portant des sentences du Koran; enfin, elle fut chaussée de pantoufles jaunes à paillons d'or, sur lesquelles retombaient les krolkral, lourds anneaux de pied en argent massif, significatif symbole de l'esclavage conjugal. Massée, enluminée, tatouée, dorée, argentée, habillée, le cadavre peint fut passé et retourné de mains en mains. Pendant ce temps, trois Mauresques s'étaient transportées chez le mari pour préparer le lit des époux. L'opération terminée,

Lella Fatma, escortée de cris aigus et l'oreille déchirée de musique, fut présentée par les Mauresques à son maître, qui dut entendre une fois de plus, d'une oreille docile, le détail des beautés, des trésors qu'il allait posséder; après quoi les Mauresques se retirèrent, refermant sur elles les deux battants de la porte, et laissant face à face les deux époux harassés de parfumeries et d'éloges. Dès que le sérail est clos, des danses furibondes commencent. Les Mauresques se convulsionnent, s'agitent comme des psylles de l'antiquité, en exécutant toutes les danses imaginables, frémissantes de volupté et jetant des cris d'enthousiasme. Les portes de la maison s'ouvrent devant les Maures, qui rentrent et jouissent du coup-d'œil de cette bacchanale inénarrable. Profitant du tumulte de la rentrée, je repris les insignes de mon sexe et me retirai en témoignant à mon cicerone combien j'avais le cœur soulevé de ce spectacle dégradant, qui condamne le mahométisme expirant aujourd'hui, en Turquie comme en Afrique, pour avoir commis le crime d'assimiler la femme à un esclave, pour n'avoir pas respecté en elle l'âme, la dignité, la pudeur, la liberté morale.

Malgré leur profond abaissement, les musulmanes se montrent affectueuses, et ne songent pas plus à se révolter contre le despotisme marital qu'à imaginer la théorie de la femme libre propagée avec quelque succès en Europe. Ces esclaves, comme tous les esclaves, s'habituent à leur esclavage et finissent par l'aimer; elles le préfèrent aux mœurs, aux habitudes des chrétiennes, qui vont effrontément le visage découvert, et, par ce fait, appartiennent, selon elles, à tout le monde. Jamais il ne leur est venu à l'esprit qu'elles pussent devenir les égales de leur seigneur et maître, l'ombre de Dieu sur la terre. Quand il plaît à l'époux de doubler ou de tripler le gynécée, la nouvelle épouse ou plutôt la nouvelle achetée trouve toujours un bon accueil de la première femme, qui ne voit pas en elle une rivale, mais une servante de plus dans la maison. Il y a là vraiment un dévouement, une abnégation touchante dont sont incapables les Européennes, car elle exclut tout sentiment de jalousie, la jalousie ne pouvant venir que d'un sentiment d'égalité et d'un désir quelque peu égoïste de possession exclusive.

Un des types les plus étranges de femme arabe, c'est la maraboute, prêtresse qui répond assez à la sibylle de l'antiquité. La maraboute dit la bonne aventure sur les lignes de la main, fait des incantations et reçoit dans son gourbi les membres des associations secrètes du mahométisme, telles que les aissaouas, par exemple, à qui leur patron a donné le pouvoir de manger fer, caillou, clous, et d'être percés de glaives, sans en éprouver le moindre mal. Ces associations secrètes, qui couvrent l'Algérie, surexcitent le fanatisme des Arabes par toutes sortes de prestidigitations. J'ai assisté, à la Calle, dernier cercle de nos possessions algériennes sur la frontière de la régence de Tunis, à des exercices d'aissaouas, présidés par une maraboute, qui atteignaient le sublime dans le laid et l'extravagant.

Qu'on se figure, au milieu de la cour d'un gourbi en pisé, une cinquantaine d'énergumènes se tenant

tous par le corps, de manière à ne former qu'un
tout monstrueux, se désossant, se trémoussant, se
convulsionnant en cadence, secouant sur leurs
épaules, comme des fous, leur longue touffe de cheveux appelée mahomet, se penchant sur les charbons ardents des fourneaux, jusqu'à ce que, ivres
de mouvement, tous les aïssaouas perdent leur nature et se transforment, qui en lion, qui en chacal,
qui en chameau, qui en panthère, etc. Alors, cette
dégradation de l'humanité en ménagerie a quelque
chose d'effroyable, chacun jetant les cris de l'animal en qui il s'est incarné, mangeant des pierres ou
du fer, ou des feuilles de cactus ou des savates, selon sa qualité. J'avais bien connu à Paris, autrefois,
une société d'hommes-animaux qui, dans leurs réunions, avaient remplacé la parole par le cri de tous
les animaux ; mais il n'y a pas de comparaison à
établir, entre quelques Parisiens goguetiers jouant
à la bête, et ces épouvantables Arabes qui sont vraiment les animaux dont ils réalisent momentané-
ment la représentation. Il y a de la rage, du délire,
des contorsions horribles, des tours de force qui
tiennent du miracle. Digèrent-ils réellement le
verre cassé, le fer, le minéral ? Je n'en sais rien,
mais je les ai touchés, vus d'aussi près que possible, et il me semble bien difficile d'escamoter ce
qu'ils mangent devant toute une assistance ravie de
leurs excentricités.

La maraboute, à la figure profondément ravinée
de rides, à peine couverte de loques, anime cette
furie animalesque de ses grimaces et de ses cris.
Mais ce qu'il y a de plus étrange, c'est qu'à l'un de
ses signes cabalistiques, tous ces animaux féroces

et furieux, tous les lions, les chacals et les droma-
daires qui ont rugi, hurlé, tortillé le fer et digéré le
verre cassé, redeviennent des Arabes très paisibles,
et vont se coucher comme de bons bourgeois, à
l'heure dite.

Ces extravagances ne donnent-elles pas à penser
que l'homme aime à retourner à son état sauvage, à
la bestialité, aux instincts brutaux et barbares
d'une nature inculte ?

Certains aissaouas ont pour spécialité de se faire
traverser les joues par des poignards, d'autres de
jongler avec des serpents, d'élever des lions et de
les promener en triomphe dans les rues des villes
d'Afrique, comme une manifestation victorieuse de
la puissance que leur a léguée leur saint.

Les prêtresses arabes, dites maraboutes, les saintes du mahométisme, peuvent également opérer des
miracles et dompter des bêtes féroces. En un mot,
tous ces saints et toutes ces saintes se rattachent au
grand ordre des Khouans, des frères qui se réunissent en diverses sociétés secrètes pour maintenir,
au moyen d'actions extraordinaires, de faits extra-
naturels, le crédit chancelant de la foi musulmane.
Ce sont là les foyers toujours allumés du fanatisme
dirigé contre nous en Algérie.

La femme arabe, presque toujours mariée à peine
nubile, se flétrit de bonne heure ; femme à douze
ans, elle devient matrone à trente. Comme beauté,
elle est de beaucoup inférieure, malgré sa stature
élevée, ses grands yeux voluptueux et expressifs, à
la juive, cette reine des femmes indigènes de l'Afrique. Quand on rencontre sur son chemin des femmes indigènes d'Israël, l'admiration vous cloue sur

place; celles-là ne cachent pas leurs visages. Elles
se prélassent en souveraines dans les villes de l'Algérie, montrant leurs chairs opulentes, mal con-
tenues par une riche robe plaquée d'argent, traînant leurs babouches effilées qui tiennent à peine à
leurs pieds nus et roses. La juive règne dans son
ménage. L'israélite monogame aime la famille, s'y
retranche comme dans une forteresse, et ne prend
aucune joie en dehors de son foyer : ce qui pourrait expliquer la perpétuité de la race juive et son
bien-être au milieu de toutes les tribulations.

Je n'ai pas encore parlé des négresses d'Algérie,
et pourtant elles sont femmes, quoiqu'elles ne paraissent pas s'en douter le moins du monde. Si elles
n'ont pas la beauté, en revanche Dieu leur a donné
la bonté. Les croyez-vous, à ce compte, plus mal
partagées que les autres femmes? On ne sait pas
d'où viennent leurs nombreux enfants. La recherche de la paternité ne les préoccupe pas; mais elles
ont la bosse de la maternité fort développée. Personne ne se soucie d'elles ni de leurs rejetons; à
force de courage, de dévouement, de peines héroï-
quement supportées, elles suffisent à tout, et jamais
une lamentation sur leur dure destinée ne s'échappe
de leur bouche. Un jour, au marché de Bône, je
passai à côté d'une jeune négresse accroupie devant un tas de galettes d'orge qu'elle vendait. Elle
avait un nouveau-né pendu au sein ; un autre roulait nu dans la poussière du marché. La voyant chan-
celer, je dis à un Arabe de l'interroger, ce qu'il fit.
Il n'y avait pas deux heures que la malheureuse
était accouchée; elle avait été forcée de venir au
marché pour gagner quelques sous dont elle avait

besoin. Je fis part de son infortune aux personnes qui m'entouraient, et, en un clin-d'œil, toutes les galettes furent enlevées. Avec l'aide d'un Arabe, la négresse se releva et retourna à son gourbi sans proférer une plainte ni un remercîment.

Ce que la juive est aux femmes indigènes, la Française l'est aux Européennes d'Afrique. L'Allemande ne rachète pas son type physique imparfait par une conduite exemplaire. L'Espagne exporte en Algérie ses plus mauvaises oranges et ses plus acariâtres senoritas. Les Mahonnaises et surtout les Maltaises, d'une beauté sévère et remarquable, ont un esprit fort borné qui les livre entièrement au fanatisme religieux, à l'étroitesse des sentiments. En Afrique, comme ailleurs, la vraie, l'unique femme, c'est la Française; car avec la grâce et la beauté, elle a l'esprit et le bon goût par surcroît.

Malheureusement pour l'Algérie, la Française préfère à ses eaux thermales, si efficaces pourtant, celles de Vichy et de Plombières, à son beau ciel et à ses pittoresques montagnes, les horizons et les pics des Pyrénées et de la Suisse. De l'abandon de la femme européenne provient la tristesse de la pauvre Afrique, son immense spleen, son humeur noire d'Ariane.

Une autre conséquence non moins déplorable de l'absence de la femme, c'est la disparition de toute préoccupation artistique; l'art, qui est la beauté visible, ne s'inspirant et ne se fécondant qu'aux rayons de la femme. En Algérie, un artiste, un poète, un peintre, sont des phénomènes, des abstractions, des êtres de raison. Quand il passe un de ces êtres extraordinaires, il passe vite, scandalisé que, dans ce pays de Barbarie, on ne lui demande pas même de lire un chapitre inédit de son livre ou de montrer une esquisse de son album.

Désolé de cet état de choses, un journal africain, faisant ressortir avec éloquence l'inconvénient pour le sexe mâle d'aller au marché et de raccommoder ses chausses, proposait d'enrégimenter les ouvrières des villes manufacturières de France, et de les envoyer chercher des maris en Algérie, proposition insolite qui, blessant à la fois l'amour et la liberté, révolterait certes les ouvrières de Lyon, de Rouen, de Lille, de Saint-Quentin, assimilées par ce projet à des Chinois et à des nègres. D'ailleurs, est-il besoin de recommencer la triste expérience des colonies parisiennes? Ne sait-on pas que les modistes, les lingères, les brunisseuses, les couturières, sont venues durement expier des illusions perfidement entretenues, et briser leurs rêves d'Eldorado contre la réalité africaine? Elles voulaient coloniser, cultiver le sol avec des chapeaux à la mode, des bottines de soie, et toutes furent très étonnées de ne pas trouver au débarcadère une légion de nègres pour leur servir le café au lait. De quelles promesses menteuses ne les avait-on pas nourries? Cette terre, qu'elles espéraient facilement épouser, leur a servi de tombeau, et le soleil africain les a absorbées comme les gouttes de rosée de l'aurore. Qui écrira jamais le roman de nos Parisiennes de 1848, victimes d'un système d'enrôlement? Au lieu de l'idylle espérée, elles ont joué en Afrique des tragédies, des drames à la Manon-Lescaut.

II

Africains et Européens. — Femmes enlevées par
les Arabes

Chaque année l'Europe jette sur les rivages africains des naufragés des deux sexes, qui peuvent se
comparer à ces débris de navires échoués au pied
des falaises, spectacle du fini, de la ruine et du
néant, en face de la mer qui chante l'infini, le mouvement et la vie.

Il y a en Algérie, en les classant par ordre numé-
rique, des Français, des Espagnols, des Italiens,
des Anglo-Maltais, des Allemands, des Suisses,
des Belges, des Hollandais, des Irlandais, des Polo-
nais, des Portugais.

Un grand nombre de ces émigrants ont trouvé
en Europe un Waterloo; leur nef a sombré sous la
fureur de la bourrasque, le navire a été démâté, la
maison ruinée, peut-être le cœur déchiré par le
vautour d'une passion. Toutes les vicissitudes du
sort ont inscrit leur dur alphabet sur ces physiono-

mies d'émigrants qui, à peine arrivés au port, doivent recommencer la lutte sans trève ni merci de l'homme contre le destin. Et quelle lutte, dans une colonie où l'argent et le crédit sont des mythes !

La plus redoutable incarnation de l'usure s'est faite en Algérie. Gobsek est roi de la colonie ; aussi le papier timbré circule-t-il à profusion, et y a-t-il autant d'avocats, d'hommes d'affaires que de colons. Le juif, l'heureux youdi, qui tient habituellement le rôle de banquier à la petite semaine, voit passer devant son trône le colon naïf qui s'est imaginé pouvoir défricher sa concession sans capital, et le petit marchand qui achète en France les marchandises de rebut pour les revendre aux Algériens à des prix exorbitants.

Deux individualités algériennes ont trouvé le moyen de se passer de l'usurier, ce sont le lascar et le carottier. Le lascar étant tout simplement un bandit, nous n'en parlerons pas, puisque les bandits n'offrent quelque intérêt que dans le drame de Schiller ; mais le carottier, mêlant à sa fourbe l'esprit de Scapin et de Mascarille, doit figurer dans cette galerie de types algériens.

Le carottier vendra la guérite devant laquelle il monte la garde, se rendra sur le port, choisira la pièce de vin qui lui convient et se la fera adresser sous le nom du propriétaire ; il frappera sans façon à la porte de l'Européen qui vient de débarquer à l'hôtel, et se disant tueur de bêtes féroces par profession, lui demandera la commande d'une hyène, d'une panthère ou d'un lion, ne se retirant qu'après avoir arraché quarante ou cinquante francs d'arrhes à l'ébahissement du nouveau débarqué.

Il y a encore le carottier qui se prévaut de grandes influences à Paris, dispose entièrement des autorités officielles, avec lesquelles il a fait ses humanités, et vous promet, moyennant caution et remise, une bonne place dans l'administration ou une belle concession de terrains. Mais le plus brillant carottier que j'aie rencontré sur ma route, c'est le chercheur de mines de diamants et de carrières de marbre de Numidie, perdues depuis les Romains.

Dans une petite ville de la province de Constantine, trônait, l'année dernière, un monsieur qui portait au doigt une énorme bague dont le chaton enchâssait une pierre verte provenant d'une mine d'émeraudes qu'il prétendait avoir découverte non loin de la ville, mais qu'il refusait obstinément de faire connaître aux gens trop curieux.

De la bouche de notre Cagliostro, ruisselaient des diamants, du moins des promesses de diamants. Telle dame devait avoir un bracelet d'émeraudes ; telle autre, mieux gratifiée, un collier et un diadème. Il avait promis des émeraudes à tous ses amis ; je vous laisse à penser s'il devait en manquer ! Chacun le choyait, se disputait à l'envi l'honneur de le recevoir ; on le comblait de prévenances, de cadeaux, cadeaux placés à gros intérêts, bien entendu.

Grâce au scintillement du diamant vert, le Cagliostro africain avait trouvé le plus riche et le plus agréable parti de la ville, une demoiselle aussi distinguée que jolie, dont la parure en émeraudes du jour de la noce, devait valoir cinquante millions, ni plus ni moins. Les bancs furent publiés ; c'est ce qui entraîna la perte du dénicheur d'émeraudes.

L'autorité s'émut de ses mystifications, le fit

arrêter, appela un chimiste qui soumit sa fameuse émeraude à des réactifs, et, mariage, richesses, diamants fondirent en eau comme la fausse émeraude, s'évanouirent comme un songe des Mille et une Nuits.

Eh bien! les dames de la ville surent mauvais gré à l'administration d'avoir ordonné l'expérience chimique de l'émeraude; tant il est vrai que le rêve vaut la réalité, et que nous préférons presque toujours un brillant mensonge à une rude vérité.

Si, des Scapins de l'Algérie, nous passons aux grotesques, nous trouvons en première ligne le maboul, nom donné à tous les Arabes que l'esprit de Dieu a visités et transportés loin des réalités terrestres. Ces déistes fous vivent de charité; ils ont le droit de se livrer à toutes les folies, à toutes les extravagances. Chaque ville d'Algérie a ses mabouls qui égaient la population par des cris sauvages, des poses excentriques, des contorsions inouïes. Les mabouls ont leurs rivaux parmi les Européens : ce sont les buveurs d'absinthe du pays.

Prise à l'excès tous les jours, l'absinthe produit une espèce de folie. L'abus des liqueurs fortes engendre plus de fièvres en Algérie que le climat; aussi n'y a-t-il qu'une maladie : la fièvre, et qu'une médecine : la quinine. On voit que les consultations des docteurs algériens sont plus simples, plus élémentaires encore que celles de Sangrado, prescrivant de l'eau chaude et des saignées.

Ce qui fait le charme des contrées tropicales, c'est la surexcitation constante produite par le climat sur la constitution humaine, qui est toujours en verve, pour ainsi dire; tandis que dans les pays froids elle est énervée, abattue et lymphatique. Cependant, il existe en Algérie un certain nombre d'individus qui ne se contentant pas des surexcitations du climat, de l'ivresse versée par le soleil ou par l'absinthe, ont recours aux hallucinations du hachich.

Le hachich est à l'Algérie ce que l'opium est à la Chine. Il a ses fanatiques, ses réunions, ses clubs réguliers. Les hachichins se recrutent parmi les Arabes aussi bien que parmi les Européens.

Une fois que le hachich s'est emparé d'un homme, il ne le lâche qu'à la mort. Comment retourner aux joies vulgaires et aux habitudes d'une existence monotone et décolorée, lorsque les hallucinations du hachich, brisant tous les liens grossiers, toutes les limites, toutes les prisons d'une nature imparfaite, vous transportent soudainement dans un monde d'harmonies, de parfums et de lumière, réalisent les rêves les plus éthérés, versent en vous des visions palpables, des voluptés inconnues, des joies divines, des paradis innombrables, des enthousiasmes surhumains, dilatent à l'extrème la puissance de vos sens et de votre imagination?

Vous ne sortez de cet infini de la sensation et du rêve, de cette immensité de la joie, de ces cieux habités quelques heures, vous ne reprenez possession de vos sens bornés, de votre esprit crétinisé, de vos idées courantes, qu'avec honte et dégoût, comme un ange forcé de s'incarner dans un corps humain, ou comme un grand seigneur ruiné qui se voit forcé de se couvrir des loques du pauvre.

On prend le hachich de deux manières : on le

2.

fume ou on le mange. Les Mauresques d'Alger ont
un talent tout particulier pour l'arranger en confi-
ture et en pâte sucrée. Mêlé à l'opium, le hachich
s'appelle lafioun, au miel, madjoun. Les Mauresques
d'Alger consomment habituellement ces muscades
de madjoun, qui donnent l'ivresse. Ce sont les bac-
chantes du hachich.

On fume le kif, dans presque tous les cafés maures,
en prenant le café. L'opération consiste à humer
une bouffée de la pipe dont le fourneau est rempli
de hachich et à ingurgiter par dessus une gorgée
de café, et ainsi jusqu'à l'épuisement de la pipe
bourrée de graines de chanvre. Les cafés maures
bien tenus, ont une salle où se kifent, s'enivrent de
hachich les Arabes, et une salle réservée aux Européens. Il est fâcheux qu'on n'ait pas songé à réunir
les deux éléments, car l'observateur aurait pu faire
de l'hallucination comparée; et qui sait si les peuples
ne se révéleraient pas mieux par leurs folies que par
leurs actes? En tous cas, c'est une nouvelle étude
à tenter, une nouvelle analyse psychologique à
essayer.

La première fois que je fus initié aux hallucinations du hachich, ce fut par un Européen qui faisait partie de l'intéressante classe des désespérés. Il
est mort depuis de l'abus du kif.

Il marchait d'ailleurs à la mort avec connaissance
de cause, car il répondit à mes observations sur les
ravages faits à sa santé par le hachich, qu'il préfé-
rait une mort librement cherchée à la mort que le
hasard impose.

C'était un Obermann courageux. Il s'était construit un véritable nid de poëte et d'oiseau au milieu

d'une forêt africaine, au fond d'un ravin. Sa chambre à coucher, percée d'œils de bœuf toujours ouverts, était remplie de nids d'hirondelles; dans le jour, elles passaient et repassaient pour aller de leur nid à la provision, et de la forêt au nid. Dans sa retraite, il ne voyait que le bleu du ciel, de la mer, et les chênes verts de la forêt, ne respirait que les arômes des fleurs qu'il avait plantées de ses mains dans son petit jardin de Dioclétien, n'entendait que susurrements d'insectes, chants d'oiseaux et chant de la source qui coulait au pied de son castel sur les granits du ravin.

La nuit, la musique changeait : chacals, panthères et lions donnaient leurs étranges notes au concert de la forêt. Souvent impatienté de rugissements et de miaulements qui l'empêchaient de dormir, il se levait, s'armait de son fusil Devisme et allait au clair de la lune chasser la bête féroce. Du reste, tous les hachichins sont chasseurs. Mais leur gibier de prédilection, c'est le sanglier ou le hérisson.

Quand je visitai la demeure de mon fumeur de kif, je compris que j'avais affaire à un poëte de bonne race, à un Titan vaincu, à un homme rassasié de civilisation et amoureux de la vie sauvage. Il me confia une des causes de son émigration. Après avoir fait passer sous mes yeux tous les emblèmes d'une fiancée, la couronne et le bouquet d'orangers, précieusement conservés dans une boîte en cèdre, il me dit que la jeune femme qu'il avait épousée, frappée subitement de mort, était passée du lit nuptial au cimetière.

Une nuit, dans la folie de son désespoir, il avait

tenté d'escalader les murs du cimetière. Cette pensée coupable obsédant son esprit, il avait résolu de mettre la mer entre le cadavre de sa femme et lui. Le ciel l'avait récompensé de son exil volontaire.

Grâce aux incantations, aux extases paradisiaques du hachich, il revoyait, toutes les fois qu'il se kiffait, sa femme aussi jeune, aussi vivante, aussi belle que le jour de son mariage; sa voix délicieuse résonnait à son oreille; elle lui disait que la mort n'avait été pour elle qu'un changement de robe; au moment des adieux, elle lui donnait rendez-vous pour le lendemain à l'heure habituelle, en attendant qu'il vînt la rejoindre par-delà la tombe, dans le monde superterrestre qu'elle habitait.

— Voici l'heure de mon rendez-vous! s'écria avec joie le misanthrope en terminant son étrange histoire; allons nous kiffer!

Je le suivis au café maure de la ville. Il m'introduisit dans la salle des fumeurs. Les kiffeurs nous attendaient sur un tapis et le calumet aux lèvres. Ce club des kiffeurs s'intitulait : Club des désespérés. En effet, leur œil fauve, leur visage dévasté et raviné révélait la résolution d'un suicide systématique.

C'étaient des individus de l'espèce de mon introducteur, une réunion d'amants déçus, d'ambitieux en désarroi, de Titans vaincus, de Crésus détroussés. Dans une salle voisine fumaient les indigènes, Maures, nègres, Marocains, qui, déjà en proie aux folies du kif, hurlaient et gambadaient à qui mieux mieux.

Quant aux fumeurs européens, en attendant que

l'influence du kif se produisit en eux, ils racontaient les histoires les plus extraordinaires, les contes les plus invraisemblables, les récits les plus excentriques. Je me rappelle avoir entendu narrer l'histoire de l'origine du kif, qui est assez curieuse pour être rapportée. La voici :

Fatigué de la puissance, plein de dédain et de mépris pour son peuple, qui s'était trop facilement courbé sous la verge de son despotisme, saturé de tous les plaisirs et spleenisé comme un Anglais, un empereur du Maroc dit un jour au nègre Hussein-Mokta, condamné à mort, qu'il aurait la vie sauve, s'il pouvait lui trouver une nouvelle jouissance, une diversion à son ennui profond.

Hussein-Mokta demanda un jour de réflexion. Accompagné de ses gardiens, il alla dans les environs de Tafilet et s'arrêta tout pensif devant un champ de chanvre.

Mais le pauvre nègre appliquait vainement son imagination à la torture, il ne trouvait aucun expédient pour échapper à sa détresse. L'heure de l'exécution allait sonner ; il sentait déjà sur son cou la froide lame du yatagan, lorsqu'il vit une alouette becqueter les têtes de chanvre et s'élever folle au-dessus du champ, en décrivant des courbes et des zig-zag comme un homme ivre qui cherche la ligne droite dans un labyrinthe.

Fatigué de battre de l'aile et de tourbillonner, l'alouette tomba à terre et se roula aux pieds de Hussein-Mokta, à demi-pâmée, agitée de convulsions et de sensations inouïes, tenant serrées entre les branches de son bec des graines de chanvre.

Un éclair illumina le cerveau du nègre. Il cueillit des têtes de chanvre, les fit bouillir, et en composa une liqueur féerique qu'il offrit à l'empereur du Maroc.

Comme l'alouette, le sultan blasé se roula sur ses tapis, en proie à des vertiges, à des hallucinations, à des trépidations indicibles, à des transports d'une joie exhubérante. Le lendemain, l'empereur de Maroc faisait son favori et le chef de son harem du nègre qui venait d'inventer le hachich, la liqueur féerique de l'Orient.

Quelle que soit l'origine réelle du hachich, il faut qu'elle remonte assez haut dans l'histoire, puisque le Vieux de la Montagne, le chef des Assassins (Hachachich), qui, sur un signe de leur cheik, allaient poignarder un souverain au milieu de sa cour ou se précipitaient du haut d'une tour, s'était assuré le dévouement fanatique de ses sectaires au moyen du hachich, en leur ouvrant à son gré les portes du paradis de Mahomet. Aujourd'hui encore, tous les Khouans (frères-unis), membres des sociétés secrètes, des ordres religieux musulmans de l'Algérie, de la Tunisie et du Maroc, emploient le hachich avec le jeûne, l'oraison et les paroles mystiques pour arriver à l'extase.

Les mauvaises joies factices du hachich et de l'absinthe ne valent pas la satisfaction qui s'exhale du bien-être et de la vie régulière. Or, le bien-être est fort rare en Afrique. Chassés pour la plupart par la tempête du sort, les émigrants algériens trouvent une existence tourmentée, hérissée de difficultés, d'impossibilités; aussi, la population est-elle généralement soucieuse et triste; — douloureux contraste de l'homme pauvre et sombre avec la terre exubérante et fertile, la nature pittoresque et le soleil brillant de l'Afrique.

Il y a pourtant deux espèces sociales qui ont trouvé le moyen de rompre en visière à la mélancolie, d'être gaies, quand même : ce sont les nègres et les soldats ; sans doute parce que les premiers n'ont besoin de rien, sinon de montrer le rire de leurs blanches dents sur leur masque noir, et qu'il ne manque rien aux seconds.

J'ai trouvé la tristesse installée dans les différentes villes d'Afrique où j'ai vécu : à Constantine, à Philippeville comme à Bône, à Oran, à Mascara, à Tlemcen comme à Alger. On ne se voit pas, on ne se réunit pas ; et comment diable réunirait-on une population aussi hétérogène que des Français, des Maltais, des Espagnols, des Juifs ? Il faut attendre l'homogénéité du temps. Si le général qui commande une division ou une subdivision ne donnait pas deux bals par an, il est certain que les habitants d'une ville algérienne ne se connaîtraient pas, ne se verraient jamais. Ajoutez à cela la disette de femmes, la disette absolue d'artistes, le souci de la vie quotidienne, la préoccupation exclusive des intérêts matériels, et vous aurez une idée de la vie sociale en Afrique. Les mieux avisés se retirent au bord de la mer, dans quelque crique léchée par la vague et habitée par une sirène, se renferment dans leurs propriétés, ou plantent les piquets de leur tente au milieu d'une forêt.

Qui a vu une ville d'Afrique n'a pas besoin de faire un pas pour en voir une autre. Ce sont toujours les mêmes Européens inquiets de leur sort, les mêmes musulmans qui meurent dans l'igno-

rance, la crasse et la résignation ; c'est toujours le
même néant, la même ruine.

Afrique et ruines sont deux mots qui s'accouplent
à merveille et vous montrent leurs orbites vides
de regards. En parcourant une cité africaine, vous
heurterez du pied les ruines d'une mosquée qui
touchent les fûts et les chapiteaux d'un temple
païen écroulé. Le dieu Pan est mort; le dieu Allah
expire près de son tombeau. Mais si la mort des
dieux et les ruines des temples ne vous touchent
pas le cœur, arrêtez-vous un instant dans ces
ruelles des villes africaines où un pan de ciel vient
à regret s'emprisonner, et peut-être aurez-vous la
fibre émue; peut-être tressaillerez-vous, en voyant
se traîner les débris de civilisations éteintes, quand
vous serez frôlés par des ruines vivantes, muettes
et sombres.

D'abord, ce sont les victimes de la polygamie, les
filles de l'Islam qui passent enveloppées d'un long
suaire, enterrées vivantes sous le voile comme au
sein du harem. Le Koran ne s'est pas contenté de
ravir toute liberté aux femmes, il a enterré leur
beauté, il en a fait des spectres ambulants, il a jeté
un voile épais sur le visage de la femme, la plus
grande joie de l'homme!

Mais voici, avec son éternel chapeau à pompons
et sa casaque d'arlequin, composée de morceaux de
draps multicolores, le fier et ignorant Espagnol
qui prend le haut du pavé de la rue, comme si
l'Afrique lui appartenait encore, comme si, à son
tour, il n'avait pas subi le supplice du dernier roi
maure, Boabdil, chassé du beau royaume d'Espagne.

Qui rase d'une démarche cauteleuse les portes des maisons? c'est le juif, à l'œil profond voilé de prudence, au visage pâle et méditatif; on dirait qu'il cherche toujours une issue pour échapper à la persécution, à la spoliation, à l'inquisition du moyen-âge. Il porte des babouches éculées, un caftan usé; mais si vous suiviez cet homme jusqu'à sa demeure, vous verriez l'or et l'argent rouler sous ses pieds; sa femme et ses enfants occupés à frotter, à faire reluire des bijoux! Il est riche, le youdi, sobre et parcimonieux; il est homme de famille et contempteur de l'Orient polygame, l'austère monogame; il est religieux et contempteur de l'Occident polythéiste, le youdi créateur du monothéisme!

Mais, touristes accourus curieux de l'Occident, qui avez le cœur gonflé de l'orgueil de l'avenir, la cervelle bourrée d'idées de progrès, de transformations et de rénovations sociales, je vous conjure de vous ranger avec respect devant cette ruine ambulante, ce débris de la civilisation arabe, autrefois si brillante, si somptueuse devant le conquérant de l'Islam, dépouillé de l'Occident qu'il avait loyalement et chevaleresquement conquis le cimeterre à la main, et qui sera peut-être demain chassé de l'Orient, réduit au rôle de Juif-Errant. Ce grand vaincu, c'est le Maure à la physionomie fermée, au mutisme absolu, aux mouvements langoureux. Jadis, sa maison était pleine de bruit; à ses créneaux pendaient les têtes sanglantes de ses ennemis; on voyait briller la lumière des cierges à travers ses fenêtres treillissées; les poètes chantaient sa magnificence et sa puissance; les voluptueuses almées rhythmaient leurs grâces au son

du derbouka; ivresses de victoire et fièvres de
plaisir se disputaient son sourire. Maintenant, la
maison est ténébreuse et muette comme son maître,
qui agonise de sept siècles de domination sur le
monde, sans jactance et sans regrets, comme il convient à un musulman de finir.

J'ai connu, en 1852, à Mascara, le dernier chevalier
de l'indépendance musulmane; il faisait partie de
la tribu des Hachems-Gharrabas, qui a été la vieille
garde d'Abd-el-Kader, qui lui a donné tout ce
qu'elle avait de sang et d'argent. L'administration
française, redoutant son influence sur ses co-religionnaires, l'avait interné à Mascara. Avant la
guerre, il possédait de riches vignobles aux environs de Mascara, mais depuis la reddition d'Abd-el-
Kader, les Arabes soumis à la France s'étaient emparés de ses propriétés; on ne lui avait laissé que
trois ou quatre pieds de vigne dont il m'invita à
manger avec lui le raisin. Ses co-religionnaires
le repoussaient, de peur de se compromettre vis-
à-vis de la France. On ne l'appelait que le terrible Hassem. En effet, il avait été l'un des plus
habiles, des plus redoutables lieutenants d'Abd-el-
Kader. Je n'ai jamais vu une plus grande dignité,
une plus grande figure unies à une plus grande
détresse. Il mourut isolé et pauvre, dans le suaire
de son burnous aussi troué que le manteau de don
César de Bazan. Deux hommes le conduisirent au
cimetière indigène, un nègre et moi. Ainsi, sous
toutes les latitudes, un dévouement réel à une cause
est récompensé par l'exil, la ruine et la craintive
ingratitude des siens.

Les odyssées tourmentées, fertiles en incidents

dramatiques, sont fort communes en Algérie; mais, assurément, les plus originales appartiennent aux Européennes enlevées par les Arabes, bandits des frontières de Tunis et du Maroc, pillards nomades du Sahara.

Le tatouage reste la marque indélébile des Espagnoles, Italiennes, Maltaises et Françaises d'Algérie qui ont subi le sort d'Hélène et des Sabines.

En mettant le pied pour la première fois sur la terre africaine, les souvenirs de la Bible et de l'état patriarcal me montant au cerveau, tout Arabe figurait pour moi Abraham et Jacob, de même que toute femme arabe, avec sa coiffure orientale, ses draperies et ses pieds nus, me rappelait Rebecca, Rachel et Noémi. J'abordai résolument la première Rebecca qui se trouva sur mon chemin. Mais je tombai du haut de mon enthousiasme et de mes illusions de nouvel émigrant, aux paroles sorties de sa bouche. Elle me répondit en bon français avec un léger accent gascon, qu'on l'appelait la Mionette et qu'elle était originaire de Toulouse.

Son histoire était assez dramatique. L'année précédente, faisant voyage avec trois autres femmes et quatre colons de la province d'Oran, elle avait été surprise, ainsi que ses compagnons de route, dans les montagnes de l'Oued-el-Hammam, par une bande de Marocains pillards, qui égorgèrent les hommes, enlevèrent les femmes et s'enfuirent au Maroc.

Trois de ces malheureuses, assimilées aux femmes arabes, sort effrayant! avaient succombé à la peine. Quant à ma Rebecca de Toulouse, plus heureuse que ses compagnes, elle put résister au dur régime de la tente. Elle fut enfin délivrée par un détachement de troupes françaises, en expédition sur les frontières du Maroc.

La Mionette avait plu à un chef arabe, qui se l'était appropriée, et avait émaillé toute sa personne, son visage, ses bras, ses mains et ses pieds de pittoresques tatouages, d'étoiles bleues, de palmiers, de lions, de panthères, d'autruches et de gazelles, d'agréables bariolages, ramages et arabesques.

Ainsi tatouée, ainsi transformée en femme arabe, la jeune toulousaine n'avait pu trouver un parti convenable à son retour en Algérie, aucun colon ne se souciant de prendre en mariage une femme bariolée et arabesquée à la mode musulmane.

Que faire? que devenir? comment gagner le pain de chaque jour? Allait-elle se voir contrainte de retourner parmi les Arabes? C'est alors que lui vint l'ingénieuse idée de faire tourner à son profit les petits talents culinaires qu'elle avait acquis sous la tente de Mohammed-Ben-Lakdar, et d'utiliser son costume arabe, ses grands cercles d'oreilles qui pendaient sur son cou, ses anneaux de pieds, ses tatouages, toutes les originalités de la parure indigène.

La Mionette s'établit donc hôtelière à Tlemcen; son art exquis de faire le couscoussou, grosse semoule préparée à la main et cuite à la vapeur de la viande, lui valut la clientèle des Arabes des environs de Tlemcen qui venaient au marché. Les turcos et les spahis l'adoptèrent également comme leur vivandière, et plus d'un Français ne dédaigna pas sa cuisine. Aussi la Mionette m'invita-t-elle à devenir son pensionnaire. L'occasion ne pouvait pas être plus propice, puisque je cherchais un hôtel et qu'elle s'engageait à me nourrir pour cinquante centimes chaque jour. Mes moyens financiers me permettant d'accepter la proposition de la Mionette, je la suivis jusqu'à son établissement, situé sur la grande place de Tlemcen.

En pénétrant dans l'hôtel de la Mionette, je cherchai vainement des yeux la table, les couverts, l'appareil habituel d'un restaurant. Dans mon ignorance des coutumes arabes, je faillis mettre un pied dans le plat et placer l'autre sur un convive. Une vingtaine d'individus, les uns portant le burnous, les autres le costume de turco et de spahi, entouraient, accroupis sur un tapis, une énorme écuelle en bois remplie de couscoussou, d'œufs durs, de raisins cuits, de débris de poulet et de morceaux de mouton. A Paris, on aurait appelé ce plat un *arlequin;* en Afrique, c'est le mets national, le fameux couscoussou. Chaque convive, armé d'une cuillère en bois, pratiquait un trou dans le couscoussou et mangeait avec autant d'adresse que de propreté ce qui tombait au fond de ce trou. Je pris place à ce singulier banquet. Ma présence suspendit la conversation, dont Mionette faisait presque tous les frais. Je lui demandai de me raconter ses aventures, de me donner quelques détails sur son séjour parmi les Arabes du Maroc, ce qu'elle m'accorda de bonne grâce.

—A notre arrivée chez les Marocains, au douar de ces bandits qu'on appelait les Beni-Lakdar, commença la Mionette, le cheik et le cadi prirent mes deux infortunées compagnes, dont l'une était Espagnole et l'autre Maltaise. Nous nous embrassâmes toutes trois. Le caïd Lakdar, à qui j'étais échue en partage, me sépara d'elles, me prit par la main et me fit entrer sous sa tente, où se trouvaient ses quatre femmes, qui se jetèrent sur moi avec une sauvage curiosité, m'arrachant mes vêtements, me déroulant les cheveux, me prenant l'anneau donné par mon fiancé qui, depuis mes malheurs, a refusé de tenir sa promesse de mariage. Les moukères, comme on appelle les femmes arabes, me déshabillèrent, ou plutôt déchirèrent mes hardes, puis elles prirent une aiguille et me marquèrent des signes de leur tribu. Je les laissai faire sans leur opposer aucune résistance, car j'étais plus morte que vive.

Les moukères prolongèrent mes sourcils, me noircirent de koheul les paupières, me rougirent les lèvres de henna. Lors qu'elles m'eurent barbouillée de la sorte, elles me firent prendre le costume arabe. L'une d'elles me donna un miroir pour admirer ma nouvelle beauté et ma nouvelle toilette; je me trouvai horriblement défigurée, je jetai les hauts cris.

Mohammet-ben-Lakdar, le maître de la tente, parut alors. De la tête il fit un signe de satisfaction, en me voyant tatouée et travestie. Croyant me consoler, il m'offrit les présents donnés à la nouvelle moukère, les bracelets, les cercles d'oreilles, les krolkral, anneaux de pied en argent. Je les reçus en pleurant à chaudes larmes, car je sentais bien que je n'étais pas au terme de mes misères. Il me fallut porter la peau de bouc pleine d'eau, de la fontaine à la tente, broyer le grain entre les pierres du moulin arabe, apprendre à faire le couscoussou, à tisser burnous et gandoura sur le métier de roseau.

Une fois dressée au service et à la cuisine par les quatre femmes de Lakdar, un thaleb m'enseigna la langue arabe pour que je pusse répondre aux questions réitérées des Marocains sur les Français, sur leurs forces militaires dans la province d'Oran, surtout à Tlemcen, la ville frontière de l'Algérie et du Maroc.

Je leur inspirai une terrible peur des Français, et ils tremblèrent d'autant plus qu'on parlait déjà d'une expédition française contre les tribus insoumises du Maroc. Les Beni-Lakdar étaient compris dans ce nombre. Les autorités militaires de la province d'Oran n'ignoraient pas que les Lakdar avaient commis les crimes et les enlèvements des monts de l'Oued-el-Hammam. D'ailleurs ils ne vivaient que de pillages sur les frontières du Maroc et sur celles du petit-désert. Tantôt ils s'entendaient avec les nomades du Sahara pour détrousser les colons de Tiaret et de Saïda ; tantôt ils faisaient cause commune avec les Riffins, qui pillent audacieusement les bâtiments marchands des chrétiens en croisière sur les côtes du Maroc. Les Maures du Riff, faisant également la contrebande avec quelques Anglais de Gibraltar, passaient toutes sortes de marchandises, des denrées et des tissus dans le Maroc, d'où les Beni-Lakdar les transportaient, les vendaient dans le Sahara.

Toutes les fois que Mohammed-ben-Lakdar revenait d'une expédition, il me rapportait quelque bijou, des plumes d'autruches, de riches draperies.

Je devins la souveraine de la tente, grâce à une

intrigue que je dénonçai à Mohammed-ben-Lakdar. De ses quatre femmes, une surtout me détestait, me persécutait obstinément : elle s'appelait Lella Kadoudja. Le cousin de Lakdar venait la voir en l'absence du maître de la tente. J'entendis qu'elle lui donnait un rendez-vous pour la nuit. Je prévins le caïd.

Notre tente, faite en poil de chameau, était divisée en quatre compartiments au moyen de quatre gros tapis tendus verticalement. Une nuit, le caïd entendit un bruit de paroles dans le compartiment voisin du sien. Il s'arma de son yatagan et surprit Lella Kadoudja avec son cousin qui, après avoir tué les chiens, s'était introduit en rampant sous la tente. Le coupable eut le temps de se sauver. Lella Kadoudja, effrayée, se jeta aux pieds de son maître pour implorer sa grâce. Elle offrit à Lakdar de lui abandonner tous ses bijoux et de se retirer dans la tribu de son père. Elle se tordait les bras en sanglotant. Nous-mêmes nous demandâmes son pardon. Rien n'y fit. L'impitoyable Lakdar tua la femme infidèle d'un coup de yatagan, puis il nous ordonna de jeter son cadavre hors de la tente.

Le père de Kadoudja vint demander compte à Mohammed-ben-Lakdar du meurtre de sa fille. Le caïd nous appela, nous commanda d'attester la vérité. Quand le père eut appris la flagrante infidélité de sa fille, il reconnut que Lakdar avait eu raison d'exercer le droit de mort donné par le Koran aux Musulmans sur leurs femmes. En se retirant, il rencontra la nouvelle épousée, celle qui devait remplacer sa fille. C'était une belle créature de douze ans à peine que Lakdar avait payée mille francs.

Le mariage d'Aïcha avec Lakdar fut célébré, pendant trois jours, dans notre douar. Devant les feux allumés dans la montagne, rôtissaient des bœufs, des moutons entiers. La nuit se passait en danses de mauresques, le jour en fantasias. On faisait parler la poudre et courir les chevaux. Au milieu de ces réjouissances je fus fort triste, car j'appris la mort de mes deux compagnes d'infortune, la Maltaise et l'Italienne qui n'avaient pu résister aux traitements des Arabes.

A ma grande surprise, la nouvelle femme de Lakdar, Lella Aïcha, fut fêtée, accueillie avec enthousiasme par les autres moukères de Lakdar. Ces femmes-là ne ressentent ni amour réel ni jalousie; pour elles, une nouvelle épouse est une associée qu'il faut gagner à sa cause, à ses intérêts, à ses intrigues. Les Musulmans sont plus esclaves de leurs femmes que les femmes ne le sont d'eux. Les trois ou quatre épouses s'entendent toujours quand il s'agit de tromper le maître. Mohammed-ben-Lakdar n'ignorait pas les mauvais penchants de ses femmes; aussi m'accordait-il plus de confiance qu'à ses esclaves.

Depuis le terrible châtiment de Kadoudja, les moukères se montrèrent fort soumises vis-à-vis du maître de la tente et fort dociles vis-à-vis de moi. Elles me regardèrent comme leur maîtresse. Voulant consacrer mon autorité, Lakdar me délivra des travaux pénibles de la tente; il me fit cadeau d'une négresse qu'il avait enlevée à des Arabes soumis à la France, du côté de Saïda.

Bamboula, ma négresse, exécutait toujours mes volontés. Elle se montra si dévouée pour moi que je

n'hésitai pas à lui confier mes plus secrètes pensées.
Depuis longtemps, je rêvais au moyen de fuir les
Beni-Lakdar et de passer les frontières du Maroc,
dont je n'étais pas éloignée. Bamboula ne demanda
pas mieux que de tenter avec moi l'évasion.

Un matin, dès que le jour parut, nous prîmes
toutes deux les *guerbas*, les peaux de bouc avec lesquelles on charrie l'eau de la source à la tente, et
nous nous acheminâmes du côté de la fontaine.
Etant hors de vue des tentes, nous rebroussâmes
chemin du côté de Tlemcen. Malheureusement,
nous rencontrâmes deux Marocains de la tribu des
Beni-Lakdar. Ils reconnurent Bamboula, qui n'était
pas voilée comme moi, et nous demandèrent avec
défiance où nous allions. Bamboula perdit la tête;
elle se jeta à leurs genoux et leur avoua notre projet de fuite. On nous ramena brutalement sous la
tente du caïd, qui nous fit attacher aux piquets de
la tente. Je fus livrée sans défense aux méchancetés,
aux mauvais tours des femmes de Lakdar. Pour
comble d'infortune, un marabout entreprit de me
convertir au mahométisme. Les moukères de Lakdar
me couvrirent le corps d'amulettes, de sachets en
cuir contenant des versets du Koran. Le marabout
voulut me forcer à réciter les versets du Livre sacré,
et à m'écrier, la main posée sur les pages d'un Koran écrites en lettres rouges et bleues, ornées d'a-
rabesques : « Il n'y a de dieu qu'Allah ; Mahomet est
le prophète d'Allah. »

Je dis à Lakdar que je n'apostasierais pas ma religion, dussé-je avoir la tête coupée. Le caïd impressionné par ma résolution, eut à mon sujet une
explication très-vive avec le prêtre arabe; il lui si-

gnifia que la chrétienne prierait comme elle l'entendrait, que c'était une affaire entre elle et Dieu. L'hypocrite marabout fit mine de céder; mais aussitôt il réunit tous les marabouts de la tribu, qui vinrent assiéger Lakdar de leurs réclamations, si bien que je fus abandonnée à leur sainte fureur. On me soumit à toutes les tortures imaginables; les uns après les autres, les marabouts vinrent me supplier de changer de religion, en ayant soin de me menacer du dernier supplice au cas où je persisterais dans ma croyance. Je ne me laissai influencer ni par leurs prières, ni par leurs menaces, ni par le paradis de Mahomet, ni par l'enfer.

Les marabouts furieux se réunirent une dernière fois; ils décidèrent que si la chrétienne ne se convertissait pas, ne devenait pas immédiatement musulmane, elle aurait le cou coupé devant tous les Arabes de la tribu. On vint me signifier mon arrêt! Je ne répondis rien à toutes ces menaces. D'un jour à l'autre, je m'attendais à subir mon supplice, lorsqu'une nouvelle jeta la plus vive émotion, le plus grand trouble parmi les Marocains, et me sauva en suspendant mon exécution : les Français faisaient une expédition sur la frontière du Maroc pour châtier les tribus insoumises et pillardes. En effet, dès le lendemain, les tentes de Beni-Lakdar furent entourées et envahies par les chasseurs d'Afrique qui, dans leur razzia, sabrèrent Mohammed-Ben-Lakdar et ses femmes armées de yatagans. J'aurais subi leur sort, si, au milieu du combat, je n'avais pas pu faire entendre que j'étais une prisonnière française tombée entre les griffes des Marocains. Les chasseurs d'Afrique me ramenèrent en triomphe à

Tlemcen, où je suis devenue hôtelière. Voilà mon histoire. —

Aucun Marocain ne se trouvant dans l'assistance, les Arabes présents donnèrent tous les signes d'approbation possibles à la Mionette. Un de mes voisins de gamelle, un spahi, émit le vœu énergique de voir faire bientôt une nouvelle expédition contre les pillards du Maroc, sur notre frontière de Tlemcen. Le spahi ne concluait à rien moins qu'à la conquête du Maroc, où, prétendait-il, se trouvaient d'immenses trésors.

La proposition était trop hardie, trop aventurée, pour qu'elle fût appuyée. Voyant cela, le spahi conquérant changea de terrain et nous raconta que, dans l'expédition française de 1852, au Sahara, il avait vu une Italienne qui trônait au milieu d'une oasis; c'était elle qui avait décidé les Arabes de l'oasis à se soumettre à la France. Cependant, l'Italienne, qui avait eu moins de scrupule que la Mionette à se faire musulmane et se trouvait bien de son sort, refusa de suivre l'armée; elle préféra vivre au désert.

III

La Comtesse Noire

Deux personnages occupaient vivement la petite ville africaine de Guelma, située entre Bone et Constantine, lorsque je m'y trouvais. Il n'y était question que des goûts fastueux, de la richesse, de la beauté de la comtesse de Lucenais et des aventures amoureuses de Georges Kérouard.

Georges Kérouard était taillé en don Juan. Beau, bien découplé, le geste franc, l'œil vif et plein de hardiesse, il charmait à la première vue; si l'on ajoute à ces avantages physiques un esprit lettré, une grande distinction de manières, on comprendra que Georges Kérouard ait eu des succès dans les villes d'Algérie, où le cœur et l'imagination, si près du soleil, s'allument et s'enthousiasment facilement. Le don Juan de Guelma devait à l'un de ses succès en amour la perte de sa position de capitaine de chasseurs d'Afrique. Tenant garnison à Philippeville, il avait captivé le cœur d'une belle Italienne, dont le mari, joueur effréné, restait trop souvent éloigné de sa femme.

Le capitaine s'introduisait auprès de la Francesca délaissée, sous le costume arabe. Ce déguisement lui réussit une fois; mais la seconde fois le mari reconnut le capitaine. Il dissimula sa colère, laissa sortir le faux Arabe, et se vengea sur sa femme, qu'il fit entrer dans un couvent à Philippeville. Indigné, le capitaine enleva, pendant la nuit, Francesca et la cacha dans une maison isolée au bord de la mer, à quatre portées de fusil de Philippeville. Cette aventure fit scandale au couvent et dans la ville. Le procureur s'en mêla; il y eut conflit entre l'autorité civile et l'autorité militaire; enfin le général, forcé de sévir, appela le capitaine de chasseurs d'Afrique, et lui dit nettement qu'il devait choisir sur l'heure entre sa profession de soldat et son rôle de don Juan; en un mot, il exigeait du capitaine qu'il rendît immédiatement l'épouse enlevée à son mari.

Georges Kérouard répliqua au général qu'avant d'être soldat il se glorifiait d'être chevalier, et qu'il n'abandonnerait jamais une femme à la colère d'un mari outragé. Sur cette parole, il tira son sabre pour le donner au général, qui l'accepta en n'osant blâmer cette fierté de caractère, cette noblesse d'âme. Georges Kérouard quitta Philippeville et se retira dans l'oasis d'El-Kantara. Là il perdit celle qui lui avait sacrifié sa réputation, sa vie, et à laquelle il avait donné tous les témoignages de dévouement. C'est alors qu'il vint habiter la ville de Guelma.

Sa réputation l'y avait précédé. Il fut bien

accueilli, surtout par la gent féminine, enchantée d'apprendre qu'il existait encore des hommes dont l'amour ne reculait devant aucun sacrifice. En un mot, Georges Kérouard était le roi de Guelma, comme la comtesse de Lucenais en était la reine.

Mais la comtesse de Lucenais devait son importance moins à ses mérites moraux qu'à son opulence et à sa beauté. Comme une patricienne de l'ancienne Rome, elle avait ses esclaves, ses chaouchs, ses nègres. Ses soirées étaient le charme de la ville de Guelma. On lui savait gré des dépenses qu'elle faisait pour égayer deux tristesses : la ville de Guelma et son hypocondriaque mari, ancien légitimiste qui, après avoir énergiquement lutté en France, avait transporté ses déceptions et sa misanthropie au fond des solitudes africaines. Il y avait bien une tache au soleil. On disait que la comtesse aimait beaucoup Guelma lorsque le comte était à sa maison de campagne de La Seralia, et La Seralia lorsque son mari se trouvait à Guelma. Mais les nègres et les chaouchs de la comtesse étaient si muets, que ses actions secrètes ne transpiraientpas au dehors, et que la malignité publique était réduite au conte, à l'invention. C'est ainsi qu'on ne put jamais découvrir la cause réelle de la rupture de Georges Kérouard avec la famille Lucenais.

Au temps des bonnes relations, chaque fois que Georges partait de Guelma pour chasser le lion et la panthère dans les forêts de Souk-Arras, on voyait, quelques heures après, une belle amazone, accompagnée de ses chaouchs, suivre la même direction. La sympathie pour Georges était telle à Guelma,

que les habitants tremblaient de ne pas le voir revenir de sa chasse aux bêtes féroces ; aussi sa rentrée
était-elle triomphale lorsqu'il rapportait, avec sa
peau, le cadavre d'un lion ou d'une panthère. Il y
avait réjouissance en ville ce jour-là et soirée chez la
comtesse de Lucenais.

Un beau jour, Georges partit pour la chasse au
lion sans que l'amazone de rigueur se montrât. Il
revint chargé de dépouilles opimes. La comtesse ne
donna aucune fête. Cette mystérieuse séparation,
sans motifs plausibles ou apparents, de Georges et
de la comtesse, dura une année. Enfin, la glace se
rompit aussi singulièrement qu'elle s'était formée.
Georges dut voir les Lucenais pour une œuvre de
charité dont on lui avait confié la direction. Il fut,
à son extrême surprise, admirablement reçu. On parut enchanté de le revoir, et, bon gré mal gré, il
fallut qu'il s'engageât sur parole à se rendre à la
prochaine soirée de la comtesse.

— Que signifient tous ces sourires, toutes ces invitations au bal ? se demanda, assez anxieux, l'ancien capitaine de chasseurs d'Afrique, en quittant
les Lucenais. Est-ce le piége d'une coquette, l'em-
bûche d'un mari, ou une sympathie si irrésistible
qu'elle rejette dans l'oubli les griefs du passé ? Cela
est bien heurté, bien bizarre. Je n'en trouve pas la
raison... Eh ! qui diable a jamais vu clair dans l'esprit d'un mari ou dans le cœur d'une femme ? Qui
a deviné ce mystère vivant, ce sphinx rose ? Allons,
n'approfondissons pas trop philosophiquement la
situation. Ayons bon espoir. Après-demain, la
lutte ; après-demain, jour de combat, et jour de victoire, peut-être !

Dès qu'il reçut l'invitation officielle de la comtesse, Georges s'empressa de lui faire honneur. Il se rendit à sa soirée armé de pied en cap, et toujours désireux de connaître les mobiles qui avaient porté les Lucenais à changer leur attitude, à dépenser tant de grâces et d'amabilités pour lui, le maudit, le proscrit de la veille, si étrangement choyé le lendemain. Le duelliste et le chasseur de bêtes féroces, avec son coup d'œil, avec son amour du péril, présentait un adversaire aussi vaillant, aussi expérimenté que lui.

La soirée de la comtesse fut, comme toujours, fort brillante. Toutes les notabilités de la ville s'y trouvaient, et rien n'était plus pittoresque que cette réunion d'invités européens, maures et juifs, mêlant les habits noirs aux burnous de fine laine blanche, aux vestes soutachées. Des danseuses mauresques, vêtues de gaze et d'or, faisaient succéder leurs trépidations passionnées aux quadrilles compassés des Européens; bref, les salons de la comtesse de Lucenais offraient le tableau le plus agréable, le plus animé des mœurs de l'Orient et de l'Occident. Et certes les invités, plus embarrassés que Pâris, n'auraient su à quelle beauté donner la palme : à l'Européenne gracieuse, à la juive aux grands yeux de gazelle, au profil pur comme une biblique Noémi, ou à la Mauresque voluptueuse et nonchalante.

Georges Kérouard eut en partie les honneurs de la soirée. Il était également à l'aise dans un bal, sur un champ de bataille ou au milieu des forêts de l'Afrique. La comtesse de Lucenais parut ravie de son esprit et de sa grâce. Elle l'entraîna hors des appartements, dans son parc éclairé *a giorno*. En prenant une allée un peu sombre tracée à travers un épais taillis, la comtesse, s'appuyant coquettement sur le bras de l'ancien capitaine de chasseurs, lui dit :

— En vérité, monsieur Kérouard, je vous sais un gré infini d'avoir apporté dans ma fête votre verve, votre esprit et votre joyeuse humeur, que vous semblez avoir communiquée à tous mes invités. Jamais je n'ai eu une fête si brillante, et je dois vous garder sérieuse rancune de vous être tenu éloigné une année entière de mes salons.

— Vous raillez très-agréablement, madame la comtesse; mais vous me permettrez de ne vous répondre que lorsque vous parlerez sérieusement. Si j'ai joué la comédie de la gaîté dans vos salons, vous savez mieux que personne combien cette joie feinte est loin de mon cœur. J'ai attaché un masque à mon visage; je regrette que vous l'ayez pris pour ma physionomie réelle. Ma nature, plus mal douée que la vôtre, ne sait pas jeter le sarcasme de l'oubli sur le passé.

— Ingrat! qui ne tient pas compte d'une année de martyre conjugal, d'une année de lutte vaillamment supportée pour lui seul. Oui, monsieur, lorsque vous me jugiez oublieuse, coquette, à la taille de ces femmes sans âme, sans caractère, moi, j'introduisais ici l'enfer; chaque jour, je vous défendais fièrement, obstinément contre un mari vindicatif; et, au moment où je suis parvenue à chasser de son esprit tout nuage, tout soupçon, vous me récompensez par l'ironie, presque par l'injure. Il n'est donc pas de grandes âmes dans ce monde!

— Que m'apprenez-vous, madame? Dans quelle nuit j'étais plongé! Quoi! vous avez eu cet héroïsme. Mais pourquoi ne m'avoir pas fait secrètement savoir les luttes de votre intérieur, la vaillance de votre cœur?

— M. de Lucenais m'entoure d'espions, vous le savez. Je me serais perdue. Au risque d'encourir vos futiles reproches d'indifférence, au risque d'être méconnue de vous, d'être oubliée, j'ai gardé le secret absolu. J'ai atteint mon but. J'ai gagné notre cause auprès de mon mari.

— La croyez-vous réellement gagnée, comtesse? J'ai toutes les peines du monde, je l'avoue, à admettre la conversion de M. de Lucenais. Vous rappellerai-je comment il s'est conduit vis-à-vis de nous? Averti par les espions de votre maison, que nous chassions dans la forêt de la Medjerda, il nous surprit au moment de notre repos de chasse, tenta de m'assassiner, vous couvrit d'injures. Hors de moi, je lui mis un fusil dans la main, et je le sommai, au nom de l'honneur, de me rendre raison sur le terrain même qu'il avait souillé de ses injures. Le misérable, le lâche, jeta le fusil et se retira en murmurant des paroles de vengeance. Voilà ce qui s'est passé, madame. Vous m'avouerez qu'il a fallu un miracle pour que M. de Lucenais oubliât toutes ces scènes. D'ailleurs, il faut bien ajouter foi aux miracles, puisque je me trouve ici, dans la maison de M. de Lucenais!

— Vous mettez en suspicion ma perspicacité, Georges, après avoir douté de mon amour. Eh bien! je vous confondrai sur ce point comme sur l'autre. Je vais vous donner la preuve convaincante que la

plus légère ombre ne reste pas au fond du souvenir
de M. de Lucenais. Je lui ai exprimé le désir que
vous m'accompagnassiez dans une excursion aux
Thermes de Hammam-Meskoutine, et il en a paru
ravi. Maintenant, Georges, refusez-vous d'être mon
cavalier?

— Donnez-moi vos ordres, madame.

— Eh bien! demain, dès l'aube, tenez-vous prêt.
Ne vous préoccupez pas de provisions. J'enverrai, en
avant, une mule et mes chaouchs qui porteront notre
subsistance de la journée dans cette contrée sauvage. Si vous n'avez pas de cheval disponible, vous
en choisirez un dans mes écuries.

— J'ai le mien. Demain, je viendrai frapper à
votre porte, madame. Je vous demande la permis-
sion de me retirer. N'aurais-je qu'une heure de sommeil, elle m'est nécessaire.

— Retirez-vous, Georges. Deux heures sonnent.
La nuit est déjà avancée... Je ne me coucherai
pas.

— A demain, madame la comtesse.

Georges s'inclina et effleura de ses lèvres les
doigts roses de la comtesse, qu'il ramena au bal;
puis il disparut.

Georges Kérouard dormit si bien, malgré les ap-
préhensions dont il ne pouvait se défendre, que le
grand jour était venu sans qu'il eût encore ouvert
les yeux. Mais un des chaouchs de la comtesse, le
discret Ahmed, le réveilla en sursaut en frappant à
sa porte.

— Madame la comtesse vous attend, M. Georges!
lui cria-t-il.

— Ah! c'est toi, Ahmed, murmura l'ancien capi-

taine de chasseurs à moitié endormi. Maudit sommeil de plomb! Je me lève, et dans un quart-d'heure
je serai chez Mme de Lucenais.

— Voulez-vous que j'aille seller votre cheval,
M. Georges? proposa l'ingénieux Ahmed.

— Tu as raison. Pendant que je vais m'habiller,
harnache Satan. Va.

En un clin d'œil, le capitaine fut habillé. Il s'empara de ses balles coniques à pointes d'acier, de sa
carabine Devisme, avec laquelle il avait abattu panthères et lions, sortit, monta à cheval et se présenta
à la demeure de Mme de Lucenais; il la trouva toute
prête, attendant impatiemment son cavalier servant.

La comtesse était belle à ravir dans son costume
d'amazone gris-perle. Une abondante chevelure
noire était retenue captive sous un gracieux chapeau de fantaisie de forme ronde, surmonté d'une
magnifique plume d'autruche qui encadrait à merveille le visage plein de la comtesse. Sa fine main
gantée semblait ployer sous les bijoux.

En la voyant si resplendissante de beauté, Georges, tout don Juan qu'il était, eut quelque éblouis-
sement. Il se souvint de la forêt de la Medjerda. Il
balbutia quelque banale excuse sur le décousu de sa
toilette, et la comtesse, enchantée d'avoir produit
son effet de costume, demanda à Georges l'aide de
sa main pour monter sur sa jument Isabelle, qui
contrastait avec la robe entièrement noire de Satan.

Isabelle et Satan, fiers de leur fardeau, se livrèrent à une coquette fantasia dans les rues de Guelma, et ne prirent l'allure régulière que sur la route

de Hammam-Meskoutine. Le chaouch Ahmed et
Ibrahim, montés sur des mules, suivaient Georges
et la comtesse. Sur le passage de la petite caravane,
les habitants de Guelma répétaient avec joie :

— Enfin ! ils sont réconciliés !

Les premiers moments du voyage furent froids,
comme tous les commencements possibles ; en ex-
ceptant cependant le commencement du jour en
Afrique, qui est ardent à sa première lueur.

Il faisait une de ces radieuses matinées qui relèvent joyeusement l'homme de la léthargie de la
nuit, donnent au cœur la flamme, communiquent
aux yeux et à l'esprit la vive lumière d'une nature
enivrée de soleil. La rivière de la Seybouse roulait
ses flots étincelants à travers les touffes de lauriers
roses. En traversant à gué la Seybouse, que des
pluies avaient grossie, Isabelle trébucha contre un
granit, s'agenouilla et faillit jeter à l'eau sa belle
écuyère. Mais Georges, par un mouvement rapide,
descendit de cheval et reçut la comtesse, qu'il porta
jusqu'à l'autre bord entre ses bras musculeux, en
luttant contre le courant qui menaçait à chaque
instant de l'entraîner avec Mme de Lucenais.

— Notre voyage commence mal, dit la comtesse
revenue de sa frayeur.

— Un peu d'eau sur votre robe, voilà tout ce qui
est à regretter, madame.

— Mais vous, Georges, pour venir à mon secours, vous vous êtes mouillé jusqu'à la poitrine.

— Une heure de soleil, et il n'y paraîtra plus.

On se remit en selle, et la marche fut reprise ;
Georges devant, la comtesse derrière lui, Ahmed

et Ibrahim suivant toujours le cavalier et l'amazone à quelque distance.

Comme le chef de la caravane gardait un silence obstiné, la comtesse ne put s'empêcher de lui en faire des reproches.

— Je ne vous savais pas si songeur en voyage, mon cavalier, persifla-t-elle.

— Je n'aime pas à parler dans les cimetières où il faut écouter, répliqua Georges gravement. Vous ne savez pas, madame, que nos chevaux piétinent des tombes. Ici, près de Mejez-Amar, dans cette douloureuse retraite de Constantine, nous laissâmes cinq à six cents braves qui se sacrifièrent au salut de l'armée. Enveloppés de nuées d'Arabes, ils tinrent jusqu'au dernier, et nous pûmes continuer notre sanglante marche jusqu'à Bone. Les morts vont vite, on les oublie trop légèrement.

— Ce reproche ne saurait aller à votre adresse, Georges, car vous n'oubliez ni les morts ni les mortes.

— Vous voulez me rappeler l'Italienne Francesca, la morte du désert; celle-là est enterrée dans mon cœur; je ne puis l'oublier. Il y a six ans, je passais avec elle par ce chemin. Je me rendais à Constantine, et de là je partis pour l'oasis d'El-Kantara.

— Alors vous veniez de sacrifier votre position, votre avenir militaire pour cette femme qui vous tenait tant au cœur, qui vous tient encore tant à l'esprit.

— Tenez, comtesse, n'obéissez pas à de mesquines impulsions. Ne me reprochez pas d'avoir accompli mon devoir, d'avoir sacrifié à une martyre ma position, mon ambition. J'aurais voulu lui sacrifier ma vie, comme je suis prêt à la donner pour vous. Soyez donc persuadée que je peux, sans infidélité, sans manquer à la vérité d'un sentiment sacré, garder le culte de la morte et aimer la vivante... deux belles âmes sœurs !

— Je vous crois, Georges, j'ai besoin de vous croire, murmura sourdement la comtesse, satisfaite de la franchise de Georges. Mais baissez la voix ; Ibrahim est derrière nous, et vous n'ignorez pas qu'Ibrahim est un des espions de mon mari, comme Ahmed est mon serviteur le plus dévoué. Ce matin, M. de Lucenais lui a enjoint de m'accompagner. Devant un ordre si formel, je n'ai pas pu dire à Ibrahim de rester à la maison.

— Votre mari, madame, a joué avec moi la comédie de la réconciliation. Je vous le disais hier, rien de franc, rien de net ne peut venir de cette âme basse et tortueuse. Ce n'est pas un Othello, c'est un Cassio. Je préfère mille fois le courage impétueux, les rudes assauts du lion aux lâchetés féroces de la panthère tapie dans un trou, surprenant toujours son ennemi.

— Georges, si je pouvais un seul instant admettre la justesse de votre horrible comparaison, je vous répondrais que vous êtes habitué dans vos chasses à déjouer les perfidies de la panthère. Qu'avez-vous à craindre de l'hypocrisie, des ruses félines qu'à tort, selon moi, vous prêtez à M. de Lucenais ?

— Je ne crains rien de personne, madame. Ma vie s'est passée à chercher la mort qui m'a toujours fui comme un mirage, sur les champs de bataille, dans les hasards de mes aventures de garnison, dans mes luttes contre la bête féroce des forêts de l'Afrique.

— Que parlez-vous de mort, Georges, quand Dieu nous fait la grâce de nous réunir après une année de séparation ?

Et la comtesse, dans un délicieux abandon de la passion, posa sa main sur le pommeau de la selle de Satan. Georges prit cette main et la porta à ses lèvres brûlantes.

— Vous ne songez plus à Ibrahim, à l'œil du mari ! lui dit Mme de Lucenais.

Cette observation jeta de la glace sur l'ardeur de Georges. Il abandonna aussitôt la main de la comtesse en murmurant :

— Oui, c'est le mauvais œil, comme disent les Arabes.

Le silence se fit ; le cavalier et l'amazone étaient tout entiers aux émotions vives de leurs cœurs et à l'enivrement que leur apportait la nature africaine avec son ciel incandescent, ses horizons profonds, ses perspectives infinies, ses montagnes géantes, cabriolant les unes sur les autres, ses vertes oasis apparaissant au fond des ravins comme des nids de palombes dans les parois des abîmes, avec ses séduisants contrastes de rudesse et de grâce, d'énergie sauvage et de tendresse. Il n'est pas jusqu'aux ruines romaines semées sur le sol de l'Afrique, qui ne contribuent à donner à cet admirable pays un aspect de grandeur.

Le Satan de Georges ayant fait résonner son sabot sur des fûts et des chapiteaux qui avaient roulé au milieu de la route, Georges rompit son mutisme et s'écria :

4

— Si ces ruines pouvaient parler, que de grandes choses elles révéleraient ! que d'héroïques luttes elles raconteraient ! Et Salluste ne nous a pas même laissé le nom de cette ville romaine, laquelle, à en juger par le nombre de ses tombeaux, de ses arcs de triomphe, a dû être une cité importante.

— Ainsi s'évanouissent les gloires de ce monde, riposta ironiquement la comtesse ; ainsi l'éclat des héros disparaît dans l'ombre de la postérité. Mais ce n'est pas leur histoire que j'aurais été curieuse de demander au passé de cette ville, c'est celle des amants confondus dans la poussière de ces ruines, qui ont consacré leur vie à un sentiment moins fugitif, moins futile que la gloire ; ceux-là seuls défient l'oubli et le néant ; ils ont bien rempli les jours de la terre en aimant, ils aiment encore au ciel.

— J'adore, comtesse, votre manière d'entendre l'histoire romaine. Du reste, si étrange qu'elle paraisse, elle n'est pas en désaccord avec l'histoire. La voluptueuse jeunesse romaine venait prendre ses ébats aux thermes d'Hammam-Meskoutine, témoins ces vastes piscines que nous voyons devant nous et dans lesquelles on nageait à l'aise, tandis que les directeurs de nos thermes ont adopté aujourd'hui la baignoire étriquée. Cette différence, insignifiante en apparence, marque bien, à mon avis, le génie des temps anciens et des temps modernes.

La tradition médicale, pas plus que la tradition galante, n'a été abandonnée. Comme les soldats romains, nos soldats viennent cicatriser leurs blessures dans ces eaux chaudes, d'une efficacité merveilleuse, et, sous prétexte d'affections de poitrine,

.de rhumatismes imaginaires, de douleurs fantastiques, habitants et habitantes de Constantine, de Philippeville, de Bone et de Guelma, cherchent ici la liberté de la solitude, la quiétude des bois, des ravins ombreux, de la source pure qui chante sur les granits. Que de romans africains se nouent, comtesse, aux thermes d'Hammam-Meskoutine. De grandes dames, transformées par l'amour, habitent la tente, comme de simples femmes arabes, et la préfèrent à leurs somptueuses demeures des villes.

Je suis venu cicatriser à l'hôpital militaire d'Hammam-Meskoutine un coup de yatagan dont les Marocains m'avaient gratifié. Chaque soir, les prétendus invalides civils des deux sexes se réunissaient devant l'hôpital, s'égayaient de la façon la plus ingénieuse, en organisant des jeux innocents ou en improvisant des bals champêtres conduits par un unique violon. Il est vrai que le chef d'orchestre avait le concours des lions et des panthères qui rugissaient et hurlaient autour de Meskoutine. Mais on n'en dansait pas moins dans cette salle de bal décorée par les montagnes et les forêts, éclairée par les étoiles et le disque de la lune. A dix heures, les militaires rentraient, les civils se retiraient sous leurs tentes ou entreprenaient une promenade sentimentale au clair de lune, sans avoir même le souci de tomber sous la dent de la bête féroce, tant l'amour est brave ! Combien en ai-je trouvé de ces beaux imprudents dans mes nuits de chasse, car Meskoutine est le paradis de la chasse et de l'amour. J'en atteste, comtesse, tous les chasseurs, tous les amants de la province de Constantine qui viennent demander à cette oasis si intelligemment choisie par les Romains, à ces thermes, à ces montagnes au front sourcilleux, à ces forêts de chênes-liége, à l'haleine brûlante de cette atmosphère, à ces horizons infinis, à ces cieux profonds, à toute cette nature exubérante et pittoresque, la plénitude de l'amour et de la liberté !

— Monsieur Georges, dit la comtesse froide devant l'enthousiasme de l'officier, soit que quelque partie de son discours l'eût blessée, soit plutôt qu'elle ressentît la crainte de se laisser entraîner, votre lyrisme vous emporte à rêver des bonheurs impossibles. Mais les romans abrègent les chemins. Tenez, sans que nous ayons pensé à la longueur de la route, nous voici arrivés.

En effet, les colonnes de vapeur qui s'élevaient des sources en ébullition annonçaient le voisinage des thermes. Isabelle et Satan faisaient crier un sol mince, miné par les volcans souterrains. Les eaux chaudes, en jaillissant, ont formé une multitude de petits cônes que l'imagination des Arabes assimile à des tribus infidèles pétrifiées, à des familles incestueuses frappées soudainement par le courroux céleste. Dans leur cours, elles déposent le soufre et le calcaire dont elles sont chargées, qui forment des gradins blancs et jaunes, puis elles vont se perdre en chantant au milieu des champs de coton et de lauriers-roses. Sur les marmites naturelles des thermes de Meskoutine, dans lesquelles l'eau bout à cent degrés, des soldats blessés préparaient le pot-au-feu et faisaient cuire des œufs. Des dames enveloppées de longs burnous blancs, qui venaient de prendre leurs bains, rentraient sous leurs tentes.

Les chasseurs partaient en expédition, les infirmiers étaient chargés de bouteilles d'eaux ferrugineuses puisées aux abondantes sources des environs.

Il régnait à Meskoutine une vie active et plaisante. L'arrivée de la comtesse de Lucenais fit néanmoins sensation. L'aide-major de l'hôpital la reçut, lui offrit ses appartements ; la femme de l'aide-major la conduisit dans sa piscine et lui offrit son costume de bain. Pendant ce temps, Georges fit une courte excursion ; il explora vainement le ravin du lion, la montagne du lion ; il rencontra seulement un panthereau et un chat-tigre qu'il abattit et qu'il rapporta à Meskoutine. La comtesse, délassée par son bain, désira reprendre le voyage. Bravant la chaleur suffocante, les vapeurs embrasées du sirocco qui flottaient dans l'espace, elle voulut se rendre chez le caïd de Meskoutine, qui avait maintes fois assisté à ses soirées de Guelma.

La caravane, toujours suivie par l'œil du mari, par l'impitoyable Ibrahim, gagna la montagne ; elle aperçut bientôt les tentes grise de la tribu des Heractas qui tatouaient les bois verts. Du plus loin que le caïd Bou-Sar vit ou plutôt devina la comtesse, il fit un signe aux Arabes de son douar, qui se précipitèrent au devant de la caravane, les uns prenant le cheval de Georges, les autres courbant le dos pour recevoir le pied de la comtesse. Un second signe du caïd fut le signal d'un véritable massacre de moutons et de poulets auxquels les Arabes coupèrent la tête, qu'ils embrochèrent, empalèrent et firent rôtir devant des feux allumés en plein air. C'étaient les préparatifs de la diffa, mot

qui comprend toutes les obligations de l'hospitalité
musulmane.

Mme de Lucenais et Georges étaient entrés sous
la tente du caïd ; ils étaient assis sur des piles de
coussins que, bon gré mal gré, il avait fallu accepter du caïd. Quant à lui et à ses deux fils, ils étaient
accroupis, les jambes croisées sur le tapis. Bou-Sar
interpella le premier la comtesse, en la tutoyant,
selon la coutume arabe :

— Tu m'avais promis de venir visiter le douar
de ton ami, dit Bou-Sar ; je te remercie, tu es une
chrétienne de parole.

— Toutes les chrétiennes me ressemblent, dit en
riant Mme de Lucenais.

— Alors je les aime toutes comme je t'aime, répliqua le caïd.

— Sans doute, mais les chrétiennes ne seront
jamais tentées de plaire à un Arabe qui donne son
cœur à cinq ou six femmes.

— Tu sais bien, comtesse, qu'on n'en aime jamais
qu'une. Mais que deviendrais-je si je n'avais pas
quatre femmes ? Qui me ferait le couscoussou ?
Qui irait me chercher l'eau à la source ? Qui me
tisserait mon burnous ? Sur les quatre femmes du
musulman, il y a toujours trois servantes.

— Pauvres créatures ! cela me fait songer que
j'ai apporté quelques brimborions de velours, quelques fichus de soie pour elles. Dis à Ahmed de les
retirer de ma djebira et de les donner à tes femmes.
En même temps, il nous apportera les vivres.

— Comment ! tu viens chez un caïd, et tu appor-
tes des vivres ! Tu les remporteras, ou nous nous
fâcherons.

— Mais laisse-nous au moins prendre le vin.

— Ton ami n'a-t-il pas du vin de Bordeaux dans ses hamals ? Comment recevrais-je les officiers français sous ma tente, si je n'avais pas de vin ? Mahomet, qui a interdit le vin aux croyants, ne leur a pas défendu d'en offrir à leurs hôtes

— Très bien ; tu es un caïd civilisé.

— Par Dieu ! s'écria l'ancien capitaine de chasseurs, un gaillard qui partage des festins de Balthazar arrosés de vins de Champagne, avec les spahis quand il vient à Guelma et qui, rentré à sa tribu, boit de l'eau pure comme un dromadaire, un excellent tartufe à damer le pion mille fois à celui de Molière, qui fait ostensiblement ses cinq prières par jour, accable de salamaleks les conquérants de son pays, double les impôts que la France lui demande, afin d'en garder la moitié pour lui, fait trimer les hommes de sa tribu comme un baron du moyen-âge, les assujétit à labourer ses terres, à cultiver ses champs de coton, adore pieusement Mahomet et Allah, tout en dépouillant les musulmans, tout en tirant sa fortune du Christ et des chrétiens. Mais demandez aux Arabes pressurés de l'Algérie ce qu'ils pensent de leurs cheiks, de leurs cadis et de leurs caïds minotaures !

La philippique de Georges fit jaillir l'étincelle du caillou. Un éclair de haine illumina l'œil du caïd Bou-Sar. Mais comme tous ses coreligionnaires, qui ne traduisent jamais leur colère par des paroles, il resta muet et sombre.

— Bah ! bah ! soupira Mᵐᵉ de Lucenais, je reconnais là votre haine des Arabes. En bien ! je vous déclare que je suis une arabophile. Les Arabes sont charmants. Voyez comme ils vous reçoivent. Voilà pourtant les gens que vous avez sabrés sans pitié, impitoyable capitaine de chasseurs, que vous avez rendus victimes de razzias spoliatrices, que vous avez ruinés.

— Ils sont charmants et ils nous reçoivent bien, comtesse, précisément parce que nous les avons sabrés.

Les cris de joie des moukères qui se trouvaient dans un compartiment voisin, établi au moyen d'un tapis tendu verticalement, coupèrent fort à propos la conversation.

— Tiens ! Bou-Sar, entends-tu ? dit la comtesse. Tes femmes sont enchantées de mes cadeaux.

— Tu connais bien les femmes, toi, comtesse, répondit le caïd. La diffa est prête, ajouta-t-il ; veux-tu la prendre sous la tente ou dehors ?

La comtesse, qui avait déjà dépensé un flacon d'essence pour neutraliser l'odeur de lait caillé de la tente, demanda à sortir. Elle fut ravie du coup-d'œil qui s'offrit à elle ; sous les vastes ramures des caroubiers, des tapis avaient été tendus ; les tapis étaient entourés d'une guirlande animée de tous les Arabes du douar. Derrière les caroubiers se tenaient groupées et voilées les moukères qui, à l'apparition de Georges et de la comtesse, jetèrent leurs bruyants sgarits. Les Arabes se levèrent et ouvrirent les rangs pour laisser passer Georges et la comtesse sur les tapis.

Aussitôt on apporta un mouton entier qui fumait dans un grand plat de bois, les poulets dorés, le couscoussou mêlé d'œufs durs et de raisins cuits. La comtesse avait un plat et une cuiller en bois tout neufs. Elle rit de bon cœur en voyant cette singulière vaisselle. Le caïd et les Arabes qui ne mangeaient pas, car c'est faire la plus grande injure à l'hôte que de partager son repas et ne pas consacrer toute son attention à le satisfaire, ressemblaient à des mortels assistant aux repas ambroisiaques des dieux de l'Olympe, et épiant leur physionomie pour y lire la satisfaction.

— Es-tu content du couscoussou? demanda le caïd à Mme de Lucenais.

— Délicieux. On en fait chez moi qui ne vaut pas celui-là.

—Vois-tu, reprit avec orgueil le caïd, il n'y a pas en Algérie une femme pour faire le couscoussou comme Lella Kadjoun; aussi l'ai-je payée cinq cents boudjouds, sans compter les cadeaux du mariage.

— C'est moins cher que nos cordons bleus et nos cuisinières, qui demandent mille francs par an, dit Georges.

A ce moment, quatre Mauresques, habillées de gaze, s'élancèrent du groupe des femmes sur un tapis, où elles se livrèrent à toutes les fantaisies passionnées de la danse arabe : combats simulés, femmes infidèles frappées du yatagan, voluptueuses siestes au fond des ravins, amoureuses haltes dans l'oasis du désert. Les musiciens mimaient ces scènes avec les danseuses, en frappant, à coups redoublés, de la main la peau sonore du derbouka. Mme de Lucenais, quoiqu'elle fût habituée aux danses mauresques, parut être vivement impressionnée. Georges, qui l'observait, vit son sein palpiter et s'agiter comme des vagues moutonneuses qui se succèdent rapidement.

— Que vous aviez raison, Georges, dit la comtesse d'une voix émue, de vous écrier que le paradis
de l'amour se trouvait ici. Ah! délices des anges
que cette vie patriarcale au milieu des bois, loin
des intrigues et des agitations stériles du monde.

— Non, comtesse, pas ici. Dispensez-moi de vous
dérouler les intrigues, les vols, les vices, les crimes, les misères, les sentiments mesquins de ces
pasteurs arabes, candides en apparence seulement,
que vous aimez trop. L'homme né de la femme est
foncièrement mauvais, qu'il soit pasteur, agriculteur, industriel ou parasite civilisé. C'est au bord
de la mer ou au fond d'une forêt que je voudrais
voir s'édifier notre petit château, que je voudrais
vivre et mourir sous vos yeux pleins de flammes,
comme le soleil qui nous embrase de ses derniers
rayons.

La comtesse, suffoquée par l'émotion, ne put que
répondre en plaçant sa main sur la main de Georges, qui touchait le tapis. Mais la passion ne fit
qu'augmenter et monta à son cœur comme une marée irrésistible. Succombant à l'émotion, elle tomba
sur le tapis en proie à une crise nerveuse. La fête
s'interrompit brusquement. Bou-Sar, ne perdant
pas la tête, appela les femmes. Georges se retira.
Un essaim de moukères entoura Mᵐᵉ de Lucenais.
Les femmes dégrafèrent son amazone; mais elles
jetèrent des cris d'impuissance en rencontrant un
corset, qui était un nœud gordien et un mystère
pour elles. Georges, furieux, les écarta, brisa le
corset de la comtesse, qui put respirer à l'aise, puis
il se retira de nouveau en faisant signe aux femmes arabes de revenir soigner et habiller Mᵐᵉ de

Lucenais. Les moukères éventèrent la comtesse, l'accablèrent de soins. M^mo de Lucenais, reprenant ses sens, demanda ce qui était arrivé.

— Vous êtes trop fatiguée, dit Georges en évitant de répondre à la question posée, pour rentrer ce soir à Guelma.

— Morte ou vive, il faut que je rentre absolument, répliqua la comtesse. Faites avancer Isabelle, je vous prie, je veux partir.

Les Arabes du douar étaient pétrifiés. Ils ne comprenaient rien à ce qui s'était passé, n'ayant jamais vu leurs femmes se trouver mal. Le caïd seul n'était pas trop étonné ni trop inquiet de ce petit événement, car il avait fréquenté les nerveuses Européennes, et il savait avec quelle facilité elles s'évanouissent. Du reste, il avait saisi la véritable cause de l'attaque de nerfs de la comtesse, qui, un peu défaite, le visage pâli, les yeux noyés de langueur, était plus belle que jamais. Ce fut au tour de Georges de ressentir la passion qu'il avait inspirée. Il monta Satan de fort mauvaise humeur et quitta à regret le douar des Heractas.

Le retour fut triste. En Afrique, il n'y a ni aurore ni crépuscule. Les ombres enveloppent brusquement la terre, comme les premiers rayons de soleil l'illuminent et l'embrasent. Les chacals, ces appariteurs sinistres de la nuit africaine, glapissaient sur le passage de la caravane. Georges, Ahmed et Ibrahim surveillaient de près Isabelle, qui pouvait, d'un faux pas, faire rouler la comtesse dans un ravin. Pour comble de malheur, la lune et les étoiles se voilèrent tout à coup de nuages épais poussés par le vent du sud, par le simoun.

Contrairement aux nuits habituelles de l'Afrique, qui sont lumineuses et presque glaciales, le temps devint noir et asphyxiant. On étouffait, et l'on ne voyait pas à quatre pas devant soi. A chaque instant, la caravane risquait de se perdre ou de tomber dans quelque ravin.

— Madame, dit Georges avec résolution à la comtesse, vous ne rentrerez pas ce soir à Guelma. Nous allons toucher à la ferme de Pablo qui est votre fermier. Nous lui demanderons l'hospitalité.

— Mais tout au moins, objecta la comtesse, faudrait-il que M. de Lucenais fût prévenu, afin qu'il n'attribuât pas mon absence à des motifs qui ne seraient pas naturels. Ibrahim ne pourrait-il se rendre à Guelma ?

Ibrahim, qui avait entendu la proposition de Mme de Lucenais, fit avancer son cheval.

— Non, comtesse, dit Georges avec vivacité. Il est inutile que votre mari sache où vous passez cette nuit. Il lui viendra tout naturellement à l'esprit que vous n'avez pas pu voyager par ce temps de sirocco. D'ailleurs, vous êtes fatiguée, épuisée, et vous arriveriez malade à Guelma, si vous échappiez à tout accident.

La comtesse se rendit au raisonnement de Georges, et la caravane frappa à la porte d'une maison, entourée de murailles comme une véritable forteresse. C'était une ferme isolée de toute habitation, que dirigeait l'Espagnol Pablo, éleveur de bestiaux, tenancier des Lucenais. Ahmed et Ibrahim avaient frappé à coups redoublés à la porte. Les chiens seuls répondaient par des aboiements menaçants. Enfin, une voix rude demanda qui était là. Au nom de la comtesse de Lucenais, la porte cochère s'ouvrit immédiatement. A la demande d'hospitalité qui lui fut faite, Pablo répondit qu'il n'avait qu'une chambre disponible, et qu'il n'osait offrir à M. Georges Kérouard, un grenier au-dessus des étables. Georges accepta le grenier. Ibrahim, qui, comme tous les Arabes, avait sans doute quelque répugnance à coucher dans une maison, demanda à aller passer la nuit dans son douar, voisin de la ferme. La comtesse n'y vit pas d'inconvénient. Ibrahim se retira, mais, au lieu de se diriger du côté de son douar, il prit, au galop, malgré la nuit noire, la route de Guelma.

Il fallut des précautions infinies pour que les hôtes de l'Espagnol traversassent une vaste cour encombrée de centaines de bœufs couchés, qui ne se dérangeaient qu'en mugissant à la rude voix de Pablo. L'ancien capitaine de chasseurs conduisit jusqu'à sa chambre Mᵐᵉ de Lucenais, la recommanda au fidèle Ahmed, et la quitta en l'embrassant d'un regard qui n'était certes pas un adieu. Son grenier se trouvant à l'autre extrémité du bâtiment, Georges dut traverser la cour en suivant Pablo, qui, une lanterne à la main, faisait lever les bœufs attestant leur mauvaise humeur d'être dérangés dans leur sommeil par de formidables beuglements. Dès que Georges se fût jeté tout habillé sur le lit de sangle du grenier, couchette habituelle d'un garçon de la ferme, Pablo disparut en emportant sa lanterne.

Deux heures s'écoulèrent. Le marteau de la porte-cochère de la ferme retentit. Mᵐᵉ de Lucenais, qui

5

ne dormait pas plus que Georges, pensa qu'un garçon de ferme rentrait de voyage. Les chiens aboyèrent, les bœufs mugirent encore, puis le silence se rétablit. Minuit sonna au coucou de la ferme, enveloppée de ténèbres et de silence. Mais ce qu'il y avait de bizarre, malgré le calme apparent de la ferme, c'est qu'aucun être n'y dormait, et Georges moins que personne. En proie à l'émotion la plus violente, il se leva de son lit comme s'il eût été mu par un ressort, et s'écria :

— La passion m'asphyxie dans ce grenier ! Elle vit là, à quelques pas de moi ; il me semble entendre sa douce respiration. Et je laisserais échapper cette admirable nuit de simoun qui souffle les ardeurs et fait les ténèbres ! Les nuits noires de l'Afrique me connaissent et me sont propices. !

L'ancien capitaine de chasseurs prit son long couteau kabyle et sortit du grenier. La cour de la ferme était plongée dans une obscurité profonde. Le ciel était noir ; seulement, au fond de l'horizon, une lueur rouge ensanglantait la nue. L'air raréfié brûlait les poumons ; on respirait de la vapeur. Il faisait une admirable nuit de sirocco. Les bœufs apparurent à Georges par masses confuses plus difficiles à trouer qu'une armée ennemie. Le don Juan africain ne se dissimulait pas la difficulté de traverser cette cour, sans trop déranger les bêtes à cornes et sans donner l'éveil aux chiens. Mais il serait mort de honte à la seule pensée de reculer devant des obstacles matériels de cette nature, qui le séparaient de la chambre de la comtesse. Il se mit donc hardiment à l'œuvre.

Georges marcha sans inconvénient sur la tête des

premières bêtes couchées; par malheur, arrivé au milieu de la cour, il se vit forcé d'écarter du pied et du poing les bœufs qui dormaient debout, appuyés et serrés les uns contre les autres. Les animaux s'effrayèrent beaucoup; témoins de ce remue-ménage, les chiens de garde commencèrent à aboyer, avancèrent vers l'endroit de la cour où se manifestait le trouble, et le premier qui sentit Georges sauta d'un bond à sa poitrine : c'était un énorme molosse; mais il eut à peine touché de sa gueule la poitrine de Georges que celui-ci lui enfonça, jusqu'à la garde dans le ventre, son long poignard kabyle. Le molosse tomba.

Georges avança résolument malgré les aboiements des deux autres chiens. L'officier qui avait été gratifié des attouchements vipérins de la panthère blessée, qui avait senti la forte respiration du lion, n'était pas le moins du monde effrayé des molosses. Il n'adressait qu'une prière à Vénus, c'est que les aboiements des chiens n'éveillassent pas les gens de la ferme. Malheureusement, les deux camarades du molosse, effrayés de son sort tragique, au lieu d'attaquer de front Georges, battaient en retraite devant lui en jetant des hurlements épouvantables.

Cependant Georges avait employé des efforts surhumains, pour traverser promptement les masses de chair qui s'opposaient à son passage. Il ne lui restait plus que quelques pas à faire pour toucher au but, lorsque soudainement s'ouvrit la porte de la chambre du fermier. Un homme, muni d'une lanterne qu'il posa à terre et d'un fusil, se montra. Il coucha aussitôt Georges en joue. Le coup partit; la balle siffla à l'oreille de l'ancien capitaine de

chasseurs d'Afrique qui, à la faible lueur de la lanterne et au feu du coup de fusil, crut reconnaître le
comte de Lucenais.

Hors de lui, Georges se précipita vers le meurtrier. Mais les obstacles étaient insurmontables. La
détonation avait porté la frayeur, la panique dans
la légion des bœufs, qui se livraient à des sauts fu-
ribonds, donnaient des coups de tête à tort et à travers. Malgré toute raison, malgré l'évidence du danger, Georges voulut absolument sortir de ce cercle
infernal pour atteindre son assassin, le comte de
Lucenais, qui, après son attentat, était rentré dans
la ferme, et courait déjà sans doute sur la route
vers Guelma. Dans sa folle ardeur de vengeance,
Georges se jeta sur les cornes d'un taureau furieux.
Il fut enlevé à quelques mètres et retomba broyé,
les entrailles sorties, près du seuil de la chambre
de la comtesse. Ahmed entendit les gémissements
du capitaine de chasseurs. Il ouvrit la porte, appela à son secours Mme de Lucenais, qui apparut en
peignoir blanc. — Georges! Georges! s'écria-t-elle
avec un accent de désespoir dès qu'elle vit le capitaine à terre.

— Oui, c'est moi, comtesse, dit Georges en faisant un inutile effort pour se soulever. J'avais oublié hier de vous souhaiter le bonsoir, et je voulais
réparer mon erreur...

— Georges! frappé! assassiné!

— Par votre mari. Son âme s'est incarnée dans
un taureau furieux, et il m'a frappé de ses cornes!

— C'est du délire! c'est l'hallucination de la
haine! Georges, que dites-vous? Mon mari... un
assassin?...

— Votre mari a fait feu sur moi.

— Non! non! si on a tiré, c'est le fermier Pablo. M. de Lucenais est à Guelma. Ne me désespérez pas, Georges!

— Demain, Madame, vous partagerez la couche d'un assassin... aussi vrai que je vais mourir!

— Mourir ici! dans une immonde étable?

— Pourquoi pas! le Christ n'y est-il pas né? — Adieu, comtesse... Je vous ai bien aimée, allez! Adieu à notre beau rêve de Meskoutine, à notre petit château au fond des bois!...

Les affres de la mort descendaient sur le visage pâle et superbe, raillant l'agonie, de l'ancien capitaine de chasseurs d'Afrique. La comtesse de Lucenais s'agenouilla, se jeta sur le corps de Georges, colla sa bouche à son oreille et murmura:

— Ne meurs pas, Georges! Je ne veux pas que tu meures... Je t'aime!

Georges, épuisé, ne put répondre; mais un sourire de béatitude effleura ses lèvres. Il fit un signe et appela Satan. On lui amena son intelligent et courageux cheval arabe, qui l'avait porté sur les champs de bataille. Satan, voyant son maître couché, ensanglanté, comprit que cette fois il avait été vaincu. L'œil de Satan se voila de tristesse; il mit un genou en terre et lécha le sang de Georges, qui embrassa avec effusion la tête de son cheval; puis il le repoussa doucement, en sentant venir la dernière agonie. Georges expira entre les bras de la comtesse et d'Ahmed.

Vêtue de son peignoir ensanglanté, la comtesse alla frapper à la porte de l'Espagnol. Elle lui demanda compte de la mort de Georges. Pablo répondit qu'effectivement il avait entendu ses chiens aboyer, comme cela arrivait presque toutes les nuits, mais qu'aucun coup de fusil n'avait été tiré dans sa cour. La comtesse avait sans doute rêvé : il ne savait ce qu'elle voulait lui dire. Mme de Lucenais s'habilla à la hâte et partit de la ferme de Pablo. En rentrant dans sa maison, elle trouva son mari profondément endormi. Lorsqu'elle lui apprit la mort de Georges Kérouard, M. de Lucenais donna les signes du plus violent chagrin. Ce fut à ce point que la comtesse douta si un coup de fusil avait été tiré dans la ferme, si Georges n'avait pas été la dupe d'une hallucination. La comtesse n'avait aucun indice pour éclairer ses doutes, ni une lumière pour la tirer du carrefour ténébreux dans lequel s'égarait sa pensée. Il lui était impossible de deviner qu'Ibrahim était venu informer M. de Lucenais de la présence de Georges à la ferme, que M. de Lucenais et Ibrahim étaient accourus immédiatement à la ferme de l'Espagnol Pablo, ami dévoué du comte. Eût-elle deviné tous ces mouvements, toute cette criminelle stratégie favorisée par une nuit noire, comment aurait-elle acquis la preuve du fait, puisque l'alibi d'Ibrahim et du comte était parfaitement établi, puisque M. de Lucenais avait réellement passé la nuit à Guelma et Ibrahim dans son douar?

D'ailleurs toutes les investigations faites aboutirent à former la conviction que Georges Kérouard, ayant commis l'imprudence de traverser, la nuit, une cour remplie de bœufs, avait été tué d'un coup de corne. Cependant la comtesse ne pouvait se rendre à l'évidence. Son cœur regimbait contre sa rai-

son. Elle entendait toujours la voix accusatrice de
Georges résonner à son oreille. Elle se sépara sans
scandale et d'un commun accord de M. de Lucenais, qui, après avoir vendu ses propriétés algériennes, vit aujourd'hui en Espagne avec son ami
le fermier Pablo et son fidèle serviteur Ibrahim.

La comtesse de Lucenais a fixé sa résidence à
Nice, où elle est qualifiée de Comtesse Noire, parce
qu'elle ne quitte pas le deuil et n'assiste à aucune
fête. Chaque année, à la Toussaint, elle vient dans
le département du Var, pour prier sur la tombe de
l'ancien capitaine de chasseurs d'Afrique, enterré
au cimetière de son village natal. Un coffret d'ébène
ne quitte pas la Comtesse Noire : ce précieux coffret
contient le peignoir sanglant qu'elle portait, lorsqu'elle reçut le dernier baiser des lèvres mourantes
de Georges Kérouard.

IV

Africaine et Parisiens. — Touristes. — Les Lorettes du désert

Autrefois, les Arabes ne songeaient à quitter leur tribu que pour accomplir le saint pèlerinage de la Mecque; aujourd'hui, les plus riches font le voyage de Paris, cette Mecque de l'Europe; ils se prélassent sur nos boulevards, drapés dans leurs burnous, et supportent impassibles, avec un visage de bronze, les regards inquisiteurs des passants. Aucune femme — si belle qu'elle soit — n'attire leurs regards ; aucune curiosité ne les arrête ; rien ne dérange leur démarche magistrale, leur air olympien, leur complète indifférence de toutes choses. Devant l'étalage des richesses, des somptuosités de la civilisation, ils semblent répéter ces paroles de Diogène : « Que de choses dont je n'ai pas besoin ! »

Lorsqu'un chrétien demande à ces Arabes voyageurs le résultat de leurs impressions parisiennes,

ils s'extasient et hyperbolisent. La grande ville,
comme les palais féeriques des Mille et une Nuits,
est bâtie en or et en diamant; ses monuments escaladent les nues; les bijoux ruissellent sur les places
publiques; les Parisiennes ressemblent à la prin-
cesse Broudoulboudour, au teint de cire-vierge, aux
yeux de gazelle, à la démarche de sultane. Mais
toutes ces exagérations de langage cachent la véritable pensée du musulman. En réalité, il n'a vu à
Paris qu'une immense et noire cohue, que gens
tourmentés, affairés, endiablés, en proie à une
fièvre chaude, se disloquant les membres, se déme-
nant comme des clowns en représentation, que
femmes sans modestie montrant à tout le monde
leur visage, cette fleur de beauté que le maître seul
doit respirer. Pour le musulman, à l'aise dans ses
amples draperies de laines, notre vêtement est une
gaine à parapluie. Pour le quiétiste dont l'esprit
repose sur l'oreiller du Coran, notre insatiable
curiosité, mobile de tout progrès, est une maladie
morale; notre amour du nouveau, nos doutes,
notre scepticisme, notre recherche du vrai, nos
discussions, autant d'agitations stériles et d'im-
piétés; en un mot, toute notre existence est un
enfer. Aussi, à peine ces Arabes touristes sont-ils
arrivés à Paris que déjà la nostalgie les a pris. Ils
voudraient quitter sur l'heure ces cabanons, ces
cellules, ces prisons à compartiments de l'Occident
qu'on appelle poliment des maisons, pour aller coucher sous la tente en poil de chameau; et on a
beau essayer de les distraire, les conduire au
théâtre, au bal, il leur tarde de respirer la paix et
d'entendre le silence, de faire la sieste et de voir

le spectacle du désert, vaste, muet, radieux et libre !

Il existe en Afrique une tribu vagabonde de dames aux camélias, les Ouled-Naïl, qui vont porter leurs charmes dans les divers oasis du Sahara, et, en campant de trois à quatre jours sur chaque point du pays de la soif, font ainsi tous les ans le tour du désert. Un négociant français de Laghouat vit passer une de ces beautés nomades que suivait une admirable enfant d'une dizaine d'années. Il fut pris de commisération à l'aspect de cette petite créature destinée à partager la triste destinée de sa mère ; il l'acheta, lui donna une éducation française et l'épousa.

Lella Aïcha fit le bonheur de son bienfaiteur. Comme toutes les femmes arabes, elle voyait dans son mari plutôt un demi-dieu qu'un homme, et, remplaçant l'amour par l'adoration, elle aurait volontiers passé sa vie à le servir à genoux.

Cependant, le négociant français, suffisamment enrichi par son commerce de plumes d'autruche et d'ivoire au désert, songea à la France. Il revint à Paris, mena sa femme dans le monde, lui procura tous les plaisirs de la civilisation. La beauté exotique et la grâce nonchalante de Lella Aïcha lui valurent beaucoup de succès ; on la rechercha, on invita souvent à des soirées le mari pour posséder la femme, qui parlait du reste assez bien le français pour répondre aux diverses questions et comprendre les compliments qu'on lui adressait. Le négociant s'estimait fort heureux d'avoir réussi à transformer une femme arabe en Parisienne, quand il vit Lella Aïcha changer tout-à-coup d'humeur, de caractère, de manière d'être. Il soupçonna que la fille du désert, complétant trop bien elle-même son éducation à l'européenne, avait ouvert son cœur aux flatteries, aux séductions d'un sigisbé de salon. Il lui laissa donc une apparente liberté, tout en l'épiant secrètement. Le négociant apprit bientôt, de son valet de pied, qu'en son absence, Lella Aïcha avait commandé l'équipage et s'était rendue dans un hôtel de la rue d'Amsterdam. Le mari d'Aïcha noua des intelligences avec la maîtresse de l'hôtel, et se proposa de surprendre sa femme lorsqu'elle ferait sa seconde visite, ou plutôt sa seconde infidélité. En effet, introduit par la maîtresse de l'hôtel dans la premièce pièce d'un appartement où venait de pénétrer Lella Aïcha, le mari fut très-surpris d'entendre la conversation criminelle en arabe. Aïcha, en effet, implorait de la sorte un Arabe :

— Par Mahomet, je t'adjure, Ibrahim, de m'emmener en Afrique avec toi. Je suis née et je veux finir dans le pays du soleil. A Laghouat, j'étais heureuse; mais, depuis que mon mari m'a amenée à Paris, je subis le martyre.

— Si tu étais la femme de ton époux, tu serais heureuse, Aïcha, objecta l'Arabe.

— J'ai cherché à la devenir; j'aime mon mari comme un bienfaisant maître qui m'a arrachée des mains du malheur. Tout ce que j'ai, il me l'a donné; tout ce que je sais, il me l'a appris. J'étais une enfant perdue du désert, tu le sais? Eh bien! je suis devenue l'égale d'une grande dame chrétienne. Ces plaisirs, ces richesses m'accablent de tristesse. Quand on ne me voit pas, je pleure; la nuit, je ne dors pas; je pense aux miens, qui errent pauvres

et libres sous le grand ciel. Emmène-moi au désert;
je ferai, s'il le faut, un voyage à pied à la Mecque;
je tisserai tes burnous pendant quatre ans; je rapporterai les guerbas de la fontaine; je serai l'esclave
de la tente.

— Aïcha, tu emporteras les bienfaits et l'argent
d'un chrétien, et l'on dira : — Voilà ce qu'a fait
une fille de Mahomet.

— Non! ni cette toilette ni ces bijoux, je n'em-
porterai rien que le titre d'épouse, puisque la loi
chrétienne n'a pas établi comme la nôtre le divorce.
J'ai un costume arabe, je le revêtirai et je laisserai
à mon mari une lettre d'adieu que je mouillerai de
mes larmes. Si tu me repousses, je partirai seule, à
l'aventure, ou je me tuerai.

— Tu blasphèmes le saint nom d'Allah! Jamais
un croyant n'a refusé de tendre la main à une
croyante. Pars cette nuit pour Marseille; je serai à
l'hôtel de l'Europe avant toi; nous prendrons le
vapeur le Marabout, qui nous conduira à Philippeville, et de là nous irons au Sahara.

A ce moment, le négociant ouvrit brusquement
la porte du salon. Aïcha se jeta, terrifiée, à ses pieds,
en s'écriant :

— Maître!

Son mari la releva, et lui dit :

— Tu n'es pas coupable, Aïcha. C'était à moi de
comprendre que ta mélancolie provenait d'un invin-
cible regret de ton pays. Tu le reverras. Oui,
tu te mettras en route cette semaine même pour
Laghouat, mais avec moi!

Le négociant a tenu parole, il est retourné au
Sahara.

La nostalgie n'affecte pas exclusivement les Arabes; elle saisit aussi bien les Européens qui ont porté leur tente de l'autre côté de la Méditerranée. On qualifie d'Algériens, dans notre colonie, toutes les personnes qui ont adopté l'Afrique pour leur nouvelle patrie, s'y sont acclimatées, installées, et ont sérieusement renoncé à l'ancienne. Ces Algériens et ces Algériennes sont pris d'attaques de nerfs lorsqu'ils entendent parler de l'Europe; ils n'ont pas assez de malédictions et de sarcasmes pour elle; jamais trop de bénédictions et de tendresses pour l'Afrique. Des affaires d'intérêt ou des devoirs de famille forcent-ils les Algériens à venir à Paris, ils maudissent en grelottant notre climat enrhumé, notre soleil de fer-blanc, notre boueux macadam, notre vie terne, étriquée, absurde, tandis que, lâchant la bride à leur enthousiame, ils chantent l'Afrique, les espaces immenses, la lumière limpide, le simoun qui souffle la mort, le ciel d'airain qui souffle la passion, les montagnes aux jets aériens, les sables mouvants, les palmiers qui découpent avec une grâce féminine leur ombre grêle sur le sol parfumé des oasis, où vous berce la voluptueuse sieste; la Méditerranée — la Bleue, disent les Arabes — qui baise avec des spasmes et des langueurs de courtisane les pittoresques rivages et les pieds des blanches villes de l'Algérie.

En écoutant ces coloristes, la tentation de voyager vous vient au cœur; vous mettriez immédiatement le cap sur l'Afrique, et vous demanderiez à Éole d'enfler vos voiles d'une bonne brise, si vous ne songiez que la nature ne suffit pas à l'homme. A moins d'être anachorète ou peintre de paysage, on ne peut, en effet, longtemps discourir avec le désert, le ciel et les monts, qui ne donnent pas la réplique.

— Ici, je suis forcée de faire la demande et la réponse, me disait une dame algérienne qui, pouvant vivre avec opulence à Paris, s'est prise d'une belle passion pour notre colonie, tout en regrettant cependant les spirituelles conversations de son ancien salon. La vie algérienne est dépourvue de tous les charmes, de toutes les séductions de la civilisation; elle se borne à la solitude, à la chasse, à la cavalcade, au canotage, à la sieste; elle est prise entre les deux absolus de l'activité corporelle ou de la méditation philosophique.

Les Parisiens n'ont pas encore fait le trait d'union entre le Sahara, l'Atlas, la Méditerranée, et la Seine, la butte Montmartre et la plaine Saint-Denis, entre la vie primitive de l'Algérie et la vie mondaine de la France; ils n'ont pas encore voulu se donner la peine de civiliser la sauvage Africa. Les quelques touristes de Paris qui ont enjambé la Méditerranée n'ont rapporté que des sarcasmes à l'endroit de la pauvre colonie, que d'amères critiques de ses hôtels dégarnis, de ses routes-fondrières, de sa population fort mêlée, de ses moukères invisibles, de ses lions introuvables.

Lorsqu'une année suffirait à peine pour explorer avec fruit notre colonie, en un mois les Parisiens touristes prétendent connaître l'Afrique, la langue, les mœurs de nos indigènes, vivre sous la tente à la manière arabe et chasser la bête féroce. J'entends toujours les imprécations d'un Parisien qui, en 1858, resta quinze jours en forêt sans avoir pu

rencontrer le lion; et précisément la veille du jour
où il partit de Bone pour la France, un magnifique
lion, franchissant le mur d'enceinte, était entré
dans la ville; peu s'en fallut qu'il ne montât dans
la chambre du chasseur déçu pour lui attester
l'existence du roi des forêts; du moins, de sa
demeure, il put entendre ses rugissements. Le
Français n'a pas assez de constance pour les
chasses africaines, qui exigent quelquefois trois
semaines, c'est-à-dire une vingtaine de nuits pas-
sées à la belle étoile, avant que se découvre la piste
d'une bête féroce. Russes et Allemands se font
mieux à ce jeu de patience.

En 1858, une altesse d'Allemagne, quelque peu
en disgrâce à la cour de son père, s'était installée
dans une mauvaise auberge, à Jemmapes, d'où
chaque nuit elle partait à la recherche du lion. Son
altesse tua quatre rois des forêts. Cette même année,
le major russe K***, qui avait reçu deux blessures
en Crimée, et à qui un climat plus chaud que celui
de la Russie avait été recommandé par la Faculté,
chassa obstinément le lion et ne rencontra jamais
que la panthère; cependant il passait toutes ses
nuits dans les ravins des forêts ou dans les huttes
de charbonniers. Le major russe se trouvait au
milieu de la forêt des Beni-Salah, près de Souk-
Arras, lorsque des Arabes vinrent lui signaler
le passage d'une panthère qui avait décimé leurs
troupeaux.

Le major, se faisant accompagner d'un Arabe et
précéder d'une vache qui devait tenter la panthère
et la faire sortir de son fourré ou de son repaire,
alla aussitôt au-devant de l'ennemi, armé de son

magnifique fusil Devismes, dont le canon droit était chargé d'une balle explosible et l'autre canon d'une balle à pointe d'acier.

Nous n'avons pas besoin de dire ce qu'est la balle à pointe d'acier; le mot désigne suffisamment le danger de ce projectile et indique sa facilité à pénétrer dans les chairs les plus opulentes ou à briser les os les plus durs. Mais la balle dite explosible, inventée par Devismes est un congé en règle donné à toutes les bêtes féroces de l'Algérie, qui, spéculant sur la terreur de leurs griffes et de leurs respectables râteliers, pourraient effrayer les colons nouveaux. C'est un projectile creux et conique, dans lequel le chasseur adapte une capsule, où il glisse à sa volonté dix ou quinze grammes de poudre, et qui, comme une bombe, fait explosion en frappant l'animal. Dès que le chasseur a tiré, une seconde explosion plus sourde se fait entendre : c'est la balle, qui, entrée dans les chairs, asphyxie et foudroie l'ennemi.

On n'avait encore rien imaginé de plus terrible, de plus exterminateur : une bombe projetée par un fusil.

Ainsi armé, le major cheminait en observateur dans l'une des montagnes boisées des Beni-Salah, quand il vit, à trente pas de lui, la vache émissaire saisie au cou et presque couverte par une énorme panthère qui, d'un fourré, s'était élancée, rapide comme la foudre, sur sa proie. Aussi rapide qu'elle, le major russe ajuste : le coup atteint la bête fauve au défaut de l'épaule; la balle pénètre dans les intestins, produit une explosion sourde, asphyxiant et foudroyant la panthère, qui tombe aux pieds de la pauvre vache offerte en holocauste aux mânes de saint Hubert.

Le major n'a pas fait ses premières armes de chasseur de bêtes féroces en Algérie. Il a chassé l'ours de Russie, qu'il ne faut pas confondre avec l'ours des Pyrénées, aimant passionnément les jeunes filles et recevant des coups de houlette des bergers. L'ours de Russie, soit de jour, soit de nuit, pousse droit au chasseur dès qu'il l'aperçoit, et lui livre un duel à mort.

Dans une des premières chasses de M. K***, les traqueurs avaient rabattu l'ours de son côté. Le temps était sombre et pluvieux. M. K*** tira inutilement les deux gâchettes de son fusil, dont la pluie avait déterioré les amorces, sur un ours énorme qui poussait vers lui une charge furieuse, et il aurait été perdu s'il n'avait eu la présence d'esprit de s'abriter derrière un gros arbre, en jetant son inutile fusil et en tirant son couteau de chasse. L'implacable ours continua sa charge, se leva sur ses pattes de derrière, et embrassa des pattes de devant l'arbre et le chasseur; mais, à ce moment, M. K*** lui plongea jusqu'à la garde son couteau de chasse dans la gorge, et roula à terre en même temps que son terrible adversaire; car ses forces, surrexitées par le danger, étaient épuisées et se détendirent.

Les autres chasseurs trouvèrent M. K*** inanimé, près du cadavre de l'ours; ils le crurent mort; il n'était qu'évanoui. On voit que la chasse à l'ours de Russie présente un danger aussi sérieux que la chasse aux lions et aux panthères d'Afrique.

Rien n'est agréable, en Algérie, comme la chasse

au sanglier. Une caravane d'une vingtaine de personnes s'organise; on emporte une tente, des piquets, des vivres pour deux jours, d'abondants liquides, une inaltérable gaîté, et l'on bat toute une contrée en lançant les petits chiens gris-noirs si terribles au sanglier. Les plus hardis chasseurs de la caravane se dévouent au plaisir commun; ils font l'office de traqueurs, ils entrent dans tous les fourrés, ils battent tous les buissons; alors vous entendez une fusillade nourrie sur les sangliers noirs, qui sortent par bandes, mères-laies, solitaires et marcassins, de leur bauge; ils courent plus vite que des lapins; ils grimpent les mamelons avec une étonnante rapidité; mais au sommet, ils tombent dans la ligne des chasseurs postés qui les entourent d'un cercle de feu.

Le soir venu, les chasseurs relèvent les cadavres, les vident immédiatement, les accrochent aux branches d'un caroubier ou d'un olivier, puis ils se retirent sous la vaste tente où se vident les brocs en narguant les exploits cynégétiques, où se racontent les histoires algériennes les plus désopilantes.

Souvent les chasses au sanglier se transforment — excellente surprise! — en chasses au lion et à la panthère. Les traqueurs, qui courent un danger réel, — habituellement ce sont des Arabes, — font parfois sortir des fourrés un lion où une panthère. Alors, ce n'est plus une chasse, c'est un combat terrible entre la bête débusquée et les chasseurs de sangliers. Comme aux courses de taureaux, il y a quelques éventrements; mais le plaisir n'est jamais si vif qu'en touchant au danger et à la douleur.

Que les Parisiens se rendent donc sans crainte en Algérie, la bête ne leur manquera pas. Mais qu'ils ne partent pas seuls. Ils ne doivent aller en Algérie que par bandes, par groupes; je leur garantis, à cette condition d'association, tous les chemins ouverts, tous les plaisirs faciles. Et d'abord, si un ou deux voyageurs s'ennuient, ce n'est jamais le cas de dix ou de douze compagnons.

Je voudrais voir s'organiser des caravanes parisiennes de touristes qui, tout en semant les germes de la civilisation sur leurs pas en Algérie, se livreraient sans danger, sans inconvénient, sans difficultés, à tous les plaisirs de notre colonie; exploreraient, comme en une partie d'agrément, ses trois provinces, naviguant sur les côtes, chevauchant et chassant dans les forêts, faisant de délicieuses haltes près des thermes si nombreux et si hygiéniques de l'Algérie, visitant les principales cités romaines en ruines; organisant, en passant, dans nos tristes villes de l'Algérie, des soirées, des bals où assisteraient Européennes, juives et Mauresques; où toutes les races se donneraient la main, s'uniraient par la charmante chaîne du plaisir. De ce contact de races si diverses et si vivaces naîtrait une forme sociale, qui ne serait ni la barbarie ni la civilisation, mais qui marierait les lumières, les délicatesses, les plaisirs et les grâces de l'une à l'énergie sauvage, aux élans naturels, à la sève abondante et à l'admirable simplicité de l'autre.

L'Algérie n'a été jusqu'ici si pauvrement colonisée, si livrée au marasme, que parce que l'isolement a été sa loi. Ses colons se sont séparés à la fois des

Arabes et des Européens. L'individu qui se meut à l'aise dans la société européenne organisée, se ruine et meurt d'ennui dans un pays primitif, dépourvu de ce qui est nécessaire à l'existence : voilà une vérité de La Palisse que, depuis trente ans, on se refuse à reconnaître. Qu'il s'agisse de plaisir ou d'intérêt, de chasse ou de colonisation, en Algérie, l'individu ne pourra rien ; le groupe réussira toujours, en constituant le crédit, la grande propriété, la grande entreprise, par l'association des forces et des capitaux.

A la tribu primitive d'Abraham, à la caravane errante de Mahomet, il s'agit d'opposer non quelques colons sans lien entre eux, mais la tribu entière des forces européennes organisées, et la caravane stable de la civilisation.

V

La cité du corail. — Une excursion aux frontières de Tunis

Les dames qui portent des parures de corail ne s'inquiètent pas le moins du monde, et elles ont bien raison, des pays qui contribuent à mettre en relief leur beauté.

Tout le monde s'étant cru en droit d'imiter la légèreté de la mode et l'ingratitude de la coquetterie, la petite ville de La Calle, dernier cercle de nos possessions algériennes sur la frontière de Tunis, a été oubliée, ou plutôt ignorée.

Cependant La Calle n'a pas que le mérite de fournir à l'Europe le plus abondant et le plus beau corail ; c'est par La Calle que la France a mis le premier pied en Algérie, après un traité passé au dix-septième siècle avec le Grand-Seigneur de Constantinople, pour la pêche et le commerce du corail.

Évidemment le comptoir de La Calle a dû inspirer à la France la tentation d'exercer une influence sérieuse sur l'Afrique du Nord, de détruire la piraterie méditerranéenne, et le fameux coup d'éventail du dey d'Alger se réduit à un motif plausible et déterminant de réaliser une pensée de conquête algérienne née sur le rivage de la cité du corail.

Malgré tous les services rendus, La Calle n'a pas encore obtenu d'être reliée à la province de Constantine par un bateau à vapeur ou par une route praticable, de sorte que les malheureux voyageurs de Bone à La Calle, sont forcés de passer sous les fourches caudines d'un capitaine de balancelle, et Dieu vous garde de la balancelle l'*Etna*, qui reste en panne des journées entières quand la brise ne souffle pas, et joue au radeau de la Méduse quand elle souffle. Un voyage au long cours serait mille fois préférable à ce trajet de Bone à La Calle. Lorsque je le fis, j'eus le malheur de m'endormir dans la chaloupe, au bercement de la Méditerranée, qui est une bonne nourrice. Je fus bientôt réveillé par un énergique « Sango di la Madona » et une menace de me jeter à la mer. Je sursautai en me frottant les yeux. Il faisait nuit noire. Les flots furieux roulaient, tanguaient et balançaient d'une effrayante façon la balancelle l'*Etna*, en danger de naufrage : de là l'interpellation brutale du matelot napolitain. Autour de moi, les passagers qui gênaient le service n'étaient pas mieux traités. Quelques-uns sentirent les pieds des matelots de l'*Etna* sur leur tête. Quant aux passagères, juives, maureques et européennes, entassées comme des cloportes à la poupe de la balancelle, elles criaient leur effroi dans toutes les langues, mais on se contentait de leur répondre par des injures.

Nous aidâmes, mes amis et moi, à la manœuvre

de notre coquille de noix, les jambes dans l'eau ; le grain se passa, le capitaine ne jura plus, et, à l'aube, nous pûmes apercevoir les roches trouées et basaltiques de La Calle.

Notre capitaine nous affirma que si la tempête avait tenu une heure encore, nous étions perdus sans merci sur les rochers qui hérissent la dangereuse passe du port de La Calle, où viennent se briser, chaque année, un grand nombre de barques. Le capitaine de la balancelle l'*Etna*, voulant nous faire oublier les brutalités de la nuit, nous montra en face de La Calle et dans la direction de la Sardaigne, un rocher noir entouré de quatre îlots.

— L'île de La Galite, que vous apercevez à l'horizon, nous dit-il, a été souvent le refuge de corsaires auxquels j'ai eu l'honneur d'appartenir. Elle fut aussi très longtemps le rendez-vous et le point de départ des contrebandiers italiens qui apportaient des munitions et des armes aux Arabes, en guerre avec la France. De nombreux troupeaux de chèvres sauvages broutent dans les anfractuosités des rochers de La Galite ; avant 1840, aucun être humain n'avait eu la malencontreuse idée d'y séjourner, lorsqu'un Grenoblois, nommé Dupont, irrité, comme il l'a écrit, de l'ingratitude des hommes et de l'inconstance des femmes, — deux vieilles rengaines ! — vint vivre en misanthrope dans une caverne de de La Galite. Ce nouveau Robinson ne trouva pas son bonheur à La Galite. La mer ayant brisé son canot, il fut livré à d'atroces souffrances, à des privations épouvantables. Enfin, des bandits arabes le corrigèrent de sa misanthropie en l'assassinant et en le dépouillant. Ce n'est pas un corsaire qui aurait jamais voulu commettre un tel crime !

Notre capitaine-corsaire termina par cette réflexion sa courte histoire, et se leva pour veiller aux opérations de l'entrée du port de La Calle.

Une fois débarqué, assez embarrassé de ma personne au milieu des Maltais, des Napolitains et des Génois, qui n'entendaient pas un mot de français, je cherchai des yeux un compatriote, et, l'ayant trouvé, je lui demandai comment on devait entendre la vie à La Calle.

— Vous avez déjà pu vous convaincre par vos yeux, me répondit mon obligeant compatriote, qu'il y a plus d'étrangers à La Calle que de Français ; la garnison elle-même est composée en majeure partie de turcos ; le soir, dans le grand estaminet, autour du tapis crasseux sur lequel se joue la poule, vous verrez des échantillons de toutes les races. La vie sociale faisant défaut à La Calle, il faut avoir recours à la nature; et, pour mon compte, je m'en suis bien trouvé. Je vous livre ma recette : je me lève dès que le jour paraît, je me rends aux bords de la mer; je me baigne; j'arrache, du rocher, avec mon couteau, et je mange d'excellents coquillages; puis je me livre à l'exercice fort agréable de saisir prestement les débris de corail que la vague m'amène et que le reflux me reprend, si je manque d'adresse ; frappante image de ce qui se passe dans le monde, où, sans tact et sans une adroite vivacité, tout vous échappe. Puisque j'en suis au chapitre du corail, monsieur, il serait bien à désirer qu'on se servît de l'appareil cloche à plongeur inventé récemment, et non de ces affreux filets de chanvre des pêcheurs napolitains, qui saccagent les bancs de corail et les détruisent en peu de temps.

Ma pêche terminée, j'emporte ma provision de corail chez moi ; dans l'après-midi, je fais un tour sur le port ; là, j'assiste à d'intéressants pugilats de Maltais. A défaut de pugilat, j'admire la constance résignée des corailleurs, qui tirent sur le sable leur bateau, le radoubent, le calfatent, ou raccommodent patiemment leurs filets de chanvre. Ces gens-là mériteraient vraiment un prix Monthyon. Après s'être engagés, moyennant cent cinquante ou deux cents francs et la nourriture, pour une campagne de six mois, ils rapportent intégralement la somme gagnée à leurs ménagères de Gênes, de Naples ou de Messine ; puis, leurs vêtements de laine raccommodés, un nouveau bonnet de laine rouge acheté, un dernier baiser donné à la mère de leurs enfants, ils s'engagent pour une nouvelle campagne de pêche du corail. Et toujours ainsi, jusqu'à ce que la mort ou la mer les prenne.

Mais, monsieur, le personnage le plus intéressant et la réelle distraction de La Calle, ce n'est ni l'Italien corailleur, ni le Maltais usurier faisant venir de Marseille tous les rebuts, tous les rossignols, toutes les marchandises avariées, pour les revendre à des prix fabuleux ; ni le contrebandier qui vous cède tabac, armes et étoffes à bon compte, en vous vantant la liberté du commerce et en vous racontant des histoires dramatiques ; ni le brigand tunisien qui vient guetter sa proie, ni les danses et les sérénades de guitare exécutées tous les soirs par les habitants ; la véritable joie de La Calle, c'est la mer, qu'aucune créature ne saurait égaler, car elle a la variété dans l'infini, et, en face de ses grandeurs, de son admirable mobilité, de ses chants et de ses caresses de sirène, quelle foule humaine ne paraîtrait mesquine, monotone ! Nous ne possédons pas de théâtre dans notre petite ville perdue, à trois lieues de la régence de Tunis, éloignée de tout centre et n'ayant aucune voie de communication sérieuse avec l'Algérie; mais la mer nous donne régulièrement de une à deux représentations de tempête par semaine.

Dès que vous croirez entendre le canon, levez-vous en toute hâte, monsieur, et courez au rivage; car c'est le flot qui fait la détonation en déferlant avec rage sur les énormes roches de notre passe. Alors, monsieur, la générale bat dans les rues, tout le monde court au port avec le dévouement intéressé des habitants d'une ville du Nord, que le danger commun d'un incendie rallie en une minute !

Rien n'est plus émouvant que de voir rentrer, les voiles serrées, comme de blanches mouettes chassées par la tempête, les chaloupes des corailleurs. Mais malheur à celles qui se trouvent en retard. La mer couvre les rochers du port de son écume, le bateau corailleur se présente à la vague impitoyable, de proue, de poupe, de tribord ou de bâbord, impossible de passer ! L'équipage du bateau corailleur lutte avec le courage du désespoir contre le mouvement désordonné de la mer; mais la vague, indignée de tant d'audace, prend à revers la chaloupe, l'enveloppe et l'écrase contre le rocher. Les plus courageux se jettent à la mer, d'autres tendent des cordes ; les épaves seules du bateau corailleur sont rejetées sur le rivage. Grâce au dévoûment habituel des habitants de La Calle, les hommes qui montent les bateaux naufragés sont presque toujours sauvés. Quelques moments après la tempête, les habitants rentrent au logis, les bateaux reprennent la mer, les pêcheurs jettent en chantant leurs filets sur les bancs de corail. Et la tempête nous donne relâche pour deux ou trois jours.

Il vous est facile, d'ailleurs, de vous convaincre des ravages de la mer en furie par les nombreuses épaves qui couvrent la côte de La Calle. Tenez, voici la carcasse du chebeck de l'Etat *le Boberach*, qui a été brisé, il y a huit jours, par la mer en furie, ne reconnaissant aucun privilège, n'épargnant pas plus le chebeck de l'Etat que le simple bateau.

Vous voyez, monsieur, que l'existence est plus mouvementée à La Calle que vous ne vous l'imaginiez tout d'abord. Au surplus, si vous tenez à l'étrangeté et à l'aventure, éloignez-vous de trois à quatre lieues de La Calle, et vous ferez une connaissance romantique avec les Cromirs, — ces tribus qui exploitent sans vergogne Souk-Arras et La Calle, tous les points, tous les centres de colonisation de notre province de Constantine confinant à la régence de Tunis.

Ces audacieux bandits, à cheval sur la frontière tunisienne, prétendent appartenir à l'Algérie française, et passent sur notre territoire quand les agents du bey de Tunis s'avisent de leur réclamer l'impôt; et, de même, ils se réfugient sur le territoire tunisien dès qu'ils ont volé, assassiné le colon européen, ou incendié quelque partie de nos belles forêts de chênes-liége. Leurs déprédations ont désolé le cercle de Souk-Arras. Mais, chez nous, ils se montrent

encore plus audacieux; ils enlèvent les Européens,
les rendent moyennant rançon, ou leur coupent la
tête quand ils ne peuvent rien en tirer. Aussi, les
habitants de La Calle, toutes les fois qu'ils sortent
de la ville, soit qu'ils se rendent au marché de Rou-
mel-Souk, soit qu'ils aillent à la mine argentifère
d'Oum-Theboul, doivent-ils se munir d'un bon fusil
à deux coups et d'une autorisation de circuler du
commandant de place. L'autorisation ne vous em-
pêche pas d'être enlevé ou d'être assassiné; mais
tout au moins la chose se passe en forme, et l'on
sait quelle brebis manque au bercail.

Tenez, monsieur, vous allez trouver la ville
tout émue encore de l'enlèvement qui a eu lieu,
avant-hier, de deux ouvriers de la mine d'Oum-
Theboul, par quelques Cromirs. De ces deux hommes,
l'un est Piémontais, l'autre Français [1]. Après mille
dangers de mort et des péripéties inouïes, dont la
réalité saisissante dépasse l'évasion du Dantès de
Monte-Cristo, ces deux ouvriers ont pu s'échapper,
la nuit, des tentes de leurs ravisseurs. Mais le Piémontais seul est arrivé au hameau d'Oum-Theboul;
l'autre, le Français, n'ayant pu suivre son camarade, s'est égaré, et toutes les probabilités condui-
sent à croire qu'il s'est brisé en tombant au fond de
quelque ravin, où les panthères, très-communes
sur les frontières de la Tunisie, l'auront dévoré, s'il
a échappé au yatagan des Arabes à sa poursuite.
Pour peu que vous teniez à plus de détails, deman-

---

[1] Ce fait d'enlèvement, comme tous les faits rapportés dans
notre volume, est rigoureusement historique. Les lettres et les
détails m'ont été fournis, à La Calle, par le piémontais Peyrolo.

dez au commandant de place une autorisation de circuler, et rendez-vous à Kef-Oum-Theboul. Monsieur, j'ai bien l'honneur de vous saluer.

Je suivis le conseil de mon compatriote; je partis pour Kef-Oum-Theboul.

La route de La Calle à Oum-Theboul côtoie la Méditerranée, qui, comme une capricieuse fée, tantôt se dérobe derrière les chênes-liége du bois de Tonga, tantôt reparaît sous son voile bleu avec une charmante brusquerie, un ravissant imprévu. En sortant du bois, on aperçoit les nappes tranquilles du lac du Tonga, qui, à mon passage, était littéralement noirci et couvert de poules d'eau. Je tirai un coup de fusil au hasard dans cette armée d'aquatiques, et j'en vis une dizaine virer de bord. Je les laissai en pâture aux poissons, qui pullulent, à ce qu'il paraît, dans ce lac, appelé le Lac des Poissons. Malheureusement, les miasmes délétères que le lac du Tonga exhale, de juin à septembre, engendrent des fièvres pernicieuses et déciment les habitants d'Oum-Theboul. Il me fallut marcher une heure, les pieds dans le sable jusqu'à la cheville, comme si je me fusse trouvé au Sahara; enfin, j'atteignis le hameau de Kef-Oum-Theboul, situé à l'extrémité de l'immense plaine du Tonga. Les gens du village s'entretenaient de l'enlèvement des mineurs et paraissaient assez inquiets de l'audace croissante des bandits de la tribu des Cromirs, qui étaient venus attaquer, pendant la nuit, l'auberge où s'était réfugiée une de leurs victimes. L'aubergiste corse avait courageusement repoussé leur attaque, et, en tirant sur eux par une meurtrière pratiquée dans sa chambre à coucher, il avait tué un Cromir dont je vis le

cadavre. Il avait la mine d'un fier bandit ! — Mais
un bandit à terre vaut deux honnêtes gens debout !
Morte la bête, morts le venin et la rancune. — Je
me rendis chez l'aubergiste corse, qui me confirma
cette nouvelle, en ajoutant qu'il allait demander au
commandant de place de La Calle, l'établissement
d'un poste militaire devant sa maison, car chaque
nuit il était obligé de se tenir sur pied, prêt à faire
le coup de feu contre les bandes de Cromirs. Il me
fit voir l'une des victimes des Cromirs, le Piémontais Peyrolo, étendu sur un lit. Malgré son état de
fatigue et de souffrance, Peyrolo ne fit aucune difficulté de me rapporter les détails de sa tragique
aventure :

— Nous sortions de la galerie de la mine, Morin
Donisé et moi, me dit-il ; il pouvait être huit heures
du soir, lorsqu'en entrant dans le bois, une quin-
zaine d'Arabes s'élancent sur nous, et, avant que
nous ayons pu songer à nous défendre, nous poussent devant eux à coups de crosse de fusil du côté
de la chaîne de montagnes Djebel-Addeda, qui fait
la séparation de Tunis et de l'Algérie.

Comme j'opposais quelque résistance, l'un des
plus enragés voulut me tuer ; il m'asséna sur la
tête deux énormes coups de crosse de fusil ; mais un
cheik l'empêcha de m'achever, en lui disant qu'il y
avait un meilleur parti à tirer de moi. Dès que nous
eûmes franchi la frontière de Tunis, on nous laissa
respirer plus à l'aise, on nous conduisit assez doucement à la tribu des Beni-Zamel, qui attendaient
avec impatience le dénoûment de l'opération entreprise.

Chacun se disputa l'honneur de veiller sur nous ;

mais le cheik se réserva le soin de notre captivité, et comme les Arabes n'ont pas de prison, nous entrâmes sous la tente du cheik. Là, deux Tunisiens armés jusqu'aux dents, nous lièrent par les pieds à la même chaîne et se couchèrent à côté de nous, le bras étendu sur notre poitrine, de sorte que nous ne pouvions pas faire un mouvement sans les éveiller.

Le lendemain, les Tunisiens nous signifièrent, dans un langage sabir que nous avions peine à comprendre, car pas un d'entre eux ne savait le français, que si nous n'obtenions pas trois mille francs des roumis (chrétiens) pour notre rançon, nous aurions le cou coupé sous vingt-quatre heures. On nous permit de correspondre par un berger, qui porta notre lettre pressante au directeur de la mine d'Oum-Theboul. Le directeur nous renvoya aussitôt, par la même poste, la lettre suivante :

« Oum-Theboul, 3 avril 1858.

« Peyrolo et Morin,

« C'est avec la plus grande peine que j'ai appris ce qui vous était arrivé; mais, patience et courage, et vous serez vite délivrés des mains dans lesquelles vous êtes tombés.

« Le général commandant la province, ainsi que le gouverneur-général, sont prévenus de ce qui vous est arrivé, par conséquent des mesures promptes et énergiques vont être prises pour vous délivrer. Jusque-là, je le répète, patience et courage.

« Si vous voyez qu'il vous soit possible de vous sauver, tâchez de réussir, et si je savais quel jour et par où vous viendriez, je vous ferais aller au-devant par une escorte nombreuse et bien armée ; mais si vous n'êtes pas sûrs de réussir, n'essayez pas de fuir, parce qu'alors il vous arriverait malheur.

« Tâchez de me dire à quelle distance vous êtes du sommet de la chaîne de montagnes qui nous sépare du territoire tunisien. Tous vos camarades du blockhaus sont bien allés pour vous délivrer ; mais, prévenus trop tard par les ouvriers du quatrième niveau, ils ne vous ont plus entendus quand ils sont arrivés à Fournet.

« Je vous le répète, ne partez que si vous êtes sûrs d'arriver ici ; autrement, patience et à bientôt.

« DE V....

« Je vous envoie un peu de papier pour que vous me disiez, par le retour du berger qui vous remettra ma lettre, comment vous êtes traités.

« Je lui ai donné cinq francs à la réception de votre billet, et je lui en donnerai cinq autres lorsqu'il m'apportera votre réponse. »

Les Tunisiens nous questionnèrent aussitôt sur le contenu de notre lettre. Morin leur répondit que les Français faisaient quelque difficulté de leur donner trois mille francs pour leur rançon ; que ce prix leur semblait trop élevé ; et, pour terminer le différend, Morin eut la ruse de conseiller au cheik Zamel d'avoir une entrevue avec le chef de la smala d'Oum-Theboul, le cheik Amar. C'était le meilleur moyen de faire savoir où nous nous trouvions, et de faciliter notre délivrance. Zamel accepta notre proposition, qui fut transmise au directeur de la mine. Il nous répondit le même jour par cette lettre :

« Oum-Theboul, lundi soir, 5 avril 1858.

« Peyrolo et Morin,

» J'ai reçu votre lettre, mes braves enfants, et je vous engage à redoubler de courage ; j'espère qu'avant huit jours vous serez ici au milieu de tous vos camarades, qui se feront une fête de vous voir ; pour mon compte, j'en serai enchanté.

« Le cheik Amar part ce soir pour avoir, de grand matin, l'entrevue que Zamel lui a demandée, et il est probable qu'il décidera ceux qui vous ont enlevés à vous rendre. J'ai fait parvenir au commandant supérieur de La Calle vos deux lettres, qu'il a transmises au général. Tout s'arrangera pour le mieux d'ici à peu de temps.

« Adieu à tous les deux, et du courage.

« DE V...

« P. S. Je vous envoie du papier et un crayon ; donnez-moi le plus de détails possibles sur ce que vous faites et sur ce que font ceux qui vous retiennent. »

Au jour et à l'heure indiqués, le cheik Zamel, suivi de son escorte d'Arabes, alla se poster sur le sommet de la montagne de séparation de Tunis et de l'Algérie. Il vit bientôt venir vers lui le cheik Amar et les cavaliers de sa smala. Craignant une surprise, il fit signe au cheik Amar de s'arrêter à portée de voix. Celui-ci lui demanda pourquoi il avait enlevé deux chrétiens ? Zamel répondit que ce n'était qu'une représaille de la spoliation des Musulmans par les Français. Arrivant aux conditions de notre délivrance, le cheik Zamel exigea trois mille francs, et, de plus, il voulait qu'on lui rendît la femme et la tente d'un turco au service de la France, qui avait déserté chez les Cromirs. Le cheik Amar opposa un refus net à ces prétentions, et menaça Zamel du châtiment du bey de Tunis et de la colère de la France; le cheik des Cromirs tourna bride et partit au galop avec son escorte.

Morin et moi, enchaînés sous la tente, n'ayant chaque jour qu'une mince galette d'orge pour toute nourriture, nous attendions avec anxiété la fin de l'entrevue de Zamel avec le cheik Amar, qui devait décider de notre sort.

En l'absence du chef de la tribu de Beni-Zamel, nous fûmes soumis à toutes sortes de tortures. L'un nous montrait le poing, nous injuriait; l'autre aiguisait sur la pierre l'épouvantable couteau qui devait nous égorger; les plus acharnés, parmi ces misérables, étaient les prêtres, les marabouts, qui éprouvaient à ce qu'il paraît, le besoin de faire un sacrifice humain à Allah. Séparés des quatre femmes de Zamel par un tapis tendu verticalement du haut en bas de la tente, nous entendions cependant leurs conversations, qui roulaient sur le plaisir impatiemment désiré d'assister à notre exécution. Elles ne purent résister à la tentation de voir les victimes, et, soulevant le tapis de séparation, elles nous montrèrent leurs visages sauvages et menaçants, en nous qualifiant de roumis, d'alouf et de kelb (de chrétien, de sanglier et de chien). La plus terrible était la plus laide; elle broyait péniblement les grains de blé entre les deux pierres grossières du moulin arabe; sa voisine manipulait la semoule du couscoussou; la troisième soufflait le feu dans un trou pratiqué au milieu de la tente; et la quatrième, assise devant un métier de roseaux, tissait la blanche laine d'un burnous. C'était la favorite de Zamel, la plus humaine et la plus jolie de ses femmes. Le koheul qui prolongeait ses sourcils et noircissait les bords de ses paupières, faisait ressortir l'éclat de ses grands yeux : sa bouche, rougie de henna, ressemblait à une grenade ouverte; deux étoiles bleues tatouaient son front et sa joue gauche. Au lieu de nous injurier comme ses compagnes, elle nous passa la moitié d'une galette d'orge, en prononçant quelques mots italiens. C'était probablement une Européenne enlevée par les Cromirs et retenue esclave chez eux. Son sort était encore plus horrible que le nôtre.

Tout-à-coup, le grand tapis s'abattit, un mouvement se fit dans les douars des Cromirs; hommes, femmes et enfants se portèrent au-devant de cavaliers qui arrivaient au galop. Bientôt nous entendîmes des rumeurs, des cris menaçants. Le cheik Zamel et les siens entrèrent sous notre tente pour nous signifier que, les chiens de chrétiens ayant refusé de leur donner notre rançon, nous devions nous préparer à mourir. Un des cavaliers tira son yatagan; mais Zamel lui arrêta le bras, et proposa de faire une fantasia brillante avant notre exécution. Tous les Arabes accueillirent, avec des transports, cette proposition. Nous fûmes conduits au milieu d'une plaine où se rendirent les femmes et les cavaliers de tous les douars des Cromirs. Ces douars se composent des bandits réunis, des écumeurs de toute l'Afrique. Nous vîmes là des Marocains, des Sahariens, des Arabes, des Kabyles. Le

Cartouche de cette troupe semblait originaire du désert; de magnifiques plumes d'autruche couvraient son chapeau de paille pyramide. Le nombre des Cromirs présents à la fantasia pouvait s'élever à deux mille, deux mille pillards qui ne cultivent pas un are de terre, vivent aux dépens des Européens d'Algérie, et prélèvent une forte dîme sur les tribus tunisiennes elles-mêmes, hors d'état de leur résister : elles craignent trop leur férocité, leur vengeance. Chacun nous passa en revue; les moukères surtout paraissaient enchantées du spectacle de chrétiens attachés à un arbre et destinés à avoir la tête tranchée. Lorsque les Arabes eurent lancé à fond de train leurs chevaux, ils firent parler la poudre, ils commencèrent la petite guerre et donnèrent une représentation de leurs exercices favoris : l'enlèvement des Européens. Les Beni-Zamel répétaient la scène de notre enlèvement de la mine Oum-Theboul, qui eut beaucoup de succès. La danse des yatagans, exécutée par les femmes arabes fort légèrement vêtues, et par des Arabes qui jouaient à tour de bras du derbouka, suivit la petite guerre. Les danseuses faisaient voler et tournoyer la lame du yatagan autour de nos têtes. C'était l'image du supplice qui nous attendait. Enfin, las de fantasias et de danses, les Arabes donnèrent le signal du repas. On tua les moutons, on les fit rôtir tout entiers devant les feux allumés en plein air. Un Cromir, plus humain que les gens de sa tribu, nous apporta par commisération un morceau de mouton que nous dévorâmes, car les galettes d'orge que nous mangions depuis les huit jours de notre captivité, suffisaient à peine à nous soutenir. Nous croyions être à notre dernier repas ; mais on cria devant tous les douars que notre exécution aurait lieu le lendemain, à l'heure de la première prière, et nous fûmes ramenés sous la tente du cheik.

Désespérés, nous nous jetâmes à terre. Deux arabes armés de yatagans se couchèrent à nos côtés, en posant, comme d'habitude, un bras sur notre poitrine. Dès qu'ils furent endormis profondément, je parvins à coller ma bouche à l'oreille de Morin, et je lui dis qu'il fallait absolument tenter l'évasion. Je lui conseillai de chercher à briser comme moi la chaîne qui nous liait. Pendant une demi-heure, nous essayâmes de rompre cette maudite chaîne ; enfin, plus heureux que moi, Morin brisa quelques mailles, et nos jambes ne furent plus liées. Nous gardâmes seulement les anneaux rivés à nos chevilles. Maintenant, il nous restait à nous débarrasser de nos gardiens ; nous dérangeâmes doucement leurs bras de nos corps, et ainsi dégagés nous pûmes nous glisser comme des gerboises à travers une petite ouverture de la tente.

Nous étions hors de prison, libres ! Malheureusement, les chiens arabes se mirent à japper en chœur ; chevaux et bœufs se levèrent, nous barrèrent le chemin. L'éveil était donné. Bondissant comme des gazelles, nous franchîmes tous les obstacles, et nous prîmes notre élan à travers les mamelons, poursuivis par les Arabes. Par malheur, Morin prit une autre direction que moi ; il ne sut pas se guider sur les étoiles. Je fis huit lieues tout d'une haleine, grimpant sur les mamelons avec l'agilité d'une panthère, me laissant rouler sur les pentes. J'arrivai déchiré, exténué dans l'auberge où vous me voyez.

7

Je rendrais grâce au ciel d'avoir échappé à la férocité des Cromirs, si Morin avait eu le même bonheur que moi. Le commandant supérieur de La Calle a envoyé spahis et turcos à sa recherche; mais j'ai bien peur qu'il n'ait été rattrapé par les Beni-Zamel.

A peine le Piémontais Peyrolo avait-il prononcé ces derniers mots que des turcos et des Arabes de la Smala du cheik Amar entrèrent dans l'auberge; ils portaient un homme qui avait l'air plus mort que vif : sa tête était ensanglantée, ses vêtements arrachés montraient les terribles plaies de son corps. Peyrolo sauta à bas du lit et alla embrasser son compagnon d'infortune : c'était Morin. Les turcos racontèrent qu'en le cherchant dans un bois des bords de la Méditerranée, il ne repondit pas d'abord à l'appel de son nom. Mais l'un des turcos vit une forme humaine se glisser entre les cépées de lentisques; il appela encore. Morin, croyant avoir affaire à un ennemi, fuyait toujours. Enfin, le turco se montra à Morin, qui se rendit, en lui faisant savoir que depuis deux jours il était poursuivi par les Tunisiens. Morin, au lieu de se diriger du côté d'Oum-Theboul, avait couru du côté de Tunis; le lendemain, il reconnut son erreur; il avait fait quinze lieues pour arriver à Tabarca. Mourant de faim, il demanda un morceau de pain à deux Arabes de Tabarca. Ceux-ci, qui reconnurent un chrétien, voulurent le tuer; l'un des Arabes lui tira presque à bout portant un coup de pistolet et le manqua. Leur ayant échappé, Morin alla se cacher dans le bois où il fut retrouvé par le turco. Il avait passé là deux jours et deux nuits en compagnie de lions et de panthères qu'il entendait remuer, miauler et rugir autour de lui. Craignant de servir de pâtures aux bêtes féroces, il ne sortait de son fourré que pour manger quelques glands tombés des chênes-zend. C'est au prix de tant de souffrances, de tant de terreurs, que Morin Donisé avait échappé au yatagan des Tunisiens et à la dent de la panthère.

On eut beaucoup de peine à retirer ses vêtements maculés de sang, collés à son corps, puis on le coucha. Je m'arrachai à ce triste spectacle, et priai le garçon de l'auberge de me conduire à la mine d'Oum-Theboul. L'aubergiste me fit traverser un bois épais peuplé de chênes-liége, de thuyas, de chênes-zend, me montra l'endroit où Morin et Peyrolo avaient été surpris par les Arabes. — En débouchant de ce bois, très-propre aux coups de main, nous aperçûmes la mine de Kef-Oum-Theboul, qui appartient à une compagnie marseillaise. On pourra apprécier la richesse de cette mine, lorsqu'on saura que sur cent kilogrammes de minerai, on retire quatorze kilogrammes d'or et seize décigrammes d'argent; le reste en plomb, cuivre, fer, antimoine, etc. On trouve presque toujours le plomb à l'état pur. L'Algérie est pourtant couverte de mines semblables, encore inexploitées. J'entrai dans les belles galeries de la mine, où roulaient les chariots sur des chemins de fer américains bien établis. Des ouvriers frappaient courageusement du pic sur les veines de la mine. Je leur demandai comment ils se trouvaient de leur sort.

— Hé! monsieur, me répondit l'un d'eux, nous sommes bien payés, cinq francs par jour. Mais quand les fièvres du lac Tonga ne nous enlèvent pas, ce sont les Cromirs tunisiens qui s'en chargent. Vous comprenez que le choix n'est pas agréable.

De la mine de Kef-Oum-Theboul, je me rendis, accompagné du garçon d'auberge, à la montagne de la limite tunisienne, Djebel-Addeda, qui s'élève à six cents mètres au-dessus du niveau de la mer. J'arrivai épuisé sur cette hauteur, d'où l'on découvre le plus beau panorama que l'on puisse imaginer. Du côté de Tunis, c'est un moutonnement infini de vagues pétrifiées figurant la mer en furie. Aux limites extrêmes d'un horizon indécis, les dentelures des plus hautes montagnes découpaient leurs silhouettes violâtres sur l'azur du ciel. Les vallons couverts de blé d'un vert d'émeraude, les eaux des oueds étincelant comme une parure de diamants sous les rayons du soleil, des troupeaux de chèvres et de moutons au fond des ravins et sur les cônes des mamelons, les tentes grises des douars, placées entre des rives boisées et des croupes de montagnes, — véritables oasis, — donnaient au territoire tunisien le riche aspect d'une Terre-Promise. Le garçon d'auberge me pria d'en sortir ; il ne se souciait pas de renouveler à notre détriment la scène d'enlèvement des mineurs. Nous partîmes. A mi-côte de la montagne de la limite, mon cicerone me montra l'endroit où un colonel français, qui avait cru pouvoir s'écarter de quelques mètres de son régiment, avait été tué par des Cromirs en embuscade dans le bois. Avant que ses soldats fussent accourus à son secours, les Cromirs avaient eu le temps de le dépouiller et de passer la montagne de la limite tunisienne, infranchissable aux soldats. Ce privilége est réservé aux Cromirs.

Revenu à l'auberge de Kef-Oum-Theboul, je trouvai nos deux mineurs, Peyrolo et Morin, délassés de leurs fatigues, mais non revenus de leur effroi. Ils avaient résolus de ne plus travailler aux mines d'Oum-Theboul, et de se rendre aux mines de Mouzaïa dès qu'ils auraient reçu une gratification du général commandant la province de Constantine, en tournée dans le cercle de La Calle. Peut-être, sans qu'ils l'avouassent, craignaient-ils le dépit et la vengeance des Cromirs furieux de leur évasion. Cependant, un poste militaire établi au village de Kef-Oum-Theboul, et de nouvelles mesures prises par le commandant supérieur de La Calle, ont rendu plus rares et plus difficiles aujourd'hui les déprédations, et surtout les enlèvements des bandits de la frontière tunisienne.

VI

Le roman comique de l'Algérie

Quatre Parisiens se trouvaient réunis, le 1er mars 1851, dans la chambre d'un hôtel garni du quartier latin, où ils discutaient chaudement les moyens d'assurer leur existence problématique. Celui qui était assis sur le lit parlait avec volubilité en secouant sa blonde chevelure. Il se nommait Charles Fromentin. C'était un étudiant en droit de huitème année et un poète inédit. Il avait confié au papier une kyrielle d'odes, de balades, de sonnets, qui étaient discrètement restés en portefeuille. En face de lui, à califourchon sur une chaise, se tenait Eugène Marcillac, peintre gascon, qui n'avait jamais pu obtenir un tableau de commande. Son torse, vigoureusement accusé, contrastait avec la complexion blonde et délicate du poète. Près de la cheminée était modestement assis sur un escabeau Pierre Balard, ancien professeur de philosophie d'un collége de province. Son teint pâle, son crâne chauve, son front sillonné de rides précoces, attestaient de grandes études ou de grandes misères. Il gardait une humble attitude, que semblaient justifier ses bottes éculées et ses vêtements plus qu'usés. Le quatrième héros de cette histoire, Théodore Aldenis, ex-violon de la Porte-Saint-Martin, se promenait de long en large, dans la chambre, avec des mouvements fébriles de colère, qui divertissaient fort ses amis. Il s'emportait, il déclamait, il gesticulait comme un comédien. Aldenis avait contracté les habitudes théâtrales en accompagnant sur son violon, les entrées et les sorties de M. Frédérik Lemaître à la Porte-Saint-Martin.

Maintenant que nous avons regardé, écoutons.

— Messieurs, disait avec emphase Théodore Aldenis, vous connaissez l'ordre du jour de notre réunion : il s'agit de sortir de la citadelle où la misère nous assiége. Qu'allons-nous faire ? Moi, je suis parfaitement décidé à tenter l'aventure. J'ai perdu l'espoir de retrouver une position comme celle que j'occupais à la Porte-Saint-Martin, et qu'un rendez-vous d'amour à l'heure du spectacle m'a fait perdre.

— Je n'ai rien non plus à attendre de la civilisation, interrompit Charles Fromentin. Tous ces affreux Philistins de libraires m'ont refusé ma Tour de Babel.

— Tu parlais peut-être toutes les langues là dedans, ricana le Gascon. Mais, ajoutat-il comme correctif, le talent n'assure pas le succès, puisque les marchands de tableaux ne vendent pas mes œuvres.

— Décidément, le public n'entend plus rien au beau, railla Fromentin à son tour.

— Et que pense de tout cela maître Platon? demanda Aldenis en frappant sur l'épaule de Pierre Balard.

— Il serait peut-être sage, hasarda timidement le philosophe Pierre Balard, de se contenter de son sort, de son rayon de soleil, de son modeste nid, de vivre enfin dans une salutaire médiocrité. — Aurea mediocritas, — dit Horace. Vous le savez, mes amis, j'ai accepté la vie avec ses ombres et ses tristesses. Ma place de pion dans la pension Desmoineaux, qui me rapporte huit francs par mois et le dîner, suffit à mon existence matérielle.

— Nous ne nous séparerons pas de toi, Pierre! s'écria Marcillac. Ta solide raison nous est indispensable pour servir de frein, de contre-poids à notre légèreté. Voyons, promets-nous d'accompagner nos nouvelles destinées!

— Mon Dieu! mes amis, répondit Pierre Balard, je ne veux pas vous contrarier, et je sacrifierais de grand cœur ma place, si ma personne pouvait vous être de quelque utilité.

— Bravo! dit Marcillac. Dans la bonne comme dans la mauvaise fortune, jurons, mes amis, de rester toujours unis.

— Oui! oui! nous le jurons! dirent en chœur les artistes.

— Mais abordons le vif de la question, reprit Marcillac, qu'allons-nous faire?

— Si nous inventions une machine quelconque? hasarda Fromentin.

— Bah! répliqua Marcillac, nous ne trouverions jamais un capitaliste qui voulût avancer les fonds de l'entreprise. A un autre.

— Si nous montrions une femme géante dans les foires et les marchés. Si nous fondions un bureau de mariage, ou un office général d'annonces, ou un remplacement militaire? Qui nous empêcherait aussi d'essayer du magnétisme, du somnambulisme, des jeux de bonne aventure, d'homœopathie, de la découverte de nouvelles planètes, du théâtre de province?

Ces motions ridicules d'Aldenis furent couvertes de huées par ses camarades.

— Alors, Messieurs, reprit-il dépité, il ne nous reste plus qu'à déclarer la guerre au genre humain, à nous faire pirates ou contrebandiers.

— Il ne suffit pas de déclarer la guerre, dit judicieusement Pierre Balard, il faut vaincre.

— Moi, dit Marcillac, j'opine sérieusement pour que nous mettions le soleil en actions. Nous trouverions des actionnaires!

— Pourquoi pas la lune et les étoiles, la terre et la mer, persiffla Aldenis.

— A propos, si nous voyagions, dit Pierre Balard. L'homme est un être merveilleusement ondoyant et divers; il vit partout où il y a terre et ciel!

— Oh! quelle idée! s'écria Marcillac. Le voyage! vive le voyage! Malheureux dans un pays, heureux dans l'autre! Mais vers quel point de la terre dirigeons-nous nos destinées! A l'Orient ou à l'Occident, au Nord ou au Midi? En Chine, aux Grandes-Indes, en Russie, en Californie, en Australie? Le monde est vaste. Choisissons.

— Je préférerais une colonie française, l'Algérie, par exemple, dit Pierre Balard.

— Va pour l'Algérie! s'écria Fromentin. Se-

7.

couons la poudre de nos souliers sur la France, ingrate patrie qui nous a méconnus. L'Afrique me sourit ; l'Afrique, pays des lions, des panthères, des gazelles, des aigles, des almées, de toutes les créatures nobles, gracieuses et terribles. Oh ! les femmes du désert !... élancées comme le palmier, ardentes comme le soleil de leur tropique, dangereuses comme le simoun. Aimer une de ces femmes-là, et mourir.

— Pourtant, si je ne laisse pas mon cadavre au désert, j'en rapporterai un roman en dix volumes.

— Ton lyrisme, Guzman, ne connaît pas d'obstacle, dit Aldenis. Qui paiera les frais du voyage ?

Un moment solennel de silence se fit.

— J'ai la clé, reprit Fromentin. Nous aurons notre passage gratuit en Algérie ; ainsi, préparons nos paquets !

A la suite de cette grave décision, le peintre, le poète et le musicien se cotisèrent pour dîner dans un modeste restaurant d'étudiants de la rue de la Harpe, laissant à regret s'acheminer vers Batignolles, Pierre Balard, qui avait voulu profiter jusqu'au dernier jour du repas de sa pension.

Une semaine jour pour jour après leur délibération, les quatre amis dûment munis de passe-ports, arrivaient à Marseille et s'embarquaient sur la frégate l'Ajax, qui devait les conduire francs de port en Algérie.

En attendant l'ordre du départ, ils devisaient de leurs nouvelles destinées, de la fortune qui sans nul doute allait les accueillir au rivage d'Afrique, de mille et un rêves, de mille et un projets fantastiques. Oh ! jeunesse, tes horizons sont toujours éclairés par cette éblouissante fée qu'on nomme l'Espérance !

Pendant le voyage, Fromentin se complaisait à réciter ses pièces de vers inédites aux matelots. Aldenis écoutait les harmonies mystiques que roulaient avec une admirable mesure les vagues de la Méditerranée. Pierre Balard restait en contemplation devant les horizons infinis de la mer.

Quant à Marcillac, il cherchait des sujets de tableaux dans les plus petites évolutions de ce spectacle grandiose et nouveau pour lui.

La traversée se fit heureusement. Deux jours après sa sortie du port de Marseille, l'Ajax entrait dans le port d'Oran. Le classique Pierre Balard, en posant le pied sur le rivage, s'écria comme César :

— Terre d'Afrique, je te tiens !

Les artistes repoussèrent les offres intéressées de commissionnaires juifs, arabes, espagnols, chargèrent eux-mêmes leurs bagages sur leurs épaules et s'inquiétèrent de trouver un logement en rapport avec leur modeste bourse. Mais ils ne purent résoudre ce problème ; les chambres qu'ils visitaient leur étaient offertes à des prix exhorbitants. Ce que voyant, l'ingénieux Marcillac proposa à ses camarades de loger sous la tente, à la manière arabe. Les artistes sillonnèrent en tous sens le village nègre, situé à la porte d'Oran, marchandant les tentes, les gourbis, les huttes en pisé des indigènes ; enfin ils se décidèrent à payer quinze francs la hutte d'un nègre où ils campèrent et se reposèrent tant bien que mal, au milieu de nombreux insectes, des fatigues du voyage, jusqu'au lendemain matin.

Mais de sérieuses déceptions attendaient les aven-

turiers à leur réveil. Comptant sur la Providence,
ils avaient emporté plus de lettres de recommanda-
tion que de billets de banque. Ils apprirent, à leurs
dépens, qu'il ne faut jamais juger d'un pays sur
des récits de voyage. Les personnes auxquelles ils
étaient adressés leur firent un triste tableau de l'a-
venir qui les attendait en Algérie.

— Est-ce possible ? leur disait-on ; vous avez eu
la naïveté de prendre l'Algérie pour une Californie ou pour une Australie ; mais rien n'est si rare,
si introuvable que l'or ici. Ne songez donc plus à
vous enrichir, mais à vivre modiquement. Bienheureux si vous y parvenez, car vous n'êtes ni agriculteurs, ni marchands, ni prêteurs à la petite semaine. Il y a en Algérie une foule de parasites,
d'aventuriers, qui cherchent leur existence, s'ingé-
nient à trouver un moyen de faire face à la mauvaise fortune, et, avec de la hardiesse, du courage,
une aptitude universelle, ne parviennent pas à la
vaincre. En tout état de choses, ce n'est pas à Oran
que vous trouveriez votre nid ; il faudrait choisir
une ville moins exploitée. Tlemcen ou Maskara, par
exemple.

A la suite de cette explication, les quatre artistes
s'entre-regardèrent d'un air penaud, comme si un
dentiste mal habile leur eût arraché à chacun une
bonne dent. Ils restèrent quelques instants muets
et immobiles, frappés de supeur. Marcillac retrouva
le premier la parole.

—Comment, s'écria-t-il, vous êtes transportés dans
le pays des almées, des odalisques, des lions, des
djennoun, dans la contrée des mirages, des rêves,
du hachich, et vous prenez cette pose d'ibis, et vous

faites cette grimace piteuse? Soyons hommes, mille dious!

— La vie est un tric-trac dont nous sommes les ridicules pions, débita sentencieusement Pierre Balard.

— Votre scepticisme s'arrange de tout, dit Aldonis.

— Hé, répliqua le philosophe, ne vaut-il pas mieux rire comme Rabelais, que pleurer comme Pascal? Pourquoi nous attrister de notre séjour en Afrique, puisque nous devons y rester quand même! Croyez-vous que tous les pays, comme toutes les femmes, n'ont pas leurs grâces, leurs sourires et leur beauté, en dépit de ce qu'on vient de nous dire sur l'Algérie? Le bien est toujours à côté du mal.

— Ah! ah! messieurs, ricana Fromentin, Pierre est un sectaire de la doctrine de compensation. Il pense qu'un malheureux touche à la suprême félicité parce qu'il n'a plus de motifs de craindre les vicissitudes du sort. En un mot, la logique de cette école conclut que tuer un homme, c'est lui rendre service, car on le guérit radicalement de toutes les maladies; système médical et humanitaire fort en usage, comme vous savez.

— Trève de mauvaises plaisanteries, dit Marcillac. Ne nous laissons pas gagner par le découragement. Décidons quelque chose: allons aux frontières du Maroc ou dans la cité d'Abd-el-Kader, à Tlemcen ou à Maskara, comme on nous l'a conseillé.

L'assemblée était fort indécise; on tira les deux villes au sort. Maskara sortit triomphalement du chapeau. Aussitôt les paquets furent faits; la hutte achetée la veille fut vendue; avec le produit de la vente, les voyageurs firent l'emplette d'un ânon sur le dos duquel ils chargèrent leurs bagages : après quoi ils se mirent en route vers la terre promise.

Cependant la première expérience de l'Algérie avait considérablement refroidi l'enthousiasme des artistes. En vain le philosophe cherchait à rasséréner l'esprit de ses compagnons par un véritable flux de sentences stoïques ; en vain le poète lançait au hasard ses paradoxes les plus spirituels ; en vain le musicien fredonnait ses thèmes favoris, et le peintre s'extasiait à chaque instant devant les chauds horizons ou les pittoresques chaînes de montagnes ; quoiqu'elle s'ingéniât à masquer ses secrets sentiments, la troupe nomade n'était pas gaie.

Un regrettable incident vint encore ajouter à la tristesse des artistes : à mi-chemin d'Oran à Maskara, ils perdirent leur précieux ânon pour avoir oublié de lui donner à manger. Cependant ils arrivèrent sains et saufs au terme de leur voyage ; ils firent leur entrée dans la ville de Maskara d'une manière théâtrale, en drapant leurs vêtements couverts de poussière et déchirés aux aspérités de la route.

A peine les artistes eurent-ils franchi la porte de Maskara, qu'à leur grande surprise ils furent sollicités de tous côtés par des hôteliers qui leur vantaient chacun son établissement. Après avoir écouté ces diverses propositions attentivement, avec une dignité de capitalistes, ils crurent devoir la préférence à l'aubergiste du Spahi, où ils commandèrent à souper. L'hôtelier s'imaginant avoir affaire à des touristes de qualité, croyant avoir trouvé en eux le Pérou, criait à tue-tête à son cuisinier : — Chef!

des voyageurs! —Bon, répondait le chef d'une voix de stentor. — Chef, à vos fourneaux. — Voilà. — Chef, potage, purée crécy. — Bon. — Chef, deux gigots. — Bon. — Chef, quatre poulets à la broche. — Bon. — Et le chef de danser dans son officine et de révolutionner toutes ses casseroles.

Nos convives firent le plus grand honneur au repas. Les mets furent arrosés de vin d'Espagne; au vin d'Espagne succédèrent le café et les liqueurs, si bien que la note de l'hôtelier, nouvelle tête de Méduse, sembla terrifier les consommateurs; elle arrêta brusquement le cours jusque-là paisible de leur digestion.

— C'est bien, dit Marcillac avec sang-froid à l'aubergiste en insérant la note dans sa poche. Nous additionnerons cela... Vous savez que nous prenons domicile chez vous.

— Ah! mais pardon, rectifia l'hôtelier, je n'ai pas l'avantage de vous connaître, messieurs. Certainement, je ne doute pas de votre solvabilité, bien loin de là... Mais j'aimerais autant être payé tout de suite.

— Qu'à cela ne tienne, brave homme, reprit Marcillac impassible. Qui a la bourse de la communauté? Toi, je crois, Théodore?

Le musicien balbutia et répondit naïvement:

— Non, ma foi; tu te trompes. Tu sais bien que tu t'en es chargé...

— Parbleu! se hâta de répondre Fromentin, en clignant de l'œil à ses amis; ne vous rappelez-vous pas que Bourriquaud s'était chargé du trésor de la communauté.

— Pauvre Bourriquaud! soupira le philosophe. Quel malheur de l'avoir perdu en route!

L'hôtelier qui suivait mot à mot cet étrange dialogue, avec une inquiétude croissante, demanda des explications.

— Comment, vous avez perdu Bourriquaud, votre caissier, en route... Je ne comprend pas bien, messieurs.

— Il s'est égaré aux environs du Sig, continua Marcillac, mais il reviendra intact avec son sac d'écus, car Bourriquaud n'a jamais rien perdu... que son chemin.

— Je ne doute pas de vous, messieurs, dit l'hôtelier impatienté; cependant veuillez excuser mon insistance. Vous ignorez les mœurs et les usages de ces contrées. Entre nous, on peut le dire, nous sommes dans un pays de voleurs...

— Misérable ! tonna Marcillac menaçant, en se dressant de toute sa taille, tu nous traites de voleurs !

— Infâme gargotier ! cria Fromentin à son tour, tout ton sang ne suffirait pas à payer cette injure.

— Pourvu que je ne la paie pas de mon dîner, c'est tout ce que je demande, répliqua vertement l'aubergiste. Mais je vais vous faire consigner chez le commandant de la place.

— C'en est trop, mille dious ! hurla Marcillac en sortant de table.

En ce moment un spahi, un zouave et un zéphir (bataillon d'Afrique) qui se trouvaient dans la première pièce, ouvrirent la porte du salon et s'interposèrent entre les parties belligérantes.

— Qu'y a-t-il ? Pourquoi tant d'évolutions ? demandèrent-ils.

— Il y a, répondit l'aubergiste furieux, que ces

messieurs se sont gavés chez moi et qu'il ne veulent
pas me payer.

— Est-ce vrai, messieurs ? questionna le zouave.

— Nous ne demandons pas mieux que de payer,
dit Marcillac.

— Eh bien ! alors... dit le zouave.

— Mais nous n'avons pas le sou, acheva Marcillac.

— Pas le sou ! Je suis ruiné ! s'écria l'aubergiste
en tombant comme une masse sur une chaise.

— Pas le sou ! répéta le chef de cuisine présent à
la scène. Eh bien ! comment ferai-je mon marché
demain ?

— Allons ! allons ! père gargotier, dit le zouave,
pas tant d'esbrouf pour le quibus. Ces camarades-là
n'ont pas figures de fripons.

— Mais en attendant ils digèrent mon dîner franc
de port, — répondit l'aubergiste.

— Eh bien ! nous vous en répondons de votre
dîner, moi et mes amis le spahi et le zéphir, à condition que vous logerez cette nuit ces messieurs, et
demain nous règlerons tous ensemble ce compte-là;
ça vous va-t-il ?

Les mains du zouave, du spahi et du zéphir
furent disputées à la fois par le chef, l'aubergiste
et les artistes. Il y eut une effusion de sentiment,
difficile à décrire. L'aubergiste, remué par une
subite émotion, pleura abondamment ; le chef,
désormais sûr de son marché, eut des accès de
gaîté folle. Tous les acteurs de cette scène trin-
quèrent à plusieurs reprises, au milieu de l'enthousiasme général.

— Mes enfants, dit le zouave attablé et le verre

en main, nous devons nous expliquer franchement, car demain sans doute vous serez dans le même embarras qu'aujourd'hui, et, tout en causant, nous pourrions vous trouver quelque bonne affaire. Voyons, confiez-vous à Jacques le zouave, un vieux dur à cuire. Quelles ressources avez-vous? quelle est votre profession? D'abord, vous, tête blonde?

— Poète, homme de lettres, répondit Charles Fromentin interpellé.

Le vieux zouave fit une grimace épique de mauvais augure.

— Un homme de lettres en Afrique, s'écria-t-il, voilà du nouveau. Vous ne ferez rien ici, mon jeune ami. Nous manquons absolument de cabinets de lecture et d'académie! Ah! si vous vouliez être souffleur de notre théâtre.

— Tout de même, fit Fromentin.

— Bon! j'ai votre affaire. A votre tour, camarade, questionna Jacques, en touchant amicalement l'épaule d'Aldenis.

— Moi! je suis un ex-deuxième violon de l'orchestre de la Porte-Saint-Martin.

— Un ex-violon, fit le zouave. Mauvais instrument. Ah! si vous aviez la vocation de cardeur de matelas... le besoin de cette profession se fait généralement sentir à Maskara... Je vous enseignerai la manière de battre la laine en mesure.

— Cardeur de matelas! répéta Aldenis. Le métier n'a rien d'attrayant : mais enfin... faute de mieux...

— A un troisième, demanda le zouave.

— Je vous présente un peintre de paysages, dit Marcillac, en se prenant par le poignet.

— Si vous étiez peintre de victoires, mon cher, dit avec orgueil le vieux Jacques, zouaves, spahis, zéphirs, turcos, chasseurs d'Afrique, nous poserions gratis! Mais puisque vous avez le maniement des couleurs, vous deviendrez un excellent teinturier-dégraisseur.

— Va pour la teinture, s'écria gaiement Marcillac.

— Et le quatrième, là-bas, le taciturne, qu'est-il? dit Jacques.

— Ancien professeur de philosophie, répondit Marcillac.

— Bon! nous en tirerons un avocat ou un homme d'affaires... Eh bien! mes enfants, il me semble que vous voilà à peu près casés.

— Ce sont des professions peu libérales! objecta Aldenis, à qui le métier de cardeur de matelas souriait peu.

— Ah! si vous conservez les préjugés de l'Occident, mes petits agneaux, répliqua le vieux zouave, vous êtes certains de vivre aussi heureux en Algérie que sur le radeau de la Méduse. Vous ne trouverez pas ici, comme en Europe, des sociétés de secours mutuels, des frères et des sœurs de charité. Chez nous, chacun pour soi et Dieu pour tous! Mais à vos yeux écarquillés, à vos oreilles tendues, à votre air de novices à bord, je juge que vous êtes diablement étrangers à nos us et coutumes. Écoutez donc religieusement mon sermon et faites-en votre profit.

Les Européens d'Afrique peuvent se diviser en trois classes : les fonctionnaires, les colons agriculteurs et les individus sans profession déterminée. Respect à la première catégorie ! Elle a des appointements fixes. Rien à dire de la seconde, sinon qu'elle ne met pas le pot au feu tous les jours. Mais la troisième dont vous faites partie... Ah ! voilà celle qui vous intéresse, car vous tranchez de la bohème. Notre régiment de nomades est composé en grande partie d'aventuriers, de gens décidés à tout pour arriver à la fortune. Ils sortent on ne sait trop d'où ; l'homme qui débarque sur notre terre fait peau neuve. Personne ne peut trahir son origine douteuse ou divulguer son histoire. Nouveau phénix, l'émigrant renaît de ses cendres. Il se blasonne de titres, d'honnêteté et de vertus dignes de l'âge d'or; il se donne d'illustres aïeux, de riches parents qui l'ont excommunié pour une vétille; en un mot, il s'attribue la plus intéressante et la plus poétique des odyssées. Mais, malheur sur sa vie, si ses fantastiques histoires lui font perdre de vue la terre, s'il ne travaille pas, s'il n'a pas argent en poche pour répondre à ses premiers besoins, car le crédit est brûlé en effigie. Une pièce de cent sous vaut dix francs; encore, pour l'avoir, doit-on s'agenouiller humblement devant le fils d'Israel. Lorsqu'on a comme vous, messieurs, le gousset vide, il ne s'agit donc pas de s'amuser aux bagatelles de la porte; il faut se mettre tout de suite à une œuvre quelconque, à n'importe quoi, à carder des matelats, à vendre des aiguilles, et se garder de rougir de son métier. Il y a une absence complète de préjugés chez nous. Le même homme qui vend aujourd'hui du cirage ou des épingles sur la place publique, obtiendra demain la concession d'une vaste propriété, soumissionnera une importante entreprise, prêtera à la petite semaine, ou prendra un grand établissement. L'Algérie est le pays des métamorphoses ! Ainsi, mes enfants, arrière les vains-amours-propres et les inutiles timidités de la civilisation. Soyons chrétiens en France et musulmans en Afrique ! A l'œuvre ! à l'œuvre ! Les travaux ne manquent pas chez nous ; ce sont les bras qui manquent ; voilà le vrai défaut de la cuirasse. Nous avons moins besoin de peintres, de poètes, de philosophes, de musiciens que d'industriels, de maçons, de remueurs de terre! J'ai dit.

Les artistes remercièrent avec effusion le zouave, le zéphir et le spahis, sauf pourtant Aldenis, qui gardait encore sa rancune. Ce que voyant, le zouave lui dit :

— Puisque vous ne vous sentez pas de vocation pour le tricotage de la laine et que vous montez si bien à l'échelle, nous ferons de vous un peintre en bâtiment.

Cette dernière saillie mit en joyeuse humeur toute la troupe, qui ne se sépara qu'à minuit. On promit de se revoir.

L'hôtelier conduisit les quatre amis au premier étage de sa maison, pour leur indiquer leurs logements respectifs.

Dans le corridor, il les arrêta et leur dit :

— Qui de vous, Messieurs, veut être logé à la française?

— Tous ! répondirent les artistes.

— Ah ! mais c'est impossible, reprit l'hôtelier ; je n'ai qu'une chambre ornée de lit. Les autres sont garnies d'un moëlleux tapis qui assurément vaut mieux que de la plume.

— Je réclame le lit comme le plus éreinté ! s'écria Aldenis.

Ses camarades ne contrarièrent pas le désir du musicien, qui s'empara de la chambre ornée du lit.

Aussitôt couchés, nos aventuriers s'endormirent du sommeil du juste ; mais vers les trois heures du matin ils furent réveillés en sursaut par les cris : Au voleur ! à l'assassin ! Tous les voyageurs de l'hôtel du Spahi envahirent instantanément la chambre d'Aldenis, d'où étaient partis ces cris, et là furent témoins d'un spectacle grotesque. Aldenis venait de terrasser l'hôtelier lui-même et s'apprêtait à l'étrangler, lorsqu'il en fut empêché par ses amis. On s'expliqua de part et d'autre. Cet évènement, qui avait failli tourner au tragique, résultait d'une méprise. Des voyageurs étaient arrivés à trois heures du matin ; l'hôtelier du Spahi, manquant de meubles et de linge, avait pénétré à pas de loup dans la chambre d'Aldenis pour lui enlever subrepticement un vase de nuit et un couvre-pieds, qu'il destinait aux nouveaux venus. Mais, en pratiquant cette opération difficile, il eut le malheur de réveiller Aldenis, qui en ce moment rêvait de bataille et d'Arabes. Le musicien crut qu'il avait affaire à un assassin et le traita comme tel. Grâce à Dieu, l'hôtelier en fut quitte pour la peur. L'explication terminée, chacun regagna son lit, en riant de cette aventure.

Dès sept heures du matin, Jacques ouvrit la porte de Fromentin.

— Qui va là ? murmura le poète encore endormi.

— C'est moi, et j'entre ! dit le zouave.

— Ah! c'est vous, l'ami, donnez-vous donc la peine de vous asseoir.

— Sur votre tapis, n'est-ce pas? dit le zouave. J'espère que vous êtes crânement meublé. Un pot à tabac et un tapis. Voilà un hôtel bien garni, ou je ne m'y connais pas. Cependant, il ne faudrait pas s'endormir au sein des délices de Capoue. Vous n'êtes plus à Paris, camarade!

— Mais, à propos, où diable sommes-nous? demanda Fromentin en se posant sur son séant.

— A Maskara, la ville d'Abd-el-Kader, située à quatre mille mètres au-dessus du niveau de la mer, et à quarante lieues du Désert, répondit plaisamment le zouave.

— Du Désert...., répéta Fromentin pensif; diable!

— Allons, réveillez-vous, bel endormi, dit Jacques. Voici la servante qui vous apporte le champoreau du matin.

— Champoreau! qu'est-ce que cela?

— Un mélange de café et d'eau-de-vie, de lait et de sucre, ça nettoie l'estomac, buvez de confiance! Moi je vais pendant ce temps réveiller vos camarades. Nous devons nous entendre pour entrer en campagne aujourd'hui même.

Lorsque les quatre artistes furent réunis, le zouave leur fit à chacun la leçon. Il donna à Marcillac tout ce qui est nécessaire au dégraissage des effets; fiel de bœuf, potasse, alcali, gomme en poudre pour lustrer l'étoffe dégraissée, et lui enseigna la manière de s'en servir. Passant à Théodore Aldenis, il carda un matelas devant lui en moins de vingt minutes. Puis il montra à Eugène comment il fallait tirer la voix de la poitrine afin de bien souffler aux acteurs de Maskara, qui ne savaient jamais leurs rôles.

— Quant à vous, Pierre Balard, dit le zouave, vous cumulerez les importantes fonctions d'écrivain public, d'homme d'affaires et d'avocat. Demandez toujours dix francs d'avance à ceux qui vous apporteront leurs dossiers. Dix francs d'avance! Toute la science des hommes d'affaires est là.

A ce moment, l'hôtelier entra dans la chambre où étaient réunis les cinq personnages, prit à part le zouave et lui dit quelques mots à l'oreille.

— Oh! quelle aubaine! s'écria Jacques. Faites monter, corbleu, faites monter.

— Qu'y a-t-il donc? qu'arrive-t-il? demandèrent les artistes intrigués.

— Il arrive un client! s'écria le zouave avec enthousiasme.

En effet, un individu à figure de fouine parut au fond du corridor.

— A vos appartements, Messieurs! dit le zouave à ses élèves.

La sortie simultanée des artistes troubla le nouveau venu, qui demanda timidement l'avocat récemment arrivé de Paris. Le zouave le conduisit dans la chambre de Pierre Balard.

— Ah! oui, le célèbre Balard, fit Jacques en allant au-devant du client. Il est arrivé hier de Paris, et il n'a pu s'installer convenablement. Je suis son brosseur, son confident; mais je ne sais pas s'il consentira à vous recevoir. Il a tant d'affaires!

— La mienne presse.

C'est bien. Je vais le prévenir.

Le zouave disparut quelques instants et revint auprès du client, qu'il introduisit dans la chambre d'Aldenis, où se trouvait Pierre Balard.

— Monsieur, dit aussitôt le client, j'ai appris ce matin par la rumeur publique qu'un célèbre avocat de Paris avait franchi nos murs, et j'accours vers vous... J'ai une affaire très-difficile, très-laborieuse...

— Labor improbus omnia vincit, — dit sentencieusement le philosophe.

— Il s'agit d'un terrain, reprit le colon, dont la concession m'avait été accordée par l'administration, et que la tribu des Hachem-Gharabas a ensemencé sans m'en demander l'autorisation. Naturellement j'ai pris les récoltes de ma terre ; elles me revenaient de droit. Mais la tribu, par l'organe de son caïd, a adressé une plainte contre moi au commandant de place. Un procès m'est fait et je compte vous charger de ma défense. Vous comprenez : il faut prouver que les récoltes des Arabes m'appartiennent.

— Avez-vous entre les mains les titres de votre concession ? demanda Pierre Balard.

— Non, je ne les ai pas, répondit naïvement le colon ; cependant ne pourrait-on pas prouver que le terrain m'appartenait, puisque j'ai enlevé les récoltes ?

— Diable ! le syllogisme pêche par la base. Le terrain ne vous appartenait pas — de jure — ni — de facto, — et la loi exige.

— Oui, interrompit brusquement le zouave, en marchant sur le pied de l'innocent avocat qui allait rebuter son client ; oui, Monsieur, nous prouverons que les Arabes sont des misérables...

8

— Des brigands, fit le colon.

— Des voleurs, reprit le zouave. Leurs récoltes ne leur appartenaient pas. Ils ont volé un terrain qui ne vous appartenait pas, mais qui aurait pu vous appartenir. Nous le prouverons — de juro — et — de facto. — M. Balard a prouvé bien d'autres choses à Paris. Monsieur ne viendrait pas de Paris pour ne rien prouver !

— Oh ! je me confie pleinement au talent éprouvé de Monsieur, dit le colon, gagné par les paroles de Jacques.

— Votre cause est gagnée d'avance... Mais vous n'ignorez pas les usages de Paris. Un petit dépôt préalable en numéraire est indispensable pour premiers frais d'actes, de significations, etc. N'est-ce pas, Monsieur? demanda le zouave à l'avocat improvisé.

— Oui, confirma Pierre Balard. Dix francs seulement.

— Dix francs ! murmura le client. Diable ! si j'avais su avant de partir de la maison. Je n'ai que cinq francs sur moi.

— Eh bien ! donnez-les, dit vivement Jacques... ça passera comme à-compte pour aujourd'hui.

Le client tira avec précaution une pièce de cent sous de sa poche, mais l'œil exercé de Jacques découvrit une autre pièce dans les profondeurs du gilet du colon. Il résolut de la lui faire donner.

— C'est bien entendu, Monsieur, dit le colon en remettant l'argent à Balard, vous vous chargez de mon affaire. Je vous apporterai demain tous mes papiers.

— Quand vous voudrez, monsieur, répondit le philosophe.

— Ah ça ! monsieur, dit le zouave en reconduisant le client, n'auriez-vous pas par hasard de la literie à refaire. Cet hôtel possède un cardeur de matelas à nul autre pareil.... Tenez, le voici, ajouta Jacques en ouvrant la porte de la chambre d'Aldenis. Celui-ci, stupéfait, ne sut rien dire.

— Non, non, zouave, je vous le répète, s'écria le client, je n'ai pas de mauvais matelas !

— Au moins, revint à charge l'obstiné zouave, vos maisons ont-elles besoin d'être remises en état, d'être réparées et repeintes à neuf? Voilà votre homme ! Monsieur Marcillac de Paris, peintre en tableaux et en bâtiments.

— Mes maisons sont nouvellement bâties, répondit le colon; je n'ai que faire de peintre.

— Comment, monsieur, dit le zouave en reconduisant le client, vous, un riche colon, vous portez des habits aussi souillés de taches, maculés de vilenies. Venez donc ! Nous possédons dans cet hôtel le plus célèbre dégraisseur de Paris. Il va vous nettoyer comme un gant.

Et ce disant, le zouave prit le colon au collet et l'entraîna dans la chambre de Marcillac en faisant signe à ce dernier de l'imiter. Ils se mirent tous deux à savonner, à frotter cet homme des pieds à la tête, en disant :

— Monsieur, que vous étiez dans un triste état ! Quel habit immonde ! Quel sale pantalon et quel gilet ! On ne vous reconnaîtra plus lorsque vous sortirez de nos mains. Tenez, vous voilà métamorphosé ! Regardez-vous dans ce miroir.

— Merci, messieurs, dit sans plus de façon le client en tournant les talons.

— Pardon! s'écria Jacques, vous nous devez cinq francs.

— Cinq francs! Mais je ne vous ai pas demandé ce nettoyage, moi!

— Qui ne dit mot consent, répliqua Jacques. Comment! vous marchandez le plus célèbre dégraisseur de Paris qui vous a mis au net? C'est mesquin. Vos vêtements valent le double maintenant. Allons, exécutez-vous de bonne grâce.

— Je consentirais volontiers; mais, vous le savez, j'ai oublié de prendre de l'argent chez moi. Je me trouve au dépourvu.

— Cependant, dit le zouave, en dégraissant votre gilet j'avais cru sentir une résistance sous les doigts.

— Ah! oui, ah! oui, fit le client rouge de honte et de peur, et mettant la main dans sa poche pour s'assurer qu'il n'était pas volé. La voici! la voici! Mais c'est hors de prix.

— Tenez, je vous donne un morceau de savon par-dessus le marché, dit Jacques en prenant la pièce de cinq francs.

Le client sortit complètement nettoyé, de la chambre du dégraissage, jurant, mais un peu tard, qu'on ne l'y prendrait plus.

— Eh bien! mes amis, dit le zouave aux artistes, vous voilà à la tête de dix francs. Ne désespérez jamais de la Providence. Aide-toi, le ciel t'aidera! Ah ça! tenez-vous sur vos gardes. Je vais faire annoncer aujourd'hui dans la ville, par l'embouchure de mon ami le trompette, que les habitants de Maskara trouveront à l'hôtel du Spahi une cargaison d'industriels et d'artistes parisiens: teinturiers, dégraisseurs, cardeurs de matelas, peintres en bâti-

ments, hommes d'affaires, professeurs de belles-
lettres et de philosophie, etc. Les travaux ne vous
manqueront pas, je vous en réponds. Voyez, j'ai
semé ce matin seulement la bonne nouvelle, et nous
avons déjà récolté un client !

— Quel homme étonnant vous êtes ! dit Marcillac
au brave Jacques.

— Non, pas un homme étonnant, répliqua Jacques,
mais un vrai zouave, je m'en fais gloire, également
propre à battre l'ennemi et à se tirer d'affaire dans
la pratique industrielle de la vie civile ! Tête, bras
et jambes toujours en avant !

— Mais, enfin, dit Marcillac, pourquoi vous dé-
vouer ainsi à notre cause? Qu'avons-nous fait pour
que vous vous intéressiez si fort à nous ?

— Est-ce que je sais, moi ! Je vous ai vus hier au
soir exposés, avec votre inexpérience et vos illusions,
à mourir de faim, et, ma foi, j'ai voulu me mettre
en travers du destin ! Et puis, vrai ! votre physionomie m'a plu au premier coup-d'œil. C'est peut-
être parce que vous êtes de beaux, de fringants
jeunes gens, tandis que je suis vieux comme Héro-
de. J'ai besoin de m'attacher à quelqu'un, à quelque
chose. Je m'ennuie... Il y a longtemps que je n'ai
tripoté les Arabes. Après tout, quoi ! une bonne action, par-ci, par-là, rachète quelque vieux péché,
vous comprenez... la balance... Au diable l'explication ! Est-ce qu'on se rend compte du pourquoi et
du parce que de ces choses-là ! je vous aime et je
vous servirai tant que je pourrai, voilà la chose !

— Vous êtes notre sauveur, maître Jacques, s'é-
cria Marcillac.

— Oh ! pas tant d'épithètes. Songeons à l'action.

8.

Vous, le héros de la teinture, à vos baquets. Vous, l'homme d'affaires, à votre bureau. Vous, Aldenis, au tricotage de vos matelas. Quand au seigneur Fromentin, je vais le présenter immédiatement au directeur du théâtre de Maskara, qui a besoin d'un souffleur. Allons, les enfants, bon courage et joyeuse humeur ! Tête, cœur, bras et jambes toujours en avant !

Sur cette dernière parole, le zouave prit le bras du poète et sortit avec lui de l'hôtel du Spahi.

Eugène Fromentin fut agréé par le directeur du théâtre de Maskara. Le soir même, il soufflait les Premières amours de M. Scribe à la satisfaction générale des artistes. Le lendemain, il dut jouer un rôle de comparse dans un ballet, car la troupe du père Laurenton était assez pauvrement composée. Le machiniste jouait les seconds comiques ; la première amoureuse dansait le pas de deux avec le jeune premier, un fort beau maréchal-des-logis des spahis. Un artiste de la troupe du père Laurenton devait être universel : jouer la tragédie, le drame, la comédie et le vaudeville, chanter l'opéra, danser le ballet, doubler, souffler et figurer au besoin.

Fromentin eut d'abord beaucoup de mal à tirer de sa poitrine la voix de ventriloquie des souffleurs de théâtre ; en outre, sa position dans le trou de l'orchestre était fort gênante, mais il trouva d'agréables compensations à ces petites misères du métier. Avant le lever du rideau, les actrices prenaient leur voix la plus caressante pour lui recommander tel ou tel passage de la brochure : et lorsqu'il était retiré au fond de son antre, il pouvait admirer les tibias et les pieds mignons de ces dames, si bien qu'à force de contempler aux feux de la rampe le pied cambré d'une actrice espagnole qui jouait les ingénues, le poète-souffleur en devint amoureux fou. Il passait sa vie au théâtre, il y couchait, il ne voyait plus ses amis de l'hôtel du Spahi. Ceux-ci de leur côté trimaient furieusement.

Grâce au trompette de zouaves, les clients étaient venus en nombre. Aldenis maugréait toujours contre sa position sociale de cardeur de matelas; il se plaignait d'une toux causée par la poussière de la laine. Quant à Marcillac, il s'acquit bientôt à Maskara une réputation d'excellent teinturier-dégraisseur. Il eut spécialement la clientèle des fils d'Israël. Tous les juifs, qui ne s'étaient pas fait nettoyer par Moïse, lui apportèrent turbans, vestes, culottes caftans. Mais la roche Tarpéienne est près du Capitole. La présomption perdit Marcillac. Se croyant sûr de son talent, il entreprit de dégraisser avec de l'alcali une magnifique robe plaquée d'or et la brûla.

Cette robe de juive valait au moins quinze cents francs. Lorsqu'il la reporta à son propriétaire, la femme Salomon menaça Marcillac du poing, l'injuria en hébreu, lui fit une scène qui se serait terminée d'une façon si dramatique, une jeune fille n'était venue se placer, nouvelle Sabine, entre les champions. C'était mademoiselle Salomon elle-même, pianotant agréablement et parlant purement la langue française. Elle désarma le fougueux Marcillac, par sa parole harmonieuse, autant que par sa ravissante figure du plus pur type israélite. Le teinturier-dégraisseur se retira en emportant dans son cœur cette angélique apparition.

Marcillac croyait sa malencontreuse affaire terminée, lorsqu'il reçut une assignation à comparaître devant le commissaire civil pour avoir à payer deux mille francs de dommages-intérêts comme indemnité de la robe brûlée. Grande rumeur dans la colonie artistique. Comment se tirer de ce mauvais pas? Deux mille francs à payer! Jamais les quatre amis ne réaliseraient pareille somme. Cette nouvelle atterra le zouave Jacques lui-même; il ne parlait de rien moins que de désosser le juif Salomon. Enfin on prit un parti; il fut décidé que l'avocat Pierre Balard défendrait Marcillac.

Le jour des débats, une nombreuse assistance, attirée par l'étrangeté de la cause, assiégeait la barre du commissaire civil. Maître Salomon se présenta armé de la robe, pièce de conviction du délit, exposa ses griefs, réclama chaudement ses dommages-intérêts, s'écriant qu'il n'aurait pas donné la robe de sa femme pour dix mille francs. Il pleura, il émut l'auditoire. A son tour Pierre Balard, le défenseur de l'inculpé, se leva. Il ouvrit la harangue par des considérations philosophiques, fort étrangères au dégraissage, sur les costumes de l'antiquité grecque et romaine, qui lui valurent de nombreux rappels à l'ordre de la part du commissaire civil. Ces interruptions le troublèrent et jetèrent une grande confusion dans sa plaidoirie.

S'apercevant que son ami le perdait bel et bien, Marcillac demanda la parole. Il convint avec franchise de la brûlure de la robe, contesta la valeur du dommage causé, et termina son allocution en disant qu'il lui était impossible de remettre deux mille francs au juif, mais qu'il lui offrait, en revanche, d'épouser sa fille sans dot. Cette conclusion fort inattendue provoqua un rire homérique dans l'assemblée.

— Ne riez pas, messieurs ! s'écria Marcillac avec une imperturbable gravité; mon père possède deux châteaux avec ponts-levis et machicoulis sur les bords de la Garonne; ma tante maternelle ne connaît pas l'étendue de ses terres, et, dès que je serai rentré en grâce avec mes parents, il me sera facile, si ma proposition de mariage n'est pas agréée de la plaignante, de donner deux misérables billets de mille francs !

Ces affirmations hardies arrêtèrent les moqueries de la foule. Le juif Salomon lui-même considéra d'un air d'intérêt l'homme qui se proposait de devenir son gendre.

— S'il n'était pas chrétien, murmura-t-il. Au surplus, c'est à voir. En attendant, je me désiste.

Le commissaire civil, désarmé, acquitta Marcillac de la plainte portée contre lui, en lui recommandant cependant de ne pas brûler, à l'avenir, les robes sous prétexte de les nettoyer.

L'aventure de la robe juive popularisa Marcillac à Maskara. Ses amours furent commentées, coururent de bouche en bouche. Marcillac se piqua au jeu. S'étant rendu à une soirée donnée par le commandant de place à la population de Maskara, il eut le bonheur de causer et danser avec la belle Rachel Salomon. Dès lors il passa à l'état d'amoureux fou comme son ami Charles Fromentin ; mais le poète ne manœuvra pas aussi bien que Marcillac. Il eut l'imprudence de s'aliéner le public en défendant publiquement l'actrice espagnole contre le public. Un soir qu'on la sifflait à outrance, Fromentin surgit impétueusement de son trou de souffleur, d'où il n'aurait jamais dû sortir, et harangua le parterre d'une manière inconvenante.

— A ta niche! à ta niche! lui cria le public.

Cette sortie insolite le couvrit de ridicule et lui valut un duel. Heureusement, Jacques le zouave arrangea l'affaire. Mais l'actrice sifflée dut quitter Maskara; elle se rendit à Barcelone, où Charles Fromentin l'accompagna contre le vœu de ses amis.

Une pierre de l'édifice enlevée, le reste croule. Bientôt l'association des artistes se démembra complètement. Marcillac épousa Rachel la belle juive et suivit la famille Salomon, qui allait résider à Constantine.

Aldenis, de plus en plus dégoûté du cardage, s'engagea dans la musique militaire à Mostaganem. Pierre Balard fut le seul qui tint ferme à Maskara, à la grande satisfaction du zouave, que ces départs successifs avaient attristé.

— On ne vous enlèvera pas, philosophe, comme ces étourneaux de Fromentin et de Marcillac, disait-il souvent à Pierre Balard.

Le zouave se trompait.

Après un éclatant insuccès devant le tribunal du commissaire civil, Pierre Balard, qui avait quelques connaissances en médecine, se fit docteur consultant des indigènes.

Il réussit dans cette nouvelle profession. Les Arabes des plus riches tribus l'envoyèrent chercher fréquemment. Une Mauresque de Cacherou réclamait souvent sa présence, quoiqu'elle ne fût pas le moins du monde malade, causait quelques instants avec lui et le payait avec générosité.

Pierre Balard cherchait vainement à comprendre le sens caché de cette étrange conduite, lorsque l'explication lui en fut donnée un jour par la négresse de la Mauresque, qui lui apporta un riche costume arabe, et lui dit que sa maîtresse les attendait au ravin des Lauriers-Roses de la plaine d'Eghris, pour partir ensemble au désert. Le philosophe fut si stupéfait d'avoir inspiré cette passion, qu'il chaussa machinalement les babouches et se laissa vêtir sans opposition, par la négresse, du reit, du haik, du burnous.

— Cela tient des Mille et une Nuits, pensait-il. Pourquoi n'obéirais-je pas au destin. Je n'ai plus d'amis à Maskara. Le sort en est jeté ! Allons étudier les mœurs des Bédouins au désert !

Et le philosophe Pierre Balard, soudainement métamorphosé en Arabe, suivit la négresse au ravin des Lauriers-Roses.

Lorsque l'hôtelier du Spahi apprit à Jacques le départ de Pierre Balard, le zouave s'écria furieux :

— Oh! les Juifs, les Espagnols, les Arabes ! Ils m'ont enlevé mes amis ! Ils me le paieront cher à la première occasion.

Cette explosion de colère passée, le zouave resté seul se mit à pleurer comme un enfant sur ses élèves, qu'il ne devait plus revoir.

Ainsi ces quatre compagnons, après avoir juré de rester unis jusqu'à la tombe, s'étaient séparés au premier choc de la passion, comme les grains de poussière que le tourbillon disperse dans l'espace ; et ce voyage qui avait commencé par l'enthousiasme, l'union, la misère et la gaîté finit par l'isolement, la fortune et la tristesse. N'est-ce pas la vie en abrégé ?

VII

L'Amour et le Mariage en Afrique

Mes meilleures journées en Afrique ont été sans contredit celles que j'ai pu passer avec les Arabes.

Après avoir vécu de la vie laborieuse et compliquée de la civilisation, j'obéis à l'irrésistible entraînement d'expérimenter l'existence patriarcale et oisive des fils d'Ismaël.

Dans ce dessein j'allai planter ma tente à Bab-Aly, village indigène contigu à Maskara. Les Arabes parurent d'abord étonnés et en quelque sorte scandalisés de ce caprice de chrétien, de cette fantasia de roumi, comme ils disaient dans leur langue pittoresque ; mais en voyant mon imperturbable gravité et ma persistance à rester au milieu d'eux, ils changèrent d'opinion sur mon compte. Bientôt ils furent persuadés que l'esprit de Mahommed m'avait visité et que je ne tarderais pas à embrasser l'islam. Cette idée de conversion m'ouvrit les tentes et les gourbis (huttes en pisé). Les longs voiles des femmes arabes, fermés pour tous les chrétiens, s'écartaient coquettement à mon approche; on m'invitait à toutes les fêtes, à toutes les fantasias, et les marabouts (liés à Dieu) avaient pour moi de ces soins, de ces paroles caressantes, de ces délicates attentions qui témoignaient hautement de l'importance attachée à ma prétendue conversion. Rien de plus naturel. J'étais le premier Français de la province d'Oran, qui donnât l'exemple d'une telle métamorphose !

Je dus faire nécessairement de notables concessions à la couleur locale pour vivre en parfaite intelligence avec mes futurs coreligionnaires. Ainsi il avait fallu tout d'abord changer la classique redingote contre un gandourah et un admirable burnous tissé par l'habile main de la belle veuve Lella Néfiza, abandonner les chaussures à l'européenne pour traîner les larges babouches qui permettent au musulman de se laver les pieds aux sources à toute heure du jour et d'entrer aisément dans les mosquées; enfin j'avais volontiers sacrifié l'absurde chapeau et j'avais reçu en échange une chachya du Maroc (calotte rouge). Mais je fis une opposition formelle, absolue quant au pantalon, vêtement indispensable pour me garantir contre les insectes qui pullulent dans les villages arabes. Ce détail me valut quelque froideur de la part des habitants de Bab-Aly, qui, en vrais primitifs, et ils ont bien raison, ma foi ! veulent que l'on soit tout ou rien, chair ou poisson, chrétien ou musulman. Un homme en pantalon leur paraît d'ailleurs aussi étrange, aussi ridicule qu'à nous un homme en habit de femme. A

9

la vérité, le pantalon fait triste figure en regard de la draperie. Rien n'est moins propre que notre costume à donner aux Africains une haute idée de notre civilisation. Pourtant, en dépit de leurs préjugés sur le costume, je fis entendre raison aux Arabes de Bab-Aly; je leur dis que des habitudes contractées dès l'enfance ne se perdaient pas dans un clin-d'œil, qu'une fois acclimaté mon épiderme serait moins sensible aux piqûres, et je sus ainsi demeurer en bonne intelligence avec eux tout en ne sacrifiant pas entièrement à l'exigence de leurs us et costumes.

Dans la cité d'Abd-el-Kader, à Maskara, vous vivez à peu près comme à Oran, comme à Alger. On y trouve des hôtels français, des journaux français, et jusqu'à un théâtre français où l'on joue, tant bien que mal, les vaudevilles de Scribe, les drames de George Sand. Mais si vous faites un pas au-delà de la muraille d'enceinte qui sépare Maskara du village arabe Bab-Aly, vous passez sans transition de la réalité au songe, du connu à l'inconnu; vous vous trouvez brusquement transporté dans une sphère qui n'a aucune analogie, aucun point de contact avec le monde européen.

Tout d'abord, vous devez renoncer aux idées d'alignement, de nivellement, de rectitude; aux notions les plus élémentaires de la géométrie. Le village arabe offre au premier coup d'œil une agglomération de huttes, de tentes, de gourbis qui ont l'air de chevaucher l'un sur l'autre et sont jetés au hasard comme une poignée de grains au vent. Les habitations suivent toutes les inégalités du terrain; elles montent à l'assaut des mamelons et se préci-

pitent dans les ravins, figurant exactement une
flotte mêlée par une furieuse tempête dont les vaisseaux sont portés jusqu'aux nues sur les cimes des
vagues, ou descendent dans les profondeurs de la
mer. Pas de rues, pas de points d'intersection, aucun
moyen de reconnaître sa route dans les bourgades
arabes. On croit trouver une issue, et l'on risque de
tomber au fond d'un silo, si l'on ne se heurte à d'énormes détritus qu'il faut escalader bon gré mal gré.

Habitant depuis un mois la ville de Maskara, je
n'aurais pas osé tenter une exploration de Bab-Aly
sans un cicerone indigène pour me servir au besoin de fil d'Ariane à travers les inextricables labyrinthes du village. Je demandai donc à mon ami
Sidi-Habib, tailleur de burnous, fils du cadi (ma-
gistrat arabe correspondant à notre juge-de-paix)
de Bab-Aly, qui avait voyagé en France, de me pi-
loter comme un de mes compatriotes l'avait fait naguère pour lui à Paris.

J'avais à peine franchi la porte de Bab-Aly que
j'eus sous les yeux le plus mouvant panorama.

Devant nous un groupe d'Arabes nonchalants,
accroupis au milieu du chemin, fumaient silencieusement leurs longues pipes ; près d'eux, un nègre
faisait sa prière de midi en embrassant trois fois le
sol. Puis voici une légion de moukères, traînant
leurs babouches dorées dans la poussière ; elles reviennent du bain maure et se rendent d'un pas lent
à la demeure du maître. Mais il faut qu'elles se
fassent jour à travers une nuée d'enfants jetant des
cris assourdissants et martyrisant de pauvres gerboises qu'ils viennent de capturer.

De ce côté, une troupe de chiens poursuivent un

juif et mordent à belles dents ses vêtements en lambeaux ; plus loin, vis-à-vis des barraques en bois et des étaux des bouchers, se tiennent des marabouts (prêtres) voyageurs du Maroc, psalmodiant les versets du Koran en s'accompagnant du rebab. Ils reçoivent pieusement dans le capuchon de leur burnous les offrandes religieuses des assistants. Les nègres portent, de la fontaine à la tente, les peaux du bouc gonflées d'eau ; les vieillards se chauffent comme des lézards au soleil ; les femmes, vêtues de la robe de Tunis à côtes jaunes et bleues, fixée à la taille par une ceinture rouge, étirent leurs membres à la porte de leur gourbi, où elles sont restées trop longtemps courbées.

Sur les bords ombragés de cactus, de saules pleureurs et de lauriers-roses de l'Aïn-Toudmann, petit torrent qui traverse Bab-Aly, des moukères au haïck relevé lavent leurs draperies. Rien de plus sculptural que les attitudes de ces femmes quand elles interrompent leur travail pour contempler un cavalier qui passe devant elles en faisant fantasia sur un cheval à la tête orgueilleuse, aux mouvements gracieux. Mais en un instant le village est couvert par des nuages de poussière que soulèvent des troupeaux de chèvres et de moutons.

Je m'arrêtai longtemps à observer les industriels arabes, réunis dans un rond-point de Bab-Aly. Étranges industriels, pourtant, qui n'ont jamais connu la fabrique ni l'atelier, où ils étoufferaient, et travaillent en plein air, indifférents aux feux du soleil.

Un savetier à la tête rasée, au visage oxidé, dont le burnous en loques couvre imparfaitement le corps sec et nerveux, embrasse entre ses jambes nues une pacotille de babouches qu'il répare en faisant agir tout son attirail d'outils : des cisailles et une longue aiguille. Vous pouvez passer cent fois devant lui sans le distraire de son œuvre. De temps à autre, un nègre prend les babouches remises en état et les emporte au gourbi voisin.

L'Arabe des montagnes et le Bédouin du désert marchent nu-pieds, dans la boue ou dans la poussière ; mais l'Arabe des villes se chausse de boulra, babouches, savates informes dans lesquelles le pied joue aisément. Le coureur indigène ne se sert pas de ses babouches pour faire sa route, il ne les retire du capuchon de son burnous qu'à l'entrée d'une bourgade.

Nos souliers et nos bottes seraient d'un usage impossible pour les Africains. Vingt fois par jour ils doivent se déchausser, soit pour entrer dans les mosquées, soit pour visiter un chef, soit enfin pour se laver les pieds, salis par les chemins poudreux. La babouche est donc la seule chaussure qui puisse leur convenir. Les Arabes les plus pauvres se servent de morceaux de peau de bouc, rattachés à la jambe par des liens de palmier.

Les boulra des hommes sont coupées dans un cuir de Maroc et dépourvues généralement de tout apprêt ; mais celles des moukères (femmes arabes) sont souvent brodées de fil d'or et ornées de brillantes arabesques. Beaucoup de femmes placent leur orgueil dans le luxe de leurs babouches.

Le savetier était entouré de tailleurs de burnous qui se démenaient des pieds et des mains en vrais quadrumanes. Ils croisent, par un mouvement de pied, les fils de la trame qui se trouvent placés entre le pouce et le grand doigt, pendant que la main droite passe l'aiguille et forme le réseau avec une agilité extraordinaire.

Assurément nos charrons seraient émerveillés de l'habileté de leurs confrères d'Afrique. Armé d'un instrument à double tranchant, le charron arabe, sans le secours de l'équerre ni du compas, amincit un tronc d'olivier, creuse les trous avec une étonnante symétrie et transforme ainsi, avec un seul outil, un arbre en instrument de labour. Pour exécuter un pareil tour de force, il faut avoir une main sauvage, habituée de bonne heure à tailler le bois. Côte à côte du charron, sous une toile trouée et enfumée, se tient le forgeron qui prépare le soc de la charrue à un feu de palmier soufflé par une peau de bouc.

Des sanglots, des cris de désespoir partirent d'une maison voisine du rond-point. Je me dirigeai avec Sidi-Habib vers une espèce de gourbi, composé de quatre murs en pisé, troués de meurtrières, et, par la porte basse de cette demeure, je vis sortir une femme échevelée qui cherchait à fuir. Mais deux Arabes s'élancèrent aussitôt qu'elle du gourbi, la saisirent d'un bras nerveux, l'un par la tête, l'autre par les pieds, et la frappèrent de leur matrak. Après l'avoir ainsi rouée de coups, ils emprisonnèrent ses pieds dans un lien de palmier et la laissèrent à terre. — Celui qui m'avait paru le plus acharné, l'époux sans aucun doute, fit alors un signe à son fils, enfant de dix ans qui avait assisté impassible à la correction infligée à la pauvre femme. L'enfant sans pitié, regardant sa mère comme une esclave, ne connaissant d'ailleurs que le maître de la tente, obéit à son injonction. Il alla chercher dans la maison un sabre qu'il apporta à son père.

Pendant ce temps, la malheureuse, comprenant l'imminence du péril, se débattait sur le sol. Ses larmes étaient vaines. Elle lisait son arrêt de mort sur le visage calme et sombre de son maître. Pourtant, au moment où l'Arabe prenait l'arme des mains de l'enfant pour lui trancher la tête, elle fit un suprême effort, brisa ses liens et s'enfuit derrière les tentes du village. L'Arabe ne la poursuivit pas ; il remit l'arme à son fils et rentra dans la hutte.

Les cheiks du village réunis se rendirent auprès du mari outragé, qui n'avait que des soupçons d'infidélité, lui firent entendre raison et ramenèrent l'épouse à sa demeure.

Cette scène m'avait douloureusement impressionné. J'étais indigné de l'indifférence qu'avaient montrée les spectateurs. Je prêtai peu d'attention aux paroles intéressées de Sidi-Habib ; il eut beau me dire que le mari avait le droit de mort sur sa femme lorsque celle-ci recevait en son absence un étranger, cette cruauté diminua la sympathie que m'avait d'abord inspirée la race arabe. Je vis dans les malheurs qui l'avaient frappée, dans son état sauvage, un juste châtiment de l'esclavage imposé à la femme et consacré par la loi suprême, le Koran. Ce n'est pas en vain qu'on mutile la nature.

Sidi-Habib mit tout en œuvre pour effacer de mon esprit la pénible impression que j'avais ressentie ; il me conduisit, insigne honneur, dans sa tente où je pénétrai en me traînant sur les mains, notre attitude primitive, d'après Rousseau. Une toile posée sur huit piquets, voilà la maison de l'arabe. A mon entrée, je crus un instant être devenu aveugle. Peu à peu cependant je m'habituai à ce jour douteux, et je distinguai deux grands yeux, éclairant comme deux escarboucles le charmant visage tatoué et colorié d'une femme accroupie derrière un métier. C'était la sœur de Sidi-Habib.

— Asselama! lui dis-je en la saluant.

Mais elle partit d'un éclat de rire si franc, qu'il gagna son frère lui-même.

Evidemment elle se moquait de ma prononciation arabe. Je déguisai mon embarras en inspectant l'intérieur de la tente. Les meubles se réduisaient à deux tapis, un yatagan, une pipe et un chaudron. Des housses et des brides étaient accrochées aux piquets, à côté de haïcks de mousseline et de ceintures de soie. Le fond était encombré par des hamals d'orge et de blé, contre lesquels était adossé un nègre en train de broyer du grain entre deux pierres : c'était le moulin arabe. Au centre de la tente, une vieille femme allumait le feu dans un trou ; c'était le fourneau. La terre servait de table et de lit.

Je me lassais de regarder la moukère rattachant, de ses doigts teints de rouge, les fils de son métier; je commençais à désespérer de mon dîner, lorsque la matrone nous apporta un copieux plat du couscoussou traditionnel, mêlé d'œufs durs et de raisins cuits que nous mangeâmes avec la fourchette d'Adam. A la fin de ce festin, mon cicerone m'invita à passer la soirée chez le caïd de Bab-Aly, qui donnait une fête magnifique ! J'acceptai.

Bab-Aly, ne demandant pas à la terre ce que le ciel donne, était seulement éclairé par le disque de la lune et les girandoles d'étoiles qui versaient sur ses gourbis de mystérieuses clartés.

Il régnait une grande agitation dans le village.

Dès que le soleil a disparu derrière les cimes des montagnes, les bourgades arabes, endormies pour ainsi dire pendant le jour, se réveillent aux sons bruyants du derbouka, aux joyeux cris des enfants, aux sgarits des moukères, au bruit et au mouvement d'une population qui sort de sa torpeur et se livre à la joie. Il n'est pas jusqu'aux animaux qui ne s'associent à la fête générale. Les chiens jappent en chœur, les chevaux hennissent et dansent à la porte des huttes.

La nuit est le poème et le ravissement des pays de zone torride. Il faut avoir été toute une journée dans une fournaise allumée par un soleil implacable, pour comprendre l'indicible volupté de l'air frais et de la libre respiration. On ne vit véritablement, de l'autre côté de la Méditerranée, qu'à cette heure du premier crépuscule où la brise, plus pure et plus douce que l'haleine d'une jeune fille, vient ranimer une terre torréfiée par les vapeurs du désert. C'est une nouvelle existence, une résurrection de la nature. La fleur desséchée relève ses corolles rafraîchies vers le ciel, — les feuilles de l'olivier frissonnent amoureusement, — les insectes et les enfants bourdonnent en chœur et chantent la fin du jour, — la négresse porte la peau de bouc gonflée de l'eau de la source à la tente, d'où sortent l'Arabe qui se prosterne sur le sol le visage au levant, et sa voluptueuse compagne, dont les yeux pleins de molles et suaves lumières rivalisent avec les scintillantes étoiles.

La nuit africaine, c'est le soleil, moins ses éblouissants rayons, son incandescente réverbération, — un soleil doux, calme, argenté, qui inspire la pensée vague, la rêverie, et baigne tous les sens de langueur.

Tenant la main de Sidi-Habib (les Arabes ne donnent jamais le bras), j'avançais d'un pas incertain, trébuchant à chaque instant sur un terrain inégal et crevassé. Pour comble de malheur, les chiens arabes reconnurent ma nationalité et aboyèrent en troupes après moi. J'avais beau tourner en tous sens mon bâton d'olivier, rien n'y faisait. L'infernale légion des kelb (chiens arabes) me talonnait toujours. Emues par leurs aboiements répétés, les matrones arabes montraient leurs têtes étranges aux trous de leurs huttes et rentraient aussitôt en grommelant : c'est un roumi !

Je ne me serais pas assurément tiré à mon avantage de cette situation perplexe, si mon intelligent cicerone, qui portait deux burnous, l'un blanc, l'autre brun, n'avait eu l'heureuse idée de jeter ce dernier sur mes épaules. Grace à cette concession à la couleur locale, j'obtins la paix des gardiens arabes.

— Mais, dis-je assez inquiet à Sidi-Habib, où doit aboutir cette excursion, où me conduis-tu ?

— Aie confiance, me répondit-il solennellement. Tu es dans la main d'un ami. Je te mène à la maison du caïd, qui marie son fils Sidi-Abd-el-Kader-ben-Mohammed (qu'Allah le favorise) avec Kadidja, fille de Lella Mouléna.

En effet, des musiciens chargés de donner le signal de la fête et d'inviter bruyamment tous ceux qui voudraient y prendre part, dansaient en frappant avec fureur sur le derbouka, et en soufflant à perdre haleine dans le zoumarah (roseau percé d'un seul trou). Autour d'eux une nuée d'enfants coiffés de la chachia, n'ayant pour tout vêtement qu'une longue chemise, se battaient et se roulaient à terre.

Devant nous, défila une véritable procession de femmes arabes qui, enveloppées dans leurs voiles de toile blanche, figuraient bien plutôt une légion de nonnes allant à un cimetière qu'une troupe de femmes en fête.

Ma curiosité s'éveilla. Je fis hâter le pas à mon cicerone, et nous arrivâmes enfin devant la maison du caïd, située au faîte d'une colline que grimpe le village de Bab-Aly. C'était la plus somptueuse de ces demeures arabes : quatre murs recrépis de chaux supportant une plate-forme. Je pénétrai, par une porte à arcade ogivale, dans une vaste cour éclairée par les rayons de la lune. Là je fus témoin d'un spectacle qui est pour toujours stéréotypé dans mon esprit.

D'un côté, les Arabes, étendus sur des tapis, fument le chibouk et boivent un épais café; dans un autre angle de la cour, une foule de femmes accroupies, les jambes croisées, montrent un œil avide à travers leur kaïck. Presque toutes ont rejeté leurs larges babouches pour faire admirer une robe de Tunis rayée de jaune et de rouge, qui dépasse le grand voile, et les anneaux d'argent massif qui retombent sur leurs pieds nus. Des négresses jouent avec leurs enfants et se livrent à la démonstration de la plus folle gaieté !

La fête du mariage commence. Dans le vide laissé par les groupes, s'agitent des musiciens qui accompagnent une almée. Les uns soufflent dans le zoumarah, tandis que les autres battent des tambourins cylindriques, suspendus à leur cou par une corde en poil de chameau, de trois éternels coups imitant le bruit de plusieurs marteaux tombant alternativement sur l'enclume. Cette fiévreuse et bruyante harmonie exalte follement une danseuse brillante de bijoux, de verroteries, de corail, de nacre, de coquillages peints, de colliers de perles, d'un bariolage d'anneaux d'or et d'argent, de précieuses amulettes renfermant les principaux versets du Koran, de draperies, de ceintures de soie brochée et de babouches brodées de fil d'or.

Son visage, teint de henna et de koheul (matières colorantes dont se servent les femmes arabes pour teindre leur visage), est en harmonie avec la splendeur de sa mise. Un croissant orne son front. Des paupières bleues font ressortir l'éclat de sa noire prunelle. Ses lèvres, entr'ouvertes comme la grenade mûre, sont enluminées de rouge; le laurier-rose couvre ses bras nus; des feuilles d'olivier enguirlandent son cou, sur lequel retombent les boucles de sa chevelure et les cercles accrochés à ses oreilles.

Pendant que le corps de l'almée se tord et frémit, ses pieds remuent imperceptiblement en marquant la mesure et mordent le terrain par petites secousses.

Dans sa main droite, elle tient un yatagan incrusté de pierreries appartenant au caïd; dans sa main gauche, un foulard à franges d'or avec lequel elle trace des cercles mystiques qui s'évanouissent dans l'air à peine formés, comme des bulles de savon soufflées par un enfant.

Signe de prédilection pour la favorite, le mouchoir couronne sa tête, s'entortille en serpent autour de son col nu et de sa taille. Mais la haine suit l'amour. Le yatagan aux reflets fulgurants accompagne le foulard dans toutes ses évolutions et lui dispute le prix. C'est un mélange inouï de fictions guerrières et amoureuses.

Le masque mobile de la danseuse s'anime étrangement : sa physionomie reflète tous les sentiments, toutes les passions. Tantôt elle pleure, cachée sous son kaïck, tantôt elle l'écarte en riant. Elle menace et elle prie, elle se bat et elle s'agenouille, elle soupire tendrement et coupe une tête !

L'heure du combat a sonné. L'espoir de la vengeance brille dans les grands yeux noirs de la danseuse. En faisant tourner, avec une rapidité surprenante, l'arme terrible dans sa main et changeant brusquement le caractère de son pas, elle charge avec impétuosité l'ennemi représenté par les musiciens, qui reculent effrayés devant elle en battant une bruyante retraite sur leurs derboukas. L'ennemi a fui. Il faut jouir de la victoire. C'est le moment du repos ; l'amour tresse des couronnes.

Le yatagan et le mouchoir se réunissent, s'embrassent, dessinent en l'air une longue série d'arabesques ; l'almée modifie son pas, ralentit ses mouvements belliqueux ; une pensée d'amour imprime à ses membres une molle ondulation, et les musiciens, revenus de leur terreur, sautent devant elle avec des contorsions et des grimaces de satyres.

Enfin l'almée s'arrête devant un Arabe au somptueux burnous, plante en terre son yatagan, sur lequel elle croise les deux mains et reste immobile en regardant fixément l'homme qu'elle a choisi pour la contribution de la danse.

La musique cesse aussitôt. Le chef des musiciens entonne un hymne de louanges en l'honneur de l'amphytrion, du caïd, de la brillante fête qu'il donne et de la séduisante danseuse, le tout en style oriental, émaillé de gigantesques métaphores. Les femmes répondent à ce discours par leurs cris habituels.

A ce moment, l'Arabe choisi se lève, écarte son haïk et glisse un douro entre les mouchoirs de soie noués et croisés sur la tête de l'almée.

C'est alors que le chef des musiciens ne se contient plus : son enthousiasme déborde comme un vase trop plein :

« Il est grand et généreux l'Arabe !

« Allah a donné la terre et l'Arabe donne sa bourse.

« Il honore la maison qui le reçoit.

« Gloire au très-riche, très-puissant, très-vertueux, très-généreux enfant de Mohammed ! »

L'almée reprend ses exercices, pour s'arrêter quelques instants après devant un autre convive, dont le musicien chantera également la libéralité en termes hyperboliques.

Au milieu de cette fête, les Arabes, impassibles dans leur gravité, semblent plus occupés à fumer leur chibouk et à humer leur liqueur, renouvelés maintes fois par des nègres, qu'à contempler les grâces de la danseuse. Mais le groupe des moukères est ému; ce spectacle les passionne à l'excès.

Il faudrait vraiment avoir la palette de Decamps pour peindre ces femmes entassées comme des cloportes, jetant un coup-d'œil furtif en ouvrant lentement leur haïk et le ramenant aussitôt craintives sur leur visage; ces négresses, folles d'enthousiasme, jouant à la balle avec leurs enfants, et surtout ces Africains à poses de sphinx. Lui seul aurait pu rendre l'originalité, l'étrangeté et le décousu de cette fête arabe, éclairée par les blafardes lueurs de la lune.

Un nègre, en me tirant par mon burnous, me réveilla de mon extase. Je cherchai des yeux Sidi-Habib, et ne l'apercevant pas dans la foule, je me laissai conduire dans une sorte de salle de réception qui faisait saillie sur la cour.

Elle était meublée d'un divan, au-dessus duquel on avait suspendu, à une panoplie des fusils arabes plaqués d'argent, des yatagans de Kabylie, des pistolets de Tunis, des armes de tout genre. Je foulais aux pieds un riche tapis qui était comme émaillé de peaux de chacals, d'hyènes et de lions tués sans doute par le caïd.

Mon introducteur me fit signe de m'asseoir. Je pris une peau d'hyène, je la posai à l'entrée de la salle pour ne rien perdre de la danse, et je me croisai les jambes à la manière musulmane.

Aussitôt deux nègres m'apportèrent une tasse de café et une longue pipe à fourneau d'argent. J'acceptai le tout avec empressement, sans comprendre ce qui me valait ces insignes politesses.

— Qu'est-ce donc ? demandai-je à Sidi-Habib qui s'avançait vers moi.

— C'est l'hospitalité arabe, me répondit-il de son air sentencieux. Le caïd a reconnu l'Européen, et il a fait signe à ses nègres de le traiter dignement.

— Pourquoi les nouveaux époux ne paraissent-ils pas à la fête donnée en leur honneur ? dis-je à mon ami ; où sont-ils ?

— Chez eux. Kadidja, l'épouse, renfermée dans cette chambre en face de nous, écoute attentivement les leçons, les conseils des matrones qui lui enseignent les devoirs et les obligations du mariage

Pendant que Sidi-Habib m'expliquait les mœurs de sa race, je fouillais du regard l'angle où les moukères étaient réunies. Les voiles s'écartaient coquettement, et des ovales admirables, de ravissantes figures, m'apparaissaient. Par intervalles, ce groupe compacte ondulait comme des épis sous l'action du vent. Des femmes se glissaient furtivement en vraies gerboises parmi leurs compagnes. D'où venaient-elles ?... Mon cicerone me l'apprit. Elles trompaient leur maître : elles avaient oublié sous les oliviers ou dans une tente étrangère les devoirs du mariage et les dangers de l'infidélité à l'époux. La garde sévère des femmes n'est donc pas chose tout-à-fait vaine dans ce pays du soleil qui enflamme l'imagination et les sens. Mais la répression, si terrible qu'elle soit, n'effraie pas deux âmes amoureuses, bravant mille morts pour s'étreindre dans un baiser. Je m'expliquai dès lors l'enthousiasme des moukères pour ces fêtes, en opposition frappante avec l'insouciance des Arabes, qui ont d'ailleurs le caractère trop fier pour estimer des jeux dignes à leur point de vue de marionnettes. Ils préfèrent le cheval à la danseuse, l'échevelée fantasia sur l'impétueux coursier. Leur dédain pour cette profession va si loin que, sauf des Mauresques d'Alger, de Constantine et des Koulouglis (filles de Turcs et de femmes arabes), on trouve peu de danseuses dans le Tell. Elles viennent habituellement du Sahara, où les mœurs sont moins sévères et la liberté en toutes choses plus large.

Je fus interrompu au milieu de mes réflexions par une danseuse du Sahara, dont la physionomie était

plus sauvage que celle de la première. Elle s'avançait vers moi en tortillant son mouchoir et en remuant son arme d'une façon menaçante. Ses gestes
étaient si gracieux, ses mouvements étaient si purs,
si coquets lorsqu'elle imitait l'action du chaouch
(bourreau) décollant une tête, qu'elle développait
les instincts féroces et inspirait le désir d'assister
au spectacle d'une exécution par le yatagan. Ce ne
fut pourtant pas sans inquiétude que je la vis s'approcher et poser son arme devant moi.

Je me demandai immédiatement si elle en voulait
à ma tête occidentale, qui peut-être ne lui conve-
nait pas. Heureusement, les flatteries intéressées du
chef des musiciens m'expliquèrent l'énigme. Je me
souvins du tribut que tout spectateur choisi par
l'almée devait payer. Je me levai et glissai une pièce
de monnaie sous son bénica (coiffe).

Pendant cette opération, exécutée maladroite-
ment, car je n'y étais pas habitué, mon visage
effleura celui de la danseuse. J'étais fasciné par
son regard, je respirais son haleine embaumée de
parfums..., lorsque l'éclair du yatagan relevé
subitement me frappa comme un Manè, thecel,
pharès.

Singulièrement impressionné par les fumées du
tabac, par les copieuses tasses de moka et surtout
par l'insolite curiosité des moukères, dont l'œil
ardent trouait les voiles blancs, il me sembla que
tout dansait autour de moi aux mystérieuses clartés
des étoiles comme dans une fête macabre. Le yatagan tournait toujours dans la main de la sirène. Je
fus pris d'un sommeil magnétique, de cette somnolence extatique qui peuple, de délicieux rêves,

d'éphémères enthousiasmes, d'heureuses visions, les cerveaux électrisés des fumeurs de hachich. Mon fidèle ami Sidi-Habib dut me réveiller de ma léthargie pour me donner le signal du départ.

— Où irons-nous, lui dis-je encore endormi, puisque les portes de Maskara sont fermées?

— La tente d'un ami est à ma disposition, me répliqua-t-il. Allons nous y reposer, car cette fête doit durer jusqu'à l'épreuve de la fiancée : elle ne finira qu'au point du jour.

— Au moins, il n'y a pas de danger?... Le yatagan?...

Et je glissai ces mots à son oreille.

— L'hospitalité de l'Arabe est une sauvegarde plus sûre qu'une armée, me dit-il presque fâché.

Après avoir traversé avec une peine infinie les flots d'Arabes qui encombraient la cour, je sortis avec Sidi-Habib. Il me conduisit dans une tente du village de Bab-Aly. Je m'étendis sur un long tapis et je m'endormis bientôt au milieu des chèvres, des moutons et des poules, en songeant à l'originalité des mœurs arabes, à la danse du yatagan, qui point fidèlement et merveilleusement les coutumes, les penchants, les passions de la race d'Ismaël.

Ma vie s'écoulait tout entière dans ce doux farniente, dans cette oisiveté si bien remplie des pays de zone torride, où la respiration est à elle seule un énorme travail. Je passais les longues heures du jour accroupi et les jambes croisées en tailleur, le dos appuyé à un piquet de ma tente, en me reportant par la pensée au temps où j'assistais au brillant spectacle de la civilisation. Mais, au lieu de l'activité parisienne, j'avais devant moi un chapitre

de la Bible en action. Le type arabe rappelle, en
effet, à l'imagination, les grandes figures, les carac-
tères et les physionomies extatiques de l'Ancien
Testament.

Le panorama de Bab-Aly ne manquait pas d'étrangeté. Je suivais d'un air émerveillé le va-et-vient
des indigènes qui tourbillonnaient dans la poussière enflammée des sentiers tracés en zig-zag autour des tentes et des gourbis. Tantôt c'était une
cavalcade montant au galop la rampe rapide du village ; tantôt des yaoulets (enfants) traquant et
poursuivant à outrance de pauvres gerboises ; puis,
des nègres pliant le dos sous le poids de hamals et
de guerbas ; des négresses à peine vêtues d'un pagne
rayé de jaune et de vert, faisant sonner à chaque
pas les khrolkhral (anneaux d'argent) qui ornent
leurs jambes nues, et portant fièrement leurs grands
cercles d'oreilles, leurs bracelets et leurs innombrables colliers d'ambre, de corail, de nacre, d'os
et de corne ; de majestueuses femmes passaient enveloppées dans leur grand voile relevé par-derrière,
et formant un berceau de toile où reposent leurs
enfants ; des Arabes courant après les cheikhs (pa-
triarches) à barbe blanche pour embrasser respectueusement un pan de leur burnous.

Mais la voix sonore du Marabout-muezzin, qui du
haut du minaret annonce la prière du coucher du
soleil (salat el moghreb), arrête comme par enchantement le mouvement du village de Bab-Aly.
Tous les Arabes tombent à genoux au point où ils
se trouvent, près de la tente ou au milieu du chemin. Leurs gestes sculptent l'invocation à Dieu,
leurs yeux tournés vers l'Orient semblent y cher-

cher la lumière du Prophète. La foi vive, les sentiments d'adoration s'épanouissent sur leurs physionomies béates. Ils se prosternent le visage contre
terre et embrassent par trois fois le sol, dans une
sainte adoration de la nature créée par Allah !

Je croyais naïvement que ma métamorphose de
Français en Arabe était sérieusement faite et que
j'en avais décidément fini avec la civilisation. Les
jours, les mois se passaient sans que je m'en aper-
çusse en quelque sorte; mais cet engourdissement
moral de mon être ne dura pas. L'image de la patrie
absente vint tourmenter mon imagination et lui
apparut comme un irrésistible mirage. Pour apaiser cette douleur nostalgique, j'eus beau me dire
que j'avais trouvé en Afrique la paix, la précieuse
paix du cœur si vainement cherchée à travers les
vicissitudes d'une existence parisienne, rien n'y
fit.

C'était surtout le soir qu'un spleen mortel me ter-
rassait sur mon tapis, à cette heure délicieuse où la
brise vient ranimer la terre africaine torréfiée par
les vapeurs du désert et relever les corolles desséchées des fleurs.

Les flammes du couchant, après avoir longtemps
empourpré l'horizon et les sommets des montagnes
de l'Oued-el-Hammam d'éclatantes lueurs, pâlis-
sent et s'effacent sous les teintes vagues de la
nuit. Les enfants et les insectes bourdonnent joyeusement et chantent en chœur la fin du jour. La
famille se réunit; les tentes fument et s'emplissent
de joyeux cris, de you! you! you! répétés. Et moi,
j'écoute, l'âme triste, ces poétiques harmonies, car
je vis seul. Seul n'est pas le mot exact pourtant.

J'avais pour me tenir compagnie Mordjana, ma négresse, que je regardais souvent, par manière de distraction, pétrir mes galettes d'orge et préparer mon couscoussou.

Quand la pauvre Mordjana me voyait abattu, elle me psalmodiait d'un ton dolent quelque chant arabe, espérant ainsi ramener le sourire sur mes lèvres. De tous ces chants je n'en ai retenu qu'un, très-bref et très-peu récréatif. Il s'agit d'un guerrier qui revient à la tribu pour revoir sa fiancée. Le voici :

Allons, ô mon cheval aux ailes invisibles, bondis comme le lion, roi des sables ; vole dans ce sentier fleuri d'absinthes et de lauriers roses. Nous n'allons pas combattre, l'ennemi est vaincu ; nous courons au-devant de notre sœur.

C'est vers ma pâle et douce fiancée que tu m'emportes.

Puisses-tu arriver bien vite jusqu'à elle et me jeter dans ses bras !

Si je meurs de félicité qu'on lave mon corps avec ses larmes.

Que son haleine me parfume ; que ses cheveux me servent de tente et ses voiles blancs de linceuil.

Allons, ô mon cheval aux ailes invisibles, bondis comme le lion, roi des sables ; vole dans ce sentier fleuri d'absinthes et de lauriers roses.

Mordjana ne se contentait pas de me chanter des refrains arabes, elle me parlait sans cesse de la belle Néfiza, de Bab-Aly, qui l'avait entretenue de moi, m'assurait-elle. La rusée négresse me conseillait de neutraliser le vif sentiment de la patrie par un autre sentiment aussi doux au cœur. Pauvre Mordjana, son exemple aurait dû me donner du courage, car elle aussi était expatriée! Quel douloureux roman que le sien.

Enlevée du Soudan par les pirates désert, les

terribles Touaregs, elle était restée trois années
leur esclave; puis elle avait passé des mains des
Touaregs à celles d'Arabes d'Ouargla, vainqueurs
de ses premiers maîtres. Vendue sur le marché aux
exclaves d'Ouargla, à un possesseur des dattiers de
Metlili, celui-ci l'avait cédée à un Arabe du Tell,
qui fut tué dans la guerre soutenue par Abd-el-Kader
contre la France. Bref, d'après son propre témoi-
gnagne, elle avait été négociée six fois, épousée neuf
fois, et elle avait mis au monde trente-trois enfants
des deux sexes, dispersés sur tous les points de
l'Afrique. Nonobstant cette prodigieuse fécondité,
elle songeait sérieusement à convoler en nouvelles
noces avec Mesaoud, nègre libre de Bab-Aly. En
dépit de tous les tourments de son existence, Mordjana avait conservé cette joyeuse humeur, cette
exubérante gaieté qui forme le fond du caractère
nègre. Voilà pourquoi elle n'aimait pas à me voir
soucieux.

Je suivis le conseil de la négresse. Je cherchai à
me délivrer de mon spleen en tournant mes idées
vers Lella Néfiza. Mais comment la voir? C'était le
nœud gordien à dénouer, car elle était presque toujours renfermée dans sa tente; elle n'en sortait
qu'accompagnée le plus souvent d'une matrone pour
puiser de l'eau à la source. Ce fut encore Mordjana
qui me souffla un moyen de me rapprocher de
Néfiza, en lui achetant un burnous, car elle jouis-
sait dans Bab-Aly d'une célébrité de tailleur de
burnous.

Je m'introduisis hardiment un matin sous la tente
de Néfiza en laissant ma négresse en sentinelle au
dehors pour m'avertir de la venue de son père ou

de son frère. Une horrible matrone à la figure tatouée et ravinée de profondes rides m'arrêta à l'entrée d'un air maussade. Je l'informai de l'achat que
je venais faire; elle radoucit aussitôt et me montra
une douzaine de burnous que je dédaignai. Lella
Néfiza apparut alors, à la grande suprise de la matrone, qui la gourmanda sur son effronterie et sur
son imprudence.

— Oh! ne craignais rien, lui dis-je, Mordjana
veille.

Les nègres étant en Afrique la sauvegarde des
amants et la providence des femmes, mes paroles
rassurèrent la vieille, et Néfiza déploya des pièces
de laine devant moi. Pendant cette opération, je pus
la considérer à l'aise.

Elle était d'une belle stature; son corps élancé
comme le palmier, ployait sous le poids de l'or, de
la soie, des bijoux dont elle était littéralement couverte. La transparence de son haïck en mousseline
laissait voir les boucles de ses cheveux constellés
de cercles et de grappes d'argent accrochés aux
oreilles. Deux grands yeux de gazelle pleins de
molles et sauvages lumières éclairaient sa physionomie un peu sauvage; ses lèvres saillantes étaient
vermillonnées de henné et parfumées de souak. Les
tatouages de son front figuraient un losange bleu;
ceux qui enguirlandaient ses bras un bouquet de
palmes. Son pied mignon, sur lequel retombait un
lourd anneau d'argent massif (khrolkhral), chaussait une babouche du Maroc brodée de brillantes
arabesques.

Ma contemplation fut brusquement interrompue
par le *sgarit* (cri) de ma négresse qui me donnait le

signal du départ. Je m'esquivai aussitôt en rampant
comme une vipère autour de la tente, et en évitant
les regards des deux Arabes qui s'approchaient de
la demeure de Lella Néfiza.

J'étais assez satisfait de ma visite, et je résolus
bien de ne pas m'en tenir là. Mordjana me conseilla
de surprendre la belle Arabe à la fontaine de Bab-
Aly, où elle se rendait à la première aube. Je me
laissai guider dès le lendemain matin par l'intrépide négresse à l'endroit indiqué.

La source coule au pied d'un énorme caroubier
derrière lequel je me cachai. Je vis bientôt venir
Néfiza. Elle déposa sa guerba (peau de bouc) près
d'elle, et, retroussant ses robes à la hauteur du genou, écartant son haïck, elle se lava les pieds, puis
elle pencha sa tête au-dessus de l'orifice de la source,
puisa de l'eau dans ses deux mains rapprochées
l'une contre l'autre qu'elle passa tour-à-tour sur
son front et ses yeux avec une grâce parfaite. Les
gouttes qui tombaient de son visage semblaient autant de perles échappées de sa bouche. Cette toilette terminée, Néfiza prépara sa guerbas pour
l'emplir d'eau. Je me montrai à ce moment; elle fit
un bond de gazelle effrayée.

Mes marques de respect, mes salutations jusqu'à
terre, rassurèrent Néfiza sur mes desseins. Elle
vint se rasseoir près de la pierre qu'elle avait dé-
sertée, et, reprenant son petit chaudron de fer,
elle le promena de la source à l'embouchure de sa
guerbas. Quand à moi, je m'accroupis à ses pieds
comme un musulman, et je lui rappelai ma première visite fâcheusement interrompue. Néfiza me
rit au nez d'un air impertinent, que j'attribuai à la

manière vicieuse dont j'articulais l'arabe. Je ne me décourageai pas : je lui exposai à l'orientale, en m'aidant d'éblouissantes métaphores, la passion que sa beauté m'avait inspirée. C'est un langage que les femmes de tous les pays comprennent d'intuition. Néfiza devint sérieuse; mais elle répondait invariablement à mes périodes, à mes propositions : Fais-toi meslem! (Musulman). Je cherchai en vain à lui contester cette dure nécessité.

— Ta foi religieuse, lui dis-je, ne défend pas aux femmes de s'unir aux étrangers qui croient à une révélation; la prohibition du mariage n'existe qu'à l'égard de païens, d'idolâtres.

— Je le sais, me répliqua Néfiza, qui était fort instruite; mais on ne souffrirait pas un roumi dans nos douars.

Néfiza revenait avec une insistance qui me dépitait sur son thème favori : « Meslem ou pas de mariage! » Pour hâter sans nul doute mes résolutions dans ce sens, elle m'informa que son temps de veuvage, selon les prescriptions du Koran, étant terminé, elle devait partir, après la deuxième prière du jour, avec son père et son frère, pour Tiaret, frontière du petit désert. Là elle visiterait les parents de son fiancé, Si-Ahmed, qui lui remettraient les présents, les cadeaux de noces, considérés en Afrique comme une sorte de signature du mariage. D'ailleurs Néfiza ne devait plus revenir à Bab-Aly, puisque son union avec Si-Ahmed l'incorporait légalement dans la tribu de son époux.

Ainsi pressé de me prononcer par oui ou par non, j'objectai à Néfiza que la perspective d'un séjour forcé en Afrique me faisait hésiter à devenir Musulman, que j'aimais trop mon pays pour ne pas songer à le revoir un jour ou l'autre. Dans l'espoir de la décider à me suivre, je vantai la France, je fis un tableau flatteur de la civilisation occidentale.

Néfiza paraissait m'écouter avec intérêt ; je lui causai un étonnement profond en lui disant que les Françaises circulaient au-dehors à visage découvert, et que du reste elles étaient aussi libres, sinon plus, que leurs maris. Croyant déjà l'avoir gagnée à la cause de la civilisation, je proposai à la belle Arabe de visiter la France avec moi. Sur ces dernières paroles, Néfiza se redressa fièrement et me répliqua :

— La France est un pays de paroles, l'Afrique une terre d'amour et de vérité. Je suis née et je mourrai dans le pays du soleil !

Puis, levant les yeux vers l'immense horizon qui s'ouvrait devant nous, Néfiza reprit de sa voix la plus douce :

— Tu n'aimes pas notre ciel, roumi !

Vois l'œil de la lumière (le soleil) qui enflamme de ses rayons les monstres de granit, tandis qu'au couchant, des Djennouns (mauvais génies) couvrent leurs fronts de noires vapeurs ;

Et ces perspectives infinies du désert qui miroitent au-delà des gorges profondes !

Tu n'aimes pas notre ciel, roumi !

Vois nos blancs marabouts qui prient agenouillés sur la croupe de ces escaliers de pierre d'où descendent les crépuscules ;

Et sur nos montagnes enchevêtrées comme les mailles d'un filet, le troupeau de chamelles qui bondit en liberté dans l'espace !

Et nos plaines vastes comme la mer, roulant leurs vertes vagues de palmiers ;

Et ces nuages de fumée, encens jeté à Allah, qui s'élèvent du sein des vallées par les ouvertures des tentes ;

Et nos aigles qui volent jusqu'au paradis du Prophète !

La France est un pays de paroles, l'Afrique une terre d'amour et de vérité.

Je suis née et je mourrai dans le pays du soleil !

J'allais céder à l'entraînement du poétique discours de Lella Néfiza, lorsque je fus réveillé de l'extase où l'enchanteresse m'avait plongé par un avertissement de Mordjana, ma négresse. Des femmes arabes s'approchaient de nous. J'aidai Néfiza à charger sa peau de bouc gonflée d'eau. Elle s'éloigna lentement en se retournant à chaque instant, et m'appelant du regard à travers son haïck coquettement écarté! Je fis un pas en avant ; mais une ombre vint se placer entre Néfiza et moi. C'était l'image de la patrie absente. Je restai quelque temps assis sur la pierre de la source, abîmé dans le doute, luttant encore contre le charme de ma Rachel. Je vis lever par deux nègres la tente de Néfiza, qui monta sur un palanquin à dos de chameau, puis la caravane du désert disparut à l'horizon.

A ce moment, l'appel de la deuxième prière du jour, crié du haut minaret par le marabout-muezzin de Maskara, arriva jùsqu'à moi comme le glas de mon amour.

— Dieu est grand ! disait la sainte parole du marabout, j'atteste qu'il n'y a de Dieu que Dieu, j'atteste que Mohamed est le prophète de Dieu. Venez à la prière, venez au temple du salut. Dieu est très-grand. Il n'y a de Dieu que Dieu. Mohamed est le prophète de Dieu !

Pendant cet aden (appel), je ployai machinalement les genoux au bord de la source; mais cette fois je ne me tournai pas vers l'Orient. C'était la France que cherchaient et mon regard et ma pensée.

Je tentai d'oublier Néfiza en me faisant l'hôte assidu des cafés maures où se réunissent les Arabes, pour jouer, fumer, boire, dormir, se raser, traiter d'affaires : car ces établissements sont à la fois café, hôtellerie, théâtre, boutique de barbier et justice de paix.

Pendant le jeûne annuel du ramadan, les cafés maures se transforment, le soir, en véritables salles de spectacle, égayées par les chants et les danses des troupes nomades; enfin, les jours de marché, on voit les caïds et les cadis, assis sur des tapis, devant la porte des cafés maures, donner leur seing, entendre les témoins, juger les contestations qui se sont élevées entre leurs coreligionnaires.

Nos cafés de France ne peuvent donner une idée de l'intérieur des cafés maures. Que l'on se représente une grande salle d'un rez-de-chaussée, aux murailles enduites de stuc, autour de laquelle règne un banc recouvert de tapis. Dans un angle de la salle, bout une énorme cafetière devant un feu toujours ardent. Au-dessus du fourneau, une planche supporte un grand nombre de petites tasses ovoïdes qui, moyennant dix centimes, sont livrées pleines de café et de marc aux clients, car les Arabes ne boivent pas le café, ils le mangent. Ne prendriez-vous qu'une tasse, vous avez le droit de passer la journée au café maure, et, au besoin, la nuit.

Rien de pittoresque comme les groupes des consommateurs arabes. Les uns, accroupis à terre sur des nattes de palmier, tendent une oreille avide aux paroles d'un conteur qui, armé d'une baguette d'olivier, retrace les merveilleux exploits de quelque chef du désert ; d'autres ne songent qu'à humer leur café et à fumer leur chibouk. Ceux-ci se lèvent à l'approche d'un cheik de leur douar, et s'empressent d'embrasser respectueusement le pan de son burnous; ceux-là jouent aux damach (dames) ou aux strondj (échecs). Quelques-uns se rasent, tour-à-tour, la tête, avec leur couteau qu'ils portent dans une gaîne attachée à la ceinture, en ayant soin de laisser au sommet du crâne une touffe de cheveux appelée Mahomet, par laquelle, à leur mort, les anges doivent les prendre pour les transporter au paradis du Prophète.

Lorsque j'habitais Maskara, chaque jour je me rendais au café maure de la porte d'Oran. A peine entré, le cafetier m'apportait ma tasse et ma pipe au long tuyau de grenadier. J'étais passé maître dans l'art de fumer le chibouk et de manger le café, au grand scandale des Arabes, qui ne voyaient pas sans humeur un roumi (chrétien) profaner de sa présence leur réunion. Je fus longtemps l'objet des soupçons de ces naïfs indigènes ; ils m'isolaient et dardaient sur moi leurs grands yeux noirs, en soufflant à l'oreille de leur compagnon quelque parole malveillante à mon adresse. Mais une circonstance heureuse dissipa leurs préventions, me gagna leur estime.

Un caïd, que j'avais eu l'occasion de saluer plusieurs fois, me proposa un jour une partie de strondj. Jamais je ne vis d'hommes aussi étonnés que mes Arabes. Un caïd jouer avec un roumi, lui accorder cette insigne faveur ! Cependant ils nous entourèrent et s'intéressèrent aux diverses phases de notre partie.

La règle du jeu d'échecs arabe est la même que celle du nôtre ; le damier seul diffère. Les cases sont sculptées, et, au lieu de rois, de tours, de cavaliers, ce sont des minarets, des marabouts, des sultans. Je disputai vivement la partie au caïd ; mais pour ne pas partager le sort de ce joueur, partenaire habituel de Voltaire à Ferney, qui, après avoir gagné, devait se dérober prudemment par une fuite précipitée à la vivacité de l'illustre auteur de Candide, je cédai la victoire à mon adversaire. Tous les indigènes applaudirent au succès de leur chef.

Mon but était atteint. A dater de ce jour, les Arabes me considérèrent comme un des leurs. Le caïd m'avait réhabilité. Profitant de ces nouvelles dispositions des Arabes à mon égard, je nouai bientôt des relations avec un indigène fort intelligent de la tribu des Béni-Hamra, à qui j'exprimai mon désir de connaître, non pas le Maure, le Turc, le Koulougli, l'Arabe des villes, mais le véritable indigène, l'Arabe de la tente et du Gourbi. J'avais plus d'une fois rôdé autour des douars. Sous prétexte d'acheter des œufs ou de commander un burnous, j'avais même franchi à l'improviste le seuil de quelques tentes ; mais les Arabes des montagnes

qui ont une crainte superstitieuse du mauvais œil
du roumi, m'avaient toujours dissimulé les détails
les plus curieux de leur existence. Aussi remerciai-
je vivement Mohammed-Ben-Radja, qui me promit
de satisfaire ma curiosité; seulement, je regimbai
quand il tira un couteau affilé de sa gaîne, me
découvrit sans façon en mettant ma casquette de
côté, et me prit par les cheveux

—Que veux-tu faire de ma tête? lui demandai-
je assez intrigué et moitié sérieux, moitié souriant.

— Laisse-moi agir, me répondit Mohammed en
arabe. Cela est nécessaire; aie confiance.

Ne trouvant rien de sérieux à objecter à mon cicérone, dont je devais accepter toutes les volontés,
je lui abandonnai ma tête. Il la plaça entre ses genoux et promena la lame de son couteau sur mon
cuir chevelu. Lorsque l'opération fut terminée, il
me présenta d'un air triomphant un petit miroir.
J'étais horriblement défiguré ; il ne me restait
qu'une longue mèche de cheveux au sommet du
crâne. Je ressemblais à un Chinois !

— Demain au fedjer (point du jour), me dit
Mohammed, sois prêt. Qu'Allah te favorise !

Et sur ces derniers mots, l'Arabe prit congé de
moi. Honteux de ma ridicule tonsure comme le renard à la queue coupée de la fable, je traversai rapidement Maskara, je me renfermai dans ma chambre, et je préparai mes effets, en vue de la grande
excursion du lendemain. J'achevais de garnir mon
sac de voyage, lorsque l'hôtelier m'apporta un paquet qu'un Arabe, me dit-il, l'avait chargé de me
remettre. J'ouvris le paquet et je trouvai un cos-

tume indigène complet. Je compris alors pourquoi Mohammed-Ben-Radja m'avait tonsuré.

Enchanté de me déguiser en Arabe, je me débarrassai aussitôt de ma redingote et j'entortillai autour de mes reins, de mon cou, de ma tête le léger haïck que je fixai sur le front au moyen de plusieurs tours de corde en poil de chameau ; puis j'endossai le gandoura en laine blanche et le burnous brun ; enfin je chaussai les babouches en maroquin jaune. Ainsi travesti, je me couchai, afin de pouvoir répondre sans retard à l'appel de mon cicérone

A l'heure dite, j'entendis la voix de basse-taille de Mohammed retentir sous mes croisées. Je descendis immédiatement: Mohammed parut satisfait de la manière dont je portais mon nouveau costume. Il se mit en selle, me fit signe de monter sur un cheval qu'il avait amené à mon intention, et nous sortîmes tous deux de Maskara par la porte d'Oran. Mohammed se tenant à mes côtés.

Après avoir traversé la vaste plaine des Ghris, laissant à notre droite la chaîne de l'Oued-el-Hammam, nous nous engageâmes dans les montagnes au-delà desquelles nous devions trouver le douar de Mohammed.

Rien de plus agréable, pour un touriste rêveur, que de voyager en compagnie d'un Arabe. Il se contente de vous guider, de vous protéger au besoin, sans troubler vos pensées par les ridicules exclamations, le verbiage importun de l'Européen. Il ne vous dit pas à chaque moment : « Voyez donc quel site ! c'est beau comme une toile de Rousseau ou de Dupré !... Admirez donc ce coteau, ce vallon !

Et ces arbres, sont-ils verts ! Et ce ciel est-il vrai !...»

Quand la nature parle, à quoi bon la phraséologie de l'homme? J'estimais singulièrement Mohammed, qui me laissait vivre, respirer librement, admirer à mon aise l'océan de mamelons qui battaient l'horizon de leurs vagues pétrifiées, les étroites et profondes gorges s'ouvrant, comme une décoration de théâtre, sur une vallée rayée de tentes grises, les ravins au fond desquels chantaient de limpides filets d'eau en baignant le pied des oliviers sauvages, les cactus qui découpaient leurs palettes de fer-blanc sur un ciel ardent, les rochers retenus par un grain de sable au bord des excavations et que le premier souffle du vent précipitera avec fracas, tous les effets merveilleux, toutes les manifestations sévères et imposantes de la nature africaine.

Mon cheval, en s'arrêtant brusquement, brisa le charme qui me tenait sous sa puissance. J'étais seul. Je regardai inquiet autour de moi. Personne. Une panique s'empara de mon imagination troublée. Qu'était devenu Mohammed? Sans doute ce traître allait revenir avec ses féroces compagnons pour égorger le chrétien. Epouvanté, je donnai un violent coup d'éperon à mon cheval, qui me porta d'un bond à quelques pas de Mohammed. Celui que j'avais pris pour un assassin était agenouillé près d'un marabout (petit monument qui contient les restes d'un saint). Le visage tourné vers le levant, je le vis baiser le sol à trois reprises, en murmurant les formules ordinaires de l'invocation arabe. Il faisait sa prière du milieu du jour (salat el dohor). J'admirai la ferveur religieuse de Mohammed. Que

ne pouvais-je, comme lui, sous l'impulsion d'une foi
vive, fléchir mes genoux, rouler mon front dans
la poussière de la route et embrasser la mère
commune des hommes : Alma mater ! disait l'antiquité?

Ressentant une vive honte de mes aberrations
poltronnes et voulant dissimuler à Mohammed mes
injustes soupçons, je tournai bride avant qu'il eût
terminé son invocation à Allah. Bientôt il se releva,
prit une pierre et la déposa sur un amas de cailloux
en criant : « Au nça de Bel-Ghrera ! » Les nça sont
destinés à perpétuer la mémoire des crimes aux
endroits où ils se sont commis, jusqu'à ce que les
coupables soient exemplairement châtiés. L'Arabe
ne passe jamais devant un nça sans grossir de sa
pierre le témoignage accusateur, appel simple et
sublime à la justice éternelle, entendu de Dieu, à
défaut des hommes.

J'attendis Mohammed au fondouk des Hamra.
Une caravane occupait ce caravansérail. Des Arabes
remuaient les lourds hamals, faisaient boire les
chameaux, pansaient les chevaux. Je restai en extase devant la physionomie expressive d'un carava-
niste, à peine couvert d'un burnous en loques, qui
rattachait à ses jambes basanées les ficelles de sa
chaussure à fortes semelles en peau de bœuf. Jamais
il ne m'était apparu un type d'une telle énergie,
d'une telle musculature digne du ciseau de Michel-
Ange. Il se mit à fumer le chibouk avec un sentiment d'insouciance et de bonheur qui détendit la
peau parcheminée de son visage. Heureux nomade
du Sahara, juif errant du désert, ne désirant rien,
ne craignant rien sur la terre... qu'Allah !

J'engageai Mohammed à se reposer au fondouk, mais ce n'était pas son habitude. Il savait une source non loin de là, près de laquelle il se trouvait mieux qu'au caravansérail. Nous nous y arrêtâmes, pour faire une collation de pains de dattes confites, et de figues de Barbarie que Mohammed avait détachées d'un cactus.

Nous nous assîmes près d'une source où vinrent puiser des négresses et des femmes arabes. Mohammed les salua par quelques paroles courtoises auxquelles ces femmes répliquèrent. La conversation s'engagea entre elles et Mohammed. Quant à moi, je me contentais de regarder la simplicité de leurs attitudes, la grâce de leurs mouvements, lorsqu'elles remplissaient leur guerba (peau de bouc) avec le petit chaudron de fer, ou lorsqu'elles se lavaient le visage, les bras et les pieds.

Un incident fort comique détourna mon attention de la fontaine. Une vingtaine d'Arabes armés de matraks (gros bâtons) accouraient de notre côté en jetant des cris assourdissants. Je demandai l'explication de cette étrange scène à Mohammed.

— La chasse au matrak ! s'écria-t-il joyeux.

En effet, nos Arabes se réunirent de manière à entourer une étendue de terrain pendant que l'un d'eux, placé au centre du cercle, battait de son matrak les touffes de palmiers nains qui couvrent les montagnes, pour en faire sortir un lièvre ou un lapin. Après une battue de quelques minutes, un lièvre s'élança d'un palmier, et fut accueilli par des vociférations, des exclamations des Arabes qui agitaient leurs bâtons. Le pauvre lièvre, traqué de toutes parts, ne savait où donner de la tête; il tournaît comme un écureuil dans sa cage, en cherchant vainement une issue. Enfin, à tout risque, l'animal prend son élan, cherche à passer entre deux Arabes; mais ceux-ci le frappent de leur matrak et le reçoivent sanglant dans leur burnous. Les Arabes se livrent fréquemment, au milieu de leur montagnes, à ces chasses au matrak fort amusantes à voir.

La chasse terminée, nous continuâmes notre route. Mohammed pressa le pas de nos chevaux pour arriver avant le crépuscule au douar des Beni-Hamra, situé au sud de Saïda, frontière du petit désert. Les montagnes prenaient un aspect plus sauvage, les voyageurs devenaient rares. Durant deux heures de marche, nous vîmes seulement trois Arabes, qui passèrent rapides comme l'éclair à côté de nous sur leurs petits chevaux lancés à tout crins, leurs burnous flottant à la brise.

— Ahaho! Ahaho! leur cria Mohammed. Fantasia, bezef fantasia!

Dans son enthousiasme de la fantasia, Mohammed m'invita du geste à disputer le prix de la course aux trois cavaliers arabes, qui faisaient galoper avec une heureuse témérité leurs véloces chevaux sur les terrains ravineux, effrondés; mais, craignant de rouler au fond de quelque abîme, je résistai, en véritable Sancho, à l'entraînement de mon don Quichotte arabe.

Enfin, nous aperçûmes à nos pieds, au fond d'un vallon, les tentes du douar de Mohammed. Je fus si heureux que je faillis crier Terre! comme les vigies de Christophe Colomb à la vue de l'Amérique. Mohammed, exploitant ma satisfaction, piqua des deux son cheval et me fit exécuter une fantasia échevelée. Je dus le suivre bon gré mal gré, car ma monture m'entraîna. J'arrivai plus essoufflé que mon cheval près de la tribu, où je fus accueilli par les aboiements d'une meute de chiens. Les enfants de Mohammed, coiffés de la rouge chéchia, le cou entortillé d'amulettes en maroquin, vêtus seulement d'une longue chemise, accoururent au-devant de nous. Je croyais qu'ils venaient embrasser leur père ; mais je fus fort étonné quand je les vis sauter au cou de nos chevaux, grimper comme de véritables singes sur leur dos, et se poser hardiment à califourchon en répétant le mot arabe synonyme de la joie la plus grande : « Fantasia ! »

Le cérémonial d'une tente arabe ne ressemble pas à celui d'un salon parisien. Personne ne se dérange à votre arrivée. Mohammed m'ayant fait signe de m'asseoir, je m'accroupis sur une natte d'alfa.

Je demeurai un moment suffoqué par une forte odeur de bouc et de lait fermenté qui me monta aux narines, et comme aveuglé par le faux jour qui régnait sous cette tente tissée en poil de chameau, fixée solidement au sol au moyen de huit gros piquets. Peu à peu cependant mes yeux s'habituèrent à cette obscurité, et je pus m'orienter.

Un long tapis, posé verticalement en guise de portière, séparait en deux parties la demeure de Mohammed. L'endroit que nous occupions servait de cuisine, de réfectoire, d'atelier. Dans un coin, une négresse horriblement tatouée, accoutrée de draperies bariolées, écrasait le grain entre deux pierres tournant en sens inverse du petit moulin

11

arabe, pendant qu'une jeune moukère formait en
grumeaux, manipulait la farine du couscoussou en
soufflant le feu dans un trou creusé en terre. C'é-
tait le fourneau.

Derrière un métier à tisser formé grossièrement
de roseaux de Coléah se tenait une femme qui me
parut fort belle : c'était la première épouse de Mohammed, la préférée d'après la déférence qu'il lui
témoignait. Elle se nommait Fatma; comme toutes
les femmes arabes, elle était tatouée, coloriée d'arabesques, de losanges, d'étoiles au front, aux mains,
aux poignets, aux jambes.

Deux grands yeux noircis de koheul brillaient
plus que des diamants à la lumière, sous l'arc pro-
longé de leurs sourcils, et animaient la physionomie juvénile de Fatma. Ses lèvres rougies de henné,
parfumées de souak, exhalaient le parfum, avaient
la vivacité d'éclat d'une grenade entr'ouverte. Sa
gracieuse main, bariolée d'arabesques, tressait rapidement les fils de laine d'un burnous et en formait
la trame. Fatma était littéralement couverte de bijoux, de cercles d'oreilles, de bracelets, de colliers
de perles et de corail, de khrolkhral en argent
massif. Je ne pus la regarder sans être ébloui de
son brillant costume et de sa beauté, qui semblait
éclairer cette sombre demeure.

A une injonction de son maître, Fatma se leva,
déployant sa haute stature et serrant sa ceinture
autour de sa taille flexible; puis elle tira plusieurs
pots d'un silo, grande fosse dans laquelle les Arabes
serrent leur argent, leurs bijoux, leur blé et leurs
autres denrées.

Mohammed sortit à ce moment; je restai seul

avec ses femmes. Très-embarrassé de ma contenance, je cherchai vainement dans ma cervelle un sujet de conversation. Je ne pouvais me rabattre sur la pluie et sur le beau temps, comme je fais en France lorsque je ne sais que dire, car l'éternel soleil d'Afrique vous enlève cette planche de salut. Ne trouvant aucune idée d'à-propos à exprimer, je pris le sage parti de garder un silence obstiné. Mais la mutine Fatma s'amusait de mon embarras, me regardait furtivement, me riait au nez d'un air impertinent qui la rendait encore plus charmante. J'étais fort vexé de mon rôle ridicule.

Je fus bientôt délivré de ma situation perplexe. Une amie de Fatma lui rappela du dehors un rendez-vous de femmes au cimetière, une cérémonie en l'honneur de quelque marabout décédé. Cette étrange conversation, tenue par un interlocuteur hors de la tente et l'autre dedans, piqua ma curiosité. Lorsque Mohammed rentra, je lui en exprimai mon étonnement. Il me dit qu'une femme ne devait pas franchir le seuil d'une demeure quand le maître de la tente s'y trouvait. En l'absence de celui-ci, les femmes arabes peuvent recevoir une amie, une parente; mais il leur est défendu, sous peine de châtiment corporel, de recevoir aucun étranger.

— La veille, ajouta Mohammed, un Arabe du douar des Beni-Hamra avait surpris un visiteur dans sa tente et avait renouvelé sur lui et sur son épouse la scène terrible de Paolo et de Francesca de Rimini.

Une telle tragédie racontée de cette façon succincte m'impressionna vivement. J'étouffais sous la tente. Mohammed, se méprenant sur mes intentions, m'amena au bord d'une fosse où l'on jetait les restes des animaux, et me montra la tête du malheureux exécuté par le Lanciotto arabe. Je reculai d'horreur.

Fâché de m'avoir affecté de la sorte, Mohammed me conduisit au milieu d'un oasis d'oliviers et de grenadiers. Je respirai plus librement. Les riants aspects de la nature chassèrent de mon esprit la scène sauvage qui l'obsédait. Je n'ai pas vu en Afrique de douar mieux situé que celui de Béni-Hamra. Un cirque de rochers nus, à plans verticaux, entoure de leurs masses sévères un vallon, véritable jardin d'Armide, tatoué de tentes grisâtres qui ressemblaient, du point où nous nous trouvions, à des pèlerins agenouillés au milieu de la verdure et des fleurs, dans des sentiers bordés de lauriers-roses, de cactus, de touffes d'absinthe. Ces roches, au pied desquels serpente une eau vive, s'ouvrent par une forte dépression au sud de Saïda et laissent voir les plaines jaunes du Sahara, les perspectives infinies du désert, les immenses espaces où se perdent le rêve et le regard, où l'homme apparaît comme un atome dans l'Océan.

Mohammed ramena ma pensée, qu'égaraient les mirages du désert, en me parlant des apprêts du repas. Deux robustes Arabes, aux bras basanés, s'emparèrent du mouton qui devait être servi à notre dîner. Ils coupèrent devant nous la tête de l'animal, le dépouillèrent et l'empalèrent sur une longue perche qu'ils firent tourner ensuite comme une broche, devant un feu de palmiers. Je suivais avec intérêt les détails de cette cuisine primitive en plein vent. Lorsque le mouton fut rôti à point, les Arabes le renversèrent sur un gaça (énorme plat en bois); puis ils nous l'apportèrent.

Les divers mets composant notre repas nous furent apportés par les serviteurs, les femmes et les enfants de Mohammed. Rien n'était plus plaisant que de les voir accourir, un plat ou une tasse pleine d'eau en main, de la tente sous les oliviers à l'ombre desquels nous étions assis. Les apprêts terminés, Mohammed m'engagea à ouvrir le feu; je le priai de me tenir compagnie, mais ce fut en vain : car les Arabes croiraient manquer de politesse en mangeant avant que leur invité soit rassasié.

Je me lavai les mains pour m'en servir en guise de fourchette, et je pris, le plus délicatement possible, entre mes doigts, du couscoussou mêlé de figues, de raisin cuit, d'œufs durs, de membres de poulet. Mohammed m'encourageait du geste, puis il me demandait si je trouvais les mets de mon goût. Mais je vis son visage se rembrunir quand je repoussai le plat. Il trouvait sans doute que je ne faisais pas honneur à son repas. Désirant avant tout le satisfaire, je revins au couscoussou, dont je faillis me donner une indigestion, à la grande satisfaction de Mohammed qui, comme tous ses coreligionnaires, tenait à honneur que son hôte mangeât beaucoup.

Après le plat de couscoussou, j'abordai le mouton que les deux cuisiniers arabes avaient dépecé avec leurs doigts et leurs couteaux; puis je passai aux galettes d'orge, aux dattes, aux pâtes sucrées, le tout arrosé de l'eau fraîche de la source. On sait que le Prophète a défendu l'usage du vin aux Musulmans.

Lorsque j'eus amplement satisfait mon appétit, mes plats furent repris en sous-œuvre par Mohammed, ensuite par les femmes, les enfants, les serviteurs nègres de Mohammed, et le dîner s'échelonna ainsi tour à tour jusqu'aux kelb (chiens), qui s'abattirent voraces sur les restes du festin.

Mohammed avait eu la délicate attention de me préparer un curieux spectacle qui me surprit agréablement. Il avait appelé des aïssaouas, sorte de bohémiens arabes, faiseurs de tours. Ces aïssaouas, au nombre de huit, vinrent se poster à quelque distance de nous. Aussitôt ils furent entourés des habitants de la tribu. Ils commencèrent alors leurs périlleux exercices. Au bruit assourdissant du tambourin-derboukah, du rebab, de la flûte-roseau, les uns, comme les psylles de l'antiquité, commencèrent à jouer avec des serpents qu'ils plaçaient sur leurs poitrines, dans leur bouche, dont ils faisaient un turban à leur front ; d'autres léchèrent des charbons ardents ; ceux-ci mangèrent du verre, des cailloux, des cactus hérissés d'épines ; ceux-là entraient en danse, tournaient sur eux-mêmes comme des derviches, grimaçaient, se contorsionnaient, s'animaient graduellement aux notes de la musique qui jouait crescendo, jusqu'à tomber en épilepsie et à se rouler sur le sol l'écume à la bouche, les membres tordus d'une façon effrayante.

Il fallait voir la joie exubérante des spectateurs ; il fallait entendre les cris de joie des négresses, les youyou répétés des femmes trouant leur grand voile d'un œil avide.

A la fin de leurs exercices surprenants, appelés hadra, qu'aucune description ne saurait rendre, les aïssaouas reçurent dans le capuchon de leur burnous les offrandes de tous les assistants. Je ne fus pas le dernier à leur payer mon tribut.

Les aïssaouas sillonnent les villes et les douars du nord de l'Algérie. On croit qu'ils ont le pouvoir de guérir les malades. Ces disciples d'Aïssa, saint musulman qui a la réputation d'avoir accompli de son vivant des actions extraordinaires, sont aimés, choyés, hébergés par les Arabes dévots. Du reste, en Afrique, les associations les plus profanes prennent un caractère religieux : les aïssaouas, comme les almées du Sahara, comme les gouzanas, confrérie de sorcières qui portent la bonne aventure au milieu des tribus.

Fêtés, largement rétribués, les aïssaouas se retirèrent et furent escortés par leurs admirateurs dans la tente d'hospitalité dressée à leur intention.

Je restai quelque temps encore sous les oliviers, aspirant à pleins poumons la brise parfumée qui rafraîchissait mes sens calcinés par le vent du désert, le terrible simoun, dont j'avais souffert une partie de la journée, admirant la limpide lumière des nuits africaines, qui argentait de vives clartés le douar de l'oasis des Béni-Hamra.

Les Arabes étaient presque tous accroupis au seuil de leurs tentes ou de leurs gourbis. Des cheiks à la barbe blanche contaient quelque merveilleuse histoire à des jeunes gens qui les écoutaient en regardant, distraits, les myriades d'étoiles scintillant au-dessus de leur tête; les joyeuses négresses montraient à tout propos la double rangée de leurs dents d'ivoire. Une troupe bruyante de yaoulets coiffés de la chéchia, vêtus de la longue chemise de laine, le cou entortillé d'amulettes en maroquin, couraient dans la poudre des chemins, à la poursuite d'agiles gerboises. De belles Agars, de majestueuses Rachels, noblement drapées, reposaient dans des attitudes nonchalantes, pleines de grâce, sur des tapis, ouvrant leur voile aux rayons de la lune, discrets adorateurs de leur beauté. L'aspect heureux de ces groupes m'émut tellement, que je ne pus m'empêcher de murmurer assez haut pour que Mohammed entendit mes paroles :

— Le bonheur si vainement cherché dans la vie pleine d'inquiétudes, d'intrigues misérables, d'agitations vaines de la civilisation, ne se trouverait-il pas ici aux côtés de quelque moukère, belle et simple comme Ruth la glaneuse, dans cette vie patriarcale des Arabes?

La réponse me fut faite par une mélodieuse voix de sirène qui chanta, en s'accompagnant du derboukah, la chanson suivante, dont Mohammed me traduisit le sens :

Ami, pourquoi sitôt plier ta tente et quitter la tribu des Hachem?

Tu es le doigt de la main, le frère de mon cœur.

Reste dans notre douar et deviens fils de nos cheiks.

Tu choisiras cent têtes parmi tous nos troupeaux.

Nos femmes sont belles, tu leur donneras le krolkhral d'or.

Nos chevaux bondiront comme des gazelles sur cet océan de montagnes, dans les gorges profondes, les ravins et les abîmes où les hyènes et les chacals ont leur repaire.

Reste dans le Tell et ne fuis pas au désert!

Arrête ce nuage voyageur qui glisse rapide sur nos têtes.

Défends à cet aigle d'ouvrir ses larges ailes et de planer aux cieux.

Dis à la source de remonter la pente d'une colline,
Réconcilie dans un baiser de frères le serpent et le lion;
Mais ne cherche pas à retenir le Nomade!

Il méprise la vie de l'habitant des ksour, marchands de poivres et fils de Juifs, qui paient l'achour au maître.

Il n'a jamais attelé son coursier à une charrue; il ne touche la terre que du talon.

Il n'a jamais vu la face d'un sultan.

Il est indépendant et fier, le Nomade!

A lui le Sahara et ses espaces sans limites où il vole sur les ailes de son cheval, à la poursuite du ghézal et de l'Autruche;

A lui les femmes plus blanches que le lait des chamelles, fleurs du désert parfumant l'air pur des oasis, qui se couchent à ses pieds sur l'atouche.

Il est heureux le Nomade!

A l'appel du jour et de la nuit, il se lève pour la tehha;

Il s'arme de la mezeragne, du fusil, et fait parler la poudre en tombant comme les grêlons de l'hiver sur la tribu maudite qui a outragé ses alliés;

Il tue les guerriers jusqu'au dernier, prend les nègres, les chevaux et les moutons; mais il renvoie les femmes à leurs mères avec tous leurs bijoux.

Il est brave et généreux, le Nomade!

Notre saint marabout Sidi-Ben-Abd-Allah, descendant du prophète (que Mohammed le favorise!), a dit: Le voyageur est un hôte envoyé par Dieu: fût-il chrétien, fût-il juif, partagez avec lui la datte et la rhuina; car tout ce que vous avez appartient à Dieu!

Donnez à l'étranger la première place sur le ferrache, et reconduisez-le au fedjour en lui disant: -- Suis ton bonheur!

Il est hospitalier, le Nomade!

Au printemps, lorsque les eaux de la grande mer ont arrosé les sables, en chantant les versets du Livre, il pousse devant lui ses troupeaux qui disputent aux biches sauvages l'alfa et le guétof;

Sa tente ne s'est jamais reposée plus d'une lune.

11.

Buvant l'air et dévorant l'espace, il est errant sur la terre, le Nomade!

Mon père (que Dieu l'ait en sa miséricorde!) m'a dit : — L'heure du rahil a sonné! Va dans le Tell et achète dix hamals de grains. Monte sur tes vaisseaux et mesure-toi avec le vent!

J'ai le mirage dans les yeux et dans le cœur.

Nos dunes de sable sont dorées par les dernières flammes de l'œil de la lumière.

À l'horizon rouge se montre un troupeau de maharis, qui s'avancent d'un pas agile et mesuré vers l'oasis fortuné d'El-Haouita.

Le bendaïr résonne; les jeunes filles courent à travers les orangers et les palmiers, et chantent avec les sources la chanson du soir, qu'elles coupent par ces cris : — Les voilà! le rahil est fini!

Comme une montagne de sable roulée par le simoun, la caravane avide envahit l'oasis aux frais ombrages;

Toutes les tentes s'emplissent de grains et de joyeuses paroles;

La mienne seule est triste et silencieuse.

Ma sœur voile de son blanc haouly ses yeux plus brillants que les étoiles des nuits d'été; mon cheval, si gai qu'il dansait devant les jeunes filles, baisse la tête et creuse du pied une tombe dans le sable.

Mon père maudit le Tell, et mes nègres du Soudan disent en regardant le ciel : — Maître est parti pour le grand rahil!

Enfants d'El Haouita, pourquoi faire parler la plainte?

La patience est la clé du bonheur.

Je donne le dernier baiser à un ami du Tell.

Me voici : le Nomade appartient au désert!

Arrête ce nuage voyageur qui glisse rapide sur nos têtes.

Défends à cet aigle d'ouvrir ses larges ailes et de planer aux cieux.

Dis à la source de remonter la pente d'une colline.

Réconcilie dans un baiser de frère le serpent et le lion;

Mais ne cherche pas à retenir le Nomade!

Adieu! la terre est large. Chacun suit son destin!

Les chacals couvrirent de leurs glapissements les dernières notes du musicien. Comme je paraissait m'émouvoir de ces cris sinistres, Mohammed me dit :

— Tu ne connais pas les chacals? Suis-moi. Tu les verras de près.

J'accompagnai Mohammed à sa tente. Il prit son fusil, son yatagan, et nous partîmes à la chasse aux chacals.

Nous avions à peine compté cent pas, que je vis une troupe de ces animaux décamper à notre approche. Mohammed se tapit derrière le talus d'un ravin profond, dans lequel il jeta un quartier de mouton. Cinq minutes après, un chacal descendait à pas comptés le terrain ravineux en face de nous, tournant ses yeux reluisants de tous côtés, consultant parfois la lune comme un rêveur allemand, flairant de son museau taillé en angle aigu, chaque pierre du chemin. Enfin il se précipite d'un bond sur la proie convoitée. Mohammed ajuste et tire; mais le chacal se sauve plus vite qu'il n'est venu.

Sans se décourager, le chasseur arabe recharge son fusil en disant :

— Patience Il en viendra d'autres.

En effet un nouvel affamé, d'allure plus sauvage, de formes plus prononcées, descendit au ravin par le même sentier que le chacal.

— Une panthère ! une panthère ! dit Mohammed en étouffant sa voix.

Cette annonce ne me rassura pas. J'avais connu au Jardin des Plantes de Paris des panthères fort civilisées, mais je savais par expérience que celles d'Afrique ne sont pas d'aussi bonne composition, et que, blessées, elles se retournent furieuses contre le chasseur.

A la manière dont Mohammed s'apprêtait, je vis que cette fois une partie sérieuse allait se jouer. La panthère défiante s'arrêta à une petite portée de la viande fraîche, se demandant sans doute si elle devait avancer ou reculer. Mohammed ne lui laissa pas le temps de délibérer. Il tira. Un cri lugubre retentit dans le ravin. L'animal était touché. Nous aperçûmes aussitôt la panthère qui grimpait rapidement jusqu'à nous. J'étais fort ennuyé de ma situation.

Heureusement, Mohammed ne perdit pas la tramontane. Il me remit son fusil, tira du fourreau son yatagan et attendit de pied ferme la panthère blessée qui poussa droit à lui. Mohammed, bondissant comme un lion, se jeta de côté et lui enfonça son yatagan dans les flancs. Un râle plaintif nous annonça que le coup était mortel.

— J'ai mal réussi, fit Mohammed ; j'ai gâté la peau.

Moi qui ne tenais qu'à la mort de la panthère et non à la peau, je fus enchanté du résultat obtenu.

Mohammed essuya la lame de son yatagan, chargea l'animal sur se épaules, puis nous nous acheminâmes vers la tribu. Le chasseur fut accueilli triomphalement par les cheiks, qui eurent la bonhomie de me féliciter. Je déclinai leurs éloges.

La soirée étant fort avancée, Mohammed me conduisit sous une tente d'hospitalité où je trouvai un lit ferrache fait de longs tapis et de coussins. Je me couchai tout habillé et je me serais endormi volontiers; mais les hurlements des chacals, auxquels répondaient en cœur les chiens du douar, me tinrent éveillé longtemps. Je n'avais pas non plus bien clos ma tente; elle fut visitée par des moutons et des chèvres, qui vinrent familièrement s'étendre à mes côtés. Malgré l'odeur nauséabonde de ces animaux, malgré les glapissements des chacals, que je m'obstinais à prendre pour des cris de panthère, je ne tardai pas à m'endormir d'un profond sommeil. Je me réveillai tard le lendemain matin.

Le digne Mohammed-el-Radja me reconduisit à cheval jusqu'à la plaine des Ghris. Là, nous nous séparâmes. Nous nous pressâmes cordialement les mains, et Mohammed embrassa à plusieurs reprises sa main droite qui avait touché la mienne.

Après avoir exploré les bourgades arabes, nous devions faire une excursion dans les environs de Maskara; mais comme il fallait nécessairement séjourner au milieu des tribus, parcourir des bois et des montagnes, nous attendîmes une occasion favorable. Elle se présenta bientôt. Le garde-général des forêts de la subdivision de Maskara, nous proposa de l'accompagner dans sa tournée mensuelle d'inspection. Nous acceptâmes son offre et préparâmes immédiatement, comme il nous l'avait conseillé, toutes nos provisions pour le départ. Le lendemain, nous nous trouvions à six heures du matin au rendez-vous indiqué, où nous attendait le garde et son chaouch (serviteur arabe), Mohammed-ben-Makta, qui nous servait de guide. Aussitôt réunis, le coup d'éperon fut donné et nos agiles chevaux nous emportèrent dans les immenses plaines d'Ehgreiss.

La journée s'annonçait magnifique. Les teintes

vives du levant coloraient la plaine de mille nuances, se jouaient entre les aiguilles enchevêtrées des
monts et fuyaient en perpectives dans les gorges
profondes. Nous ressentions un bien-être inexprimable à respirer un air frais, et embaumé des sen-
teurs que jetaient les lauriers-roses, les touffes
d'absinthe et les fleurs à leur réveil. Les Arabes
avaient déjà fait la prière du point du jour, salat el
fedjer. L'activité régnait dans les tribus devant lesquelles nous passions. Des nuages de fumée sor-
taient des tentes où l'on préparait le déjeuner, et se
perdaient dans l'espace avec les vapeurs du matin.
Les femmes portaient la peau de bouc gonflée d'eau,
les nègres sellaient les chevaux du caïd et de sa
suite; les pasteurs, à peine vêtus d'une chemise en
loques, poussaient leurs troupeaux de chèvres et de
moutons vers les montagnes, tandis que les labou-
reurs, embarrassés de leurs draperies pour manier
la charrue, traçaient un tortueux sillon autour
de palmiers nains, d'alfa et d'autres plantes parasites. Les Africains sèment ainsi l'orge et le blé
à travers pierres et ronces, et le soleil aidant, tout
croît !

A notre vue, les Arabes s'arrêtaient et se dressaient fièrement en se drapant dans leurs burnous.
Très-étonnés de voir les Roumis faire une fantasia
chez eux, ils nous regardaient pourtant avec respect. Il est vrai que nous avions eu la précaution de nous munir de sabres et de carabines. Les
Arabes ont une grande vénération pour les gens
armés.

Mohammed avait pris les devants. Nous piquâmes
des deux pour le rejoindre. Il causait avec un Arabe

qui suivait à pied un cheval richement harnaché,
sur lequel une moukère se prélassait en palanquin.
Mohammed nous dit que c'était une nouvelle épousée. Son mari venait de la prendre dans la tribu de
son père, et l'emmenait dans la sienne. Elle était
littéralement surchargée de bijoux et de draperies,
de gaze et de mousseline. A notre grande satisfaction, elle ralentit le pas de son cheval, écarta le
haouly à franges d'or qui lui couvrait la tête, et
nous toisa l'un après l'autre d'un air curieux et
narquois, en nous montrant un front tatoué
d'étoiles bleues, deux grands yeux ardents aux
paupières noircies, et une bouche enluminée. Cet
étrange et ravissant visage accusait tout au plus
une douzaine d'années, et son mari, taillé en Hercule, pouvait en avoir quarante. Il paraît que la vue
des Français ne déplaisait pas à la moukère, car elle
s'obstinait à voyager à nos côtés. Son maître re-
marqua ce manége de coquetterie. Il fronça le
sourcil, quitta brusquement Mohammed, et s'éloigna du côté opposé au nôtre.

Le chaouch du garde-général nous fit couper la
plaine d'Ehgreiss en diagonale, pour que nous pus-
sions visiter en passant la smala des spahis de Maskara. Ce sont des goums, des contingents fournis
par les tribus. Ils reçoivent la solde des troupes
d'Afrique, et sont commandés par un chef français.
Du reste, ils vivent en pleine liberté dans les
plaines, au milieu des montagnes, selon leurs
mœurs. On les convoque seulement aux grandes
revues, ou en cas de guerre. Ils ont toujours marché
au feu avec courage, et n'ont pas déserté une seule
fois le drapeau français. La smalah vers laquelle

nons nous dirigions avait pour chef un ami du
garde-général. Guidés par Mohammed, qui imposa
silence à une troupe furieuse de chiens, nous pénétrâmes dans le cercle formé par les tentes, en cherchant des yeux notre compatriote. Un homme vêtu
du costume arabe, et dont l'accent trahissait un
Gascon, vint à la rencontre du garde-général. Il
nous serra la main à tous et ordonna à ses nègres
de nous apporter le chibouk et le café.

Nous entrâmes dans la demeure du chef de la
smalah. Sa tente en poil de chameau était haute et
spacieuse. Elle réunissait le confort européen aux
habitudes de la vie africaine. Un sommier élastique
remplaçait avantageusement les tapis qui servent
de lits aux indigènes. Des hamacs remplis de denrées, indiquaient clairement que notre Gascon n'é-
tait pas le moins du monde partisan de la sobriété
arabe. — Après quelques banales politesses, le docteur P..., le plus caustique personnage de notre
caravane, lança quelques traits plaisants au caïd
de la smalah. Celui-ci nous dit alors en souriant :

— Mon Dieu, Messieurs, je suis bien persuadé que
vous pensez tous comme votre ami. En me voyant
à la tête d'une centaine de familles arabes, vous me
considérez à l'égal d'un roi entouré de ses sujets,
d'un sultan dont les moindres désirs sont prévenus
par des esclaves. Vous ne vous rendez pas un
compte exact de ma position. D'abord je réponds vis-
à-vis de l'autorité française de la fidélité des goums
que je dirige ; d'un autre côté, je suis chargé de
l'administration des tribus ; et Dieu vous garde,
messieurs, d'un semblable fardeau.

Chaque matin, je dois écouter patiemment les ré-

clamations de mes subordonnés. Celui-ci a eu une
récolte enlevée ou un mouton volé ; celui-là prétend
avoir acheté et payé une moukère à un maître de
tente qui ne reconnaît pas le marché. Tel a surpris
un rival dans son gourbi, tel autre a été assommé
de coups de matrak par un voisin jaloux. Je ne parle
pas des femmes qui viennent en secret m'exposer
les outrages et les violences de leurs époux, des
dénonciations, des vendetta de tente à tente, de
famille à famille. C'est une cohue de haines et de
jalousies à déconcerter les plus enthousiastes de la
vie sauvage. Après tout, sauvage ou civilisé,
l'homme est toujours le même avec ses bonnes et ses
mauvaises qualités, ses passions et ses vertus. Je
regrette pourtant que celles-ci ne dominent pas
dans mon petit royaume, comme il vous convient de
l'appeler, Messieurs.

Lorsque le chef de la smalah nous eut ainsi franchement découvert sa position, il nous conduisit sous
d'autres tentes, où nous fûmes, grâce à son introduc-
tion, parfaitement reçus. Les Arabes se montraient très-sérieux à notre approche ; mais leurs
femmes, accroupies derrière leurs métiers à tisser la
laine, nous raillaient entre elles. Notre curiosité satisfaite, nous prîmes congé de notre compatriote,
pour continuer rapidement notre route du côté de la
forêt de Kacherou.

Nous courions vers une chaîne de montagnes, au
pied desquelles sont semés les douars des Hachem-
Gharrabas. Abd-el-Kader est né au milieu de cette
tribu, qui, autrefois riche et puissante, a suivi dignement la mauvaise fortune de son chef ; elle lui
a prodigué son sang et ses trésors, elle lui à fourni

ses meilleurs et ses plus intrépides soldats. A vingt lieues à la ronde on dit : « Cavalier comme un Hachem. » Les Hachem-Gharrabas, décimés par la guerre, vivent dans une extrême pauvreté; mais il n'y a pas de peuple, sauf peut-être les Américains pour Washington, qui ait donné l'exemple d'un tel attachement à un homme, d'un tel fanatisme. Chaque jour, on voit des Hachem s'acheminer religieusement vers le marabout qui renferme les dépouilles mortelles de Mahi-Eddin, père d'Abd-el-Kader. Nous y arrivâmes après avoir escaladé plusieurs mamelons. Ce marabout est figuré par quatre murs enchâssant un dôme octogonal. Les fidèles ont laissé dans la niche une foule de talismans, de sachets renfermant des versets du Koran, de colliers d'ambre et de corail.

Du marabout d'Abd-el-Kader on a un point de vue magnifique. A nos pieds, les nappes vertes et dorées de la plaine d'Ehgreiss ondulaient jusqu'à une montagne, dont la ville de Maskara couronne le sommet; au-delà de Maskara, les roches élevaient leurs pics jusqu'aux nues. Une large bande d'un bleu terne se confondait avec l'horizon, au nord de la chaîne de l'Oud-el-Hammam : c'était la Méditerranée! Nous reposâmes notre vue fatiguée sur les oliviers, les grenadiers, les lauriers-roses, les fleurs éclatantes qui comblaient pour ainsi dire le large et profond ravin de l'oasis de Kacherou, où coule une eau limpide et toujours abondante.

Le garde-général donna le signal du départ en nous rappelant que nous étions encore à deux lieues de la forêt de Kacherou, dont les premiers arbres découpaient au-dessus de nos têtes leurs silhouettes dentelées sur l'azur du ciel. Grâce à nos infatigables petits chevaux, la distance fut bientôt franchie ; mais, au lieu des grands ombrages que nous comptions trouver, nous fûmes très-surpris de ne voir que des chênes verts à l'état de broussailles, quelques pins d'Alep, des genévriers, des genêts, des lentisques et autres arbustes rabougris. Il est vrai que nous étions sur des hauteurs où la violence des vents et les ardeurs du soleil nuisent à la croissance des arbres. Les beaux peuplements existent au cœur de la forêt de Kacherou, qui a quinze mille hectares d'étendue. En descendant les pentes des ravins, nous découvrîmes en effet de magnifiques chênesliége, des chênes à glands doux, des caroubiers, et, dans les bas-fonds, des cépées de lentisques, des plantations d'oliviers au milieu desquelles apparaissaient, comme des nids dans les branchages, les toiles grises des tentes. Les nombreuses tribus qui séjournent dans la forêt de Kacherou sont trèsriches. Elles ont tiré un bon parti de leur position avantageuse en fabriquant du charbon, en fournissant le bois de construction et de chauffage à Maskara, enfin en se nourrissant en partie de glands doux. Ces glands d'Afrique ont, après la cuisson, le même goût que nos marrons. Pourtant il y a deux sources de richesses que les Arabes ne connaissent pas : ce sont l'extraction de la résine des pins et la greffe des oliviers sauvages, qui pullulent dans la forêt de Kacherou.

Si nos colons, au lieu de se presser sur le littoral et d'y vivre péniblement, s'établissaient au milieu des forêts de l'Algérie, ils récolteraient abondamment l'huile d'olive, la résine, le liége. Ces pro-

duits assureraient leur aisance et profiteraient en
outre à la mère-patrie. Voilà du moins ce que nous
assura le garde-général. Nous croyons utile de le
consigner.

Les tribus, avides de gains, auraient entièrement
détruit les bois, si des gardes-forestiers n'y avaient
mis bon ordre. Les troupeaux broutaient les jeunes
semis, les brins de semence; les Arabes, pour faire
du charbon, ne se donnaient pas la peine d'abattre
les arbres, ils y mettaient le feu, et l'incendie dé-
vorait une partie de la forêt. L'administration française, dans l'intérêt des tribus elles-mêmes, car les
bois en Afrique sont nécessaires à l'entretien des
sources et à la salubrité du climat, dut leur cir-
conscrire certains massifs et leur défendre l'exploitation des autres. Mais la prohibition n'a pas suffi.
Il a fallu qu'une surveillance de chaque instant
obligeât les indigènes à l'exécution de ces ordres.

Au moment où nous traversions un peuplement
d'oliviers, Mohammed-ben-Makta éperonna tout-à-
coup son cheval et s'enfuit au galop en brandissant
son yatagan. Nous le suivîmes. — Des Arabes couraient devant lui, mais il rejoignit le dernier et le
força à s'arrêter en le menaçant de son arme.
Mohammed vint à notre rencontre, en nous montrant orgueilleusement son prisonnier qu'il avait
surpris, malgré la défense expresse de l'autorité
forestière, à brûler avec ses compagnons des oliviers
pour avoir du charbon.

— Qu'allez-vous faire de ce malheureux Bédouin?
demanda l'avocat P... au garde-général.

— Vous allez voir, lui fut-il répondu laconique-
ment.

Le garde-général ordonna à l'Arabe de prendre la bride de son cheval et de le conduire à son douar.

La tribu se trouvait à une centaine de pas de là, au versant d'un mamelon couvert de pins d'Alep et d'arbousiers. Dès que le caïd eut appris l'arrivée du sultan des forêts (c'est ainsi que les Arabes appelaient le garde-général), il vint au-devant de lui en le saluant à plusieurs reprises jusqu'à terre. Mohammed-ben-Makta l'informa de ce qui venait d'arriver.

— Le général des forêts, ajouta-t-il, te commande de donner cinquante coups de matrak à cet homme et d'apporter sous trois jours cent douros (500 fr.) au bureau arabe de Maskara.

Les femmes montraient leurs têtes curieuses et inquiètes à la porte de leur gourbi. Au mot de matrak, elles firent quelques pas hors de leurs demeures pour implorer sans doute la grâce du prisonnier. Mais la crainte les retint en chemin. Nous traduisîmes de vive voix leurs intentions : malgré nos prières réitérées, nous ne pûmes obtenir qu'une remise de la moitié de la peine. Il fallait un exemple.

On fit avancer le chaouch de la tribu, qui lia les mains et les pieds du patient, le coucha le ventre à terre et lui appliqua sur les reins vingt-cinq coups de bâton. Il y avait de quoi assommer un bœuf. L'Arabe ne souffla mot et, l'opération faite, il se releva, détacha ses liens de palmiers et se retira sous sa tente, après nous avoir jeté de farouches regards.

Mohammed demanda au caïd un guide pour nous

conduire à la tribu des Béni-Arva. Nous eûmes
en cette occasion le thermomètre de l'amour que
les indigènes portent aux Français. Une discussion
s'éleva immédiatemment entre eux. C'était à qui ne
nous accompagnerait pas. Mohammed, selon sa
belliqueuse habitude, trancha la difficulté en dé-
gaînant son yatagan. Un Arabe se mit à notre dé-
votion, et le caïd fit ses adieux au garde-général en
embrassant humblement les pans de son uniforme.

Nous voulions oublier, en chassant, le triste spectacle auquel nous venions d'assister, mais le garde-
général nous en dissuada.

— Messieurs, nous dit-il en riant, la conserva-
tion de votre existence est attachée à mon uniforme. Je ne réponds plus de vous si les Arabes
maraudeurs vous surprennent à la poursuite de
quelque gibier, qui pourrait bien être une hyène ou
un lion, car les bêtes féroces abondent dans la forêt
de Kacherou.

Ces observations calmèrent subitement notre passion de chasse.

— Que ne tirez-vous ces vautours qui planent
au-dessus de vos têtes, ajouta le garde, ou bien ces
sangliers...

Trois coups de fusil partis simultanément inter-
rompirent le railleur. Nous avions tiré deux noirs
sangliers, qui coururent de plus belle et se perdirent
dans les cépées de thuyas.

— Dieu merci ! s'écria le garde-général, nous
ne dînerons pas ce soir avec le produit de votre
chasse, d'autant plus que vous devez avoir faim
comme moi. L'heure s'avance, Mohammed pousse
ton guide !

Nous pressâmes le pas pour arriver avant la nuit à la tribu des Béni-Arva.

Mohammed, toujours à l'avant-garde, nous fit signe d'approcher. Lorsque nous l'eûmes rejoint, il nous montra un cercle de tentes à la partie inférieure du mamelon que nous descendions. C'était le douar où nous devions nous reposer des fatigues de cette laborieuse journée. Mohammed détacha son guide pour avertir les Beni-Arva de notre approche. Nous vîmes bientôt venir à nous le caïd, le cadi, les marabouts, toutes les autorités du lieu. Le garde-général descendit de cheval afin de répondre dignement à la solennité de la réception. Le caïd pressa la main du garde d'un air grave et porta ensuite la sienne à ses lèvres. Cela signifiait pour les Arabes et les nègres qui entouraient leur chef : « — Ces Français sont puissants... Ils sont nos amis. Nous ne devons présentement ni les tuer ni les voler. Il faut bien les recevoir... autrement il nous en cuirait ! » Du reste, Mohammed se chargea de la traduction de leur pensée. Il dit à ses compatriotes :

— Le général des forêts vient vous visiter. Vous lui ferez honneur en tuant le plus gros de vos moutons.

Les Arabes s'emparèrent de nos chevaux pour les panser, les faire boire et leur donner l'orge. Débarrassés de ce soin, nous suivîmes le garde-général et le caïd. Ce dernier nous invita à passer sous sa tente. Nous y entrâmes. Le caïd resta pour commander notre souper. Un bruit de rires dans la tente éveilla notre curiosité. Mohammed nous dit alors, de l'air le plus comique du monde :

— Messieurs les roumis, moukère est ici très-jolie, très-jolie!

Nous levâmes doucement un épais tapis qui séparait la tente du caïd en deux parties, et nous aperçumes un essaim de femmes accroupies en rond auxquelles nous souhaitâmes poliment le bonjour.

— Bonjour! nous répondirent-elles sur le même ton, sans être effrayées de notre indiscrétion, en mimant nos gestes et en riant aux éclats.

Malheureusement, il fallut interrompre l'intéressante conversation à peine commencée et baisser le rideau. Le caïd entrait.

— Comment te portes-tu? demanda-t-il au garde-général en s'asseyant près de lui. Et tes amis, tes moutons, ta moukère, tes yaoulets (enfants)?

— Fort bien, et les tiens? répliqua le garde.

Les demandes et les réponses étaient traduites par l'universel Mohammed-ben-Makta.

Jouant le rôle de comparses de théâtre dans ce dialogue, nous prîmes congé provisoire du caïd et du garde pour aller respirer le bon air de la soirée. Devant le douar des Arva, au fond d'un ravin, coulait une source au lit caillouteux et limpide entre deux haies d'oliviers et de lentisques. Nous passâmes quelques instants dans cette oasis, à écouter le joyeux murmure de l'eau courante et à suivre d'un œil émerveillé les capricieuses dégradations de la lumière crépusculaire, qui noyait de vapeurs irisées la crête des mamelons, passait en traînées de feu dans les clairières de la forêt et grésillait à travers les feuilles dentelées des oliviers. Mais un autre spectacle non moins intéressant nous arracha à la contemplation de la nature. On préparait notre dîner.

Trois robustes Arabes amenèrent un mouton aux bords de la source, l'égorgèrent suivant les prescriptions du Koran, le dépouillèrent ensuite et lui passèrent par le corps une énorme perche en guise de broche. L'animal ainsi empalé fut placé dans un grand feu que la brise soufflait activement. Lorsqu'une partie du mouton était suffisamment cuite, ceux qui tenaient la perche lui imprimaient un mouvement de rotation. Ce manége dura jusqu'à ce que les étranges cuisiniers, jugeant que le gibier était cuit à point, plantèrent verticalement leur broche en terre en nous regardant d'un air triomphant; puis, tout-à-coup, à notre grande surprise, ils lâchèrent perche et mouton, se jetèrent sur leurs genoux en tournant leur visage au levant, et embrassèrent par trois fois le sol. C'était la prière du soir que le Marabout-muezzin des Béni-Arva avait annoncée par son cri habituel.

Les devoirs de leur religion accomplis, nos Arabes se mirent à dépecer, à déchiqueter le mouton des ongles et du couteau. Après avoir posé les morceaux sur un grand panier plat, ils prévinrent le caïd et le garde-général que le repas était prêt. Nous nous accroupîmes tous en formant un rond; mais le caïd et les marabouts seuls se mirent à table en même temps que nous. Les hommes de la tribu nous entouraient dans des attitudes grotesques. Les uns étaient à genoux, d'autres couchés, quelques-uns se tenaient debout et suivaient les opérations du festin avec un œil de convoitise. Nous eûmes pour entrée des galettes d'orge trempées de beurre qui

12

nous furent présentées dans des gamelles en bois grossièrement creusées au couteau ; nous passâmes ensuite au mouton, enfin au dernier plat, consistant en couscoussou mêlé d'œufs durs et de raisins cuits. Nous nous servîmes des couverts que nous avions eu la précaution d'apporter ; quant au caïd et au cadi, ils mangèrent délicatement avec les doigts. Lorsque nous étions rassasiés de mets, les marabouts les passaient derrière nous aux Arabes, qui allongeaient aussitôt leurs bras brunis par le soleil. Ceux-ci en faisaient autant pour d'autres, pour le commun des martyrs, et cette troisième catégorie de convives livrait ses débris à des chiens qui attendaient impatiemment leur tour.

Des nègres nous apportèrent le café et le chibouk. Notre ami Mohammed-ben-Makta se leva et dit à ses compatriotes :

— Le général des forêts vous offre à tous du tabac de France !

Ces paroles furent accueillies par des cris de joie.

— El kerim mlè (le très-généreux) sultan des forêts ! dirent les Arabes en chœur.

Mohammed distribua les paquets de tabac. Chacun se mit alors à fumer, en jouissant silencieusement de la belle soirée, en regardant les blanches étoiles qui constellaient le firmament.

Le caïd des Béni-Arva nous ménageait une surprise. A un signal qu'il donna, une nuée de moukères sortirent des tentes et vinrent s'abattre en face de nous. Mais des musiciens se placèrent aussitôt devant elles. Après avoir préludé quelques instants, l'un d'eux, qui jouait du derbouka, chanta les strophes suivantes, que notre ami Mohammed eut la complaisance de nous traduire ainsi :

Schérifa, j'aime tes yeux à travers ton haïck, rayonnantes étoiles qu'envieraient les cieux ; j'aime tes lèvres purpurines, tes dents blanches, perles fines dérobées à la mer.

Prends tous ces boudjouds, tu les donneras à ta mère. J'aurai pour te plaire des parfums et des bijoux. Ta beauté fait la joie et l'orgueil d'un époux. Je teindrai de henna les ongles de tes mains et de tes pieds.

Ma demeure est fermée au soleil. Je l'ai parée ! Notre amour aura pour compagnes la fleur et le ciel. Tes négresses te suivront le soir au bain et te parfumeront. Tu reviendras fidèle et plus belle auprès de ton époux.

Si les djennoun (mauvais esprits) te tourmentent, le derbouka et la danse les chasseront. Quand la plaine sera brûlée par le vent du désert, nous irons dans un palanquin respirer la brise de la mer.

Schérifa, tes yeux noirs se lèvent sur moi : tu es la plus belle palme des palmiers du Sahara !

Le chanteur arabe rhythmait sa poésie en frappant de la main à plat un derbouka, et en posant langoureusement sa tête de droite à gauche. Nous eûmes du plaisir à l'entendre ; mais notre satisfaction fut un peu troublée par les glapissements des chacals, les cris lugubres de l'hyène et les rugissements du lion, auxquels répondaient en chœur les aboiements de tous les chiens de la tribu des Béni-Arva. Mohammed nous dit que ces féroces artistes faisaient entendre, chaque nuit, un semblable concert, dans la forêt de Kacherou. Le caïd ordonna cependant d'allumer de grands feux pour éloigner les animaux.

Lorsque le joueur de derbouka eut terminé sa chanson, le joueur de zoumarah reprit sur le même ton :

J'ai vu aujourd'hui ma gazelle; elle m'a rendu fou. Elle a fui à l'approche d'Arabes qui passaient. Si j'avais cent sultanis d'or, je les offrirais pour la posséder. Mais comme je n'ai que ma voix, je me contente de la chanter.

Nous admirions cette poésie arabe si belle, si imagée; mais la monotonie d'intonation des musiciens-chanteurs ne tarda pas à nous assoupir. Il faut dire, à notre excuse, que nous étions harassés de fatigue. Le caïd, qui s'en aperçut, nous engagea à nous retirer sous la tente d'hospitalité, où nous passâmes une nuit assez agitée, car nous fûmes plus d'une fois réveillés en sursaut par les chiens, qui sentaient les bêtes féroces de la forêt rôder autour des tentes pour surprendre quelque mouton. Dès l'aube, nous nous levâmes de nos tapis, et, après avoir remercié de sa gracieuse réception le caïd des Béni-Arva, nous quittâmes sa tribu.

Notre trajet de retour fut fait d'une haleine; nous nous arrêtâmes seulement devant Bab-Aly, village arabe situé à la porte sud de Maskara, en entendant une fusillade bien nourrie suivie de vociférations.

Nous nous perdions en ridicules conjectures, et déjà nous croyions à une révolte de tribus, lorsque Mohammed-ben-Makta, qui s'était fort amusé de notre inquiétude, voulut bien nous donner le mot de l'énigme. Les Arabes célébraient les fêtes de la naissance de leur prophète Mahomet. Ces fêtes durent sept jours.

Ainsi rassurés par le chaouch du garde-général, nous entrâmes dans Bab-Aly ; mais il nous fut impossible de traverser la foule d'Arabes et de Nègres qui encombraient les avenues du village. Nous dûmes rester patients spectateurs des joies extravagantes par lesquelles les Africains prétendent honorer la naissance de leur prophète.

Deux armées d'Arabes avaient pris position dans le village. Les indigènes de Bab-Aly occupaient le sommet du mamelon, ceux d'Aïn-Beida la partie inférieure qui se perdait dans le ravin. Les combattants étaient armés de pied en cap. Yatagans, cangiars, fusils plaqués d'argent étincelaient au soleil. Les femmes, parées de leurs plus belles draperies et de tous leurs bijoux, animaient les guerriers en leur rappelant leur glorieuse origine, les traits de bravoure de leurs aïeux. Des enfants de quatre à cinq ans maniaient avec une étonnante adresse des sabres, des pistolets, et faisaient parler la poudre. A la porte des tentes des gourbis déserts, étaient seuls restés les vieillards. Ils suivaient avec un intérêt passionné les péripéties de la lutte.

Les plus audacieux combattants des deux côtés s'avancent hors des rangs en se provoquant mutuellement par des défis insolents, par les épithètes les plus grossières; puis, à bout de paroles, ils en viennent aux mains. Alors les deux armées volent au secours de leurs guerriers; elles se ruent l'une sur l'autre en vociférant. C'est une furieuse mêlée. Les Africains se démènent comme une troupe de dam-

nés dans des nuages de poudre et de poussière enflammée. Jamais nous n'avions assisté à un simu-
lacre de guerre qui ressemblât plus à une guerre.
L'acharnement de la bataille en vint à ce point que
les marabouts d'Aïn-Beida furent forcés d'interve-
nir pour séparer les combattants, qui, après avoir
déchargé leurs armes à bout portant, se frappaient
à coups de crosse. Les Arabes obéirent aux injonc-
tions de leurs prêtres. Les indigènes de Bab-Aly
battirent en retraite jusqu'à leur village, et ceux
d'Aïn-Beida se rendirent dans les cafés maures pour
commenter les incidents de la victoire. Aux luttes
succédèrent de brillantes réjouissances : — les danses d'almées, les chants, les processions aux mosquées, l'oriflamme arabe en tête.

Si les fêtes publiques donnent l'expression morale
d'un peuple, assurément les Arabes sont avant tout
guerriers et fanatiques. Du reste, pour comprendre
la fausse joie, le belliqueux délire du musulman au
milieu de ces fêtes, — lui qui d'ordinaire est si méditatif, si calme, — il faut songer qu'il place tout
son orgueil, tout son bonheur dans la révélation du
Koran. — Comment ne célébrerait-il pas avec enthousiasme, le jour anniversaire de la naissance de
Mahomet? Ce jour-là, disent les livres sacrés des
Orientaux, le monde fut ébranlé jusque dans sa
base et éclairé d'une lumière surnaturelle; le feu
sacré gardé par les Mages, et qui, depuis Zoroastre,
avait brûlé mille ans, fut éteint tout-à-coup; les
djennoun (mauvais génies) furent précipités du
haut des étoiles. L'Africain ne connaît donc que son
prophète. C'est là toute sa science; il n'en veut pas
d'autre.

Il nous fut enfin permis de circuler librement ; mais nous fûmes obligés de céder aux pressantes invitations de Mohammed, qui tenait absolument à nous faire visiter la mosquée d'Abd-el-Kader, située à la porte sud de Maskara. Cette mosquée n'a rien de remarquable, si ce n'est l'éclat, le brillant souvenir qui s'attache au célèbre personnage dont elle porte le nom. Son minaret très-élevé tombe en ruines, ses arcades s'affaissent sur les chapiteaux, les versets du Koran gravés sur les murs sont illisibles ; le mihrab seul, historié de mille arabesques aux teintes effacées, est demeuré intact de structure. Près de cette niche qui indique aux fidèles la direction de la Mecque, Mohammed nous montra l'endroit où était le member (chaire), d'où Abd-el-Kader prêchait la guerre sainte aux Arabes et allumait leur fanatisme, alarmait leur croyance en nous dépeignant comme des destructeurs du Koran, des ennemis d'Allah. C'est avec ce puissant levier, avec le saint nom de Dieu, que le défenseur de la nationalité arabe levait des armées.

Mohammed s'exaltant outre mesure au souvenir de son émir, nous le congédiâmes, et nous nous rendîmes incontinent à nos demeures, pour oublier, dans un repos indispensable, Mahomet, Abd-el-Kader et leurs bruyants sectaires.

Le lendemain même de notre excursion à la forêt de Kacherou, nous reçumes une lettre d'un ami commun de Mers-el-Kebir, qui nous mandait que nous devions partir immédiatement de Maskara si nous tenions à nous embarquer sur le Charlemagne, faisant voile pour Marseille. Cet avis nous mit en grande perplexité. Comment nous rendre à Mers-el-

Kebir? Aucune voiture ne faisait le trajet, et les Arabes de Maskara, corps et âme à la fête de Mahomet, qui devait durer encore cinq jours, refusaient de nous accompagner. Pendant que nous débattions entre nous les propositions les plus contradictoires, en cherchant le moyen de sortir d'embarras, notre ami le docteur P... eut le bon esprit de visiter toutes les tentes, tous les gourbis du village de Bab-Aly. Il eut la chance de trouver un Arabe assez sceptique à l'endroit de Mahomet, pour nous louer, moyennant un bon prix, ses chevaux, et nous conduire à destination.

Nous fîmes une halte à la Sénia pour y prendre un repas. Notre guide nous attendit sur la route en mangeant ses figues, après avoir soigneusement pansé et lavé ses chevaux. C'est en vain que nou lui avions offert de s'asseoir à notre table. Craignant sans doute d'être engagé à boire du vin ou à manger des viandes prohibées par le Koran, il s'était contenté des trente figues qu'il avait apportées de Maskara dans le capuchon de son burnous. Cette rude sobriété, qui contraste si étrangement avec les mœurs européennes, nous donna à réfléchir. Elle nous expliqua naturellement les macérations inouïes, les abstinences, les jeûnes prolongés de saint Antoine, de saint Jérôme, des premiers chrétiens, dans le désert, qui jusque-là nous avaient paru presque miraculeux.

Nous arrivâmes à temps à Mers-el-Kebir pour nous embarquer à bord du Charlemagne.

Avant mon départ d'Afrique, je revis une dernière fois Mohammed-ben-Radja au café maure de Maskara. Il me donna un petit sachet en maroquin rouge historié, contenant nos deux noms écrits en arabe, sorte d'amulette que j'ai religieusement conservée.

Si ce livre lui tombe sous les yeux, il apprendra avec plaisir que je n'ai oublié ni ses bons services, ni cette franche amitié, si rare de musulman à chrétien, d'Arabe à Français.

VIII

La Chasse aux bêtes féroces en Algérie

La bête triomphe en Algérie ; elle est l'aliment obligé de toutes les conversations. A déjeuner on vous sert le lion ; la panthère est réservée pour le dîner, et à la légère collation on se contente du chat-tigre et de l'hyène. Avoir vu le lion équivaut à avoir vu le loup en France.

Les tueurs de bêtes féroces sont donc choyés et recherchés. Ce sont les penseurs et les artistes du pays. Leurs exploits passent de bouche en bouche. Les dames leur tressent des couronnes ; volontiers elles les ceindraient d'écharpes, comme au moyen-âge les chevaliers qui allaient conquérir le tombeau du Christ, et les déifieraient sur le patron d'Hercule ou de Thésée.

Mon tueur de lions et de panthères est complète-ment inédit, et si je ne m'étais rencontré avec lui à Souk-Arras, il serait sans doute mort inconnu du monde européen, emportant dans son cercueil sa

belle épopée des trente-neuf lions et des quinze
panthères qu'il a tués, et qui ont marqué son
corps de coups de griffes et de coups de gueule,
baisers et étreintes de bêtes féroces à l'agonie,
que j'ai vus de mes yeux et touchés de mes
doigts. J'ai vu les cicatrices encore béantes des griffes de la lionne sur son omoplate, et j'ai mis les
doigts dans les trous de son crâne creusé par les
coups de dent de la bête. Quant à la liste de ses exploits, elle est inscrite sur les registres du bureau
arabe de Souk-Arras. Il n'y a pas de saint Thomas
qui puisse douter de la réalité des faits, ainsi stéréo-
typés sur le papier et sur l'homme.

Ahmed-ben-Amar m'a raconté lui-même ses
prouesses. J'écris en ce moment son odyssée sur des
notes prises au crayon, en l'écoutant dans la forêt
d'Aïn-Sanour. Comment pourrais-je communiquer
à mes lecteurs les impressions terribles que ses récits m'ont fait ressentir? Quelle plume pourrait ri-
valiser avec ce théâtre en action, cette parole vivante,
chaude, concise, colorée, modulant les gammes les
plus étranges : rugissements du lion, miaulements
de la panthère, aboiements plaintifs du chacal, jusqu'aux frémissements nocturnes des forêts ; — ces
yeux, qui, par leur éclat et leur fixité, magnétisent
la bête féroce, — cette mobile physionomie dépeignant tour à tour l'attente paisible du danger, la
résolution, l'enthousiasme, l'orgueil ; cette panto-
mime mettant en mouvement tous les signes, tous
les décors, toutes les créations de la nature? Ben-
Amar est le premier homme qui m'ait fait comprendre qu'en l'homme se résume le théâtre tout entier
et ses moyens d'action.

Ahmed-ben-Amar a perché son nid d'aigle sur un plateau de la forêt d'Aïn-Sanour, qui roule ses chênes-liége et fait ruisseler ses ravins de verdure jusqu'à la plaine où Souk-Arras est bâti. Singulière ville que Souk-Arras, ancienne Thagaste, cité native de saint Augustin, qui a été détruite par les Vandales ; sa position sur la route de Carthage à Hippone, lui donnait autrefois une grande importance. Thagaste faisait partie de la Numidie. Le champ de bataille de Zama, sur lequel se décida, par la défaite définitive d'Annibal, la ruine de Carthage, se trouve aux environs de Souk-Arras. Cette contrée fut également le théâtre des opérations militaires contre Jugurtha, et de la défaite des Vandales par Bélisaire. A Thagaste se rattache le souvenir des grands noms de l'antiquité.

En 1856 et en 1857 encore, avant que Ben-Amar purgeât cette contrée de lions et de panthères, on ne pouvait venir sans danger de Souk-Arras à Bone ; il fallait faire la part du lion ; et bienheureuse la caravane qui passait saine et sauve en abandonnant sur ses derrières quelque mulet ou quelque cheval au roi des forêts. Aujourd'hui, grâce aux hécatombes de Ben-Amar, qui a fait œuvre de pionnier de la civilisation, la route est sûre, à moins qu'on ne chemine ou chevauche du côté de la frontière tunisienne ; alors on risque de tomber dans une embuscade de Cromirs, tribus de pirates qui rôdent sans cesse autour de nos frontières de La Calle et de Souk-Arras, cherchant quelque proie à dévorer, — quærens quem devoret, — volant, égorgeant ou enlevant les Européens isolés. Au mois de juillet dernier, un habitant a été assassiné aux portes de Souk-Arras.

On n'a pas pu retrouver le tronc du cadavre ; la tête seule a été enterrée au cimetière de Souk-Arras.

On voit que Souk-Arras, auquel son admirable situation, sa ceinture de trente mille hectares de forêts et ses montagnes recélant des richesses minérales considérables, réservent un brillant avenir, est encore à l'état primitif. Sa population hétérogène de Maltais, d'Italiens, d'Allemands, de Juifs, de Tunisiens, de Mozabites, de Français, connaît à peine l'usage du lit et mange plus souvent des filets de panthère et des tranches de lion que des filets de bœuf. J'ai mangé à Souk-Arras, apprêtés par mes amis, d'exquis morceaux de panthère. La chair du lion est beaucoup plus dure que celle de la panthère. Quelques habitants de Souk-Arras, empoisonnés et surexcités par les mauvaises liqueurs dont ils font un étrange abus, ont plus souvent le couteau à la main que la raison à la bouche. En un mot, Souk-Arras donne une idée exacte du premier noyau dont a été formée la population algérienne, noyau d'aventuriers, comme toutes les populations coloniales, de chercheurs de fortune, d'individus rendus nomades par la nécessité de faire oublier leurs dettes ou de fuir un compromettant passé, et qui finissent, après des opérations très-hasardeuses, en excellents chrétiens, honnêtes propriétaires et dignes gardes nationaux veillant au maintien de la moralité publique.

Ahmed-ben-Amar, d'origine mulâtre, est né au Keff, en Tunisie. A peine adulte, il tua un sanglier. Son premier exploit se fit sur un lion qui était venu ravager sa tribu. Après avoir abattu deux bœufs, le terrible animal se dirigeait vers le

premier blessé pour s'en emparer, lorsque le jeune
Amar, caché derrière le bœuf, lui brisa audacieusement le crâne à bout portant. La joie du triomphe,
la sensation de bonheur qu'il éprouva à ce moment,
décida de sa vocation de chasseur. Il débarrassa sa
tribu des lions qui l'importunaient et répondit à
l'appel des tribus voisines dont les troupeaux étaient
décimés par la gent léonine. Il vint ainsi dans les forêts de Souk-Arras, peuplées de lions et de panthères.

C'est en plein jour, à la face du soleil, que Ben-
Amar a tué la plupart de ces animaux féroces, et
non pas traîtreusement la nuit. Cependant, il a son
costume de nuit, burnous noir, et son costume de
jour, burnous blanc.

Dès l'aube, Ben-Amar part, armé d'un fusil arabe
à rouet et à pierre et d'un couteau arabe dans sa
gaîne, à la rencontre des lions et des panthères
dans les forêts qui entourent Souk-Arras, et chasse
jusqu'à ce qu'il ait trouvé son gibier. Il marche rapide et discret comme le vent; il passe silencieux
comme le fantôme d'Hamlet au château d'Elseneur;
il glisse entre les fourrés de bruyères, de lentisques,
de cactus, comme un chat-tigre. A peine si l'oreille
la plus fine pourrait saisir le frôlement de son passage qui se confond avec la brise. Dès qu'il a trouvé
une piste, il traque le lion et la panthère comme en
France on traque un lapin ou un lièvre. Avec l'ardeur d'un soldat français montant à l'assaut, il
aborde de front l'animal, qu'il va chercher dans son
antre, dans un fourré, et qu'il appelle à lui en faisant claquer sa langue contre son palais, l'attaque,
le tire, et lutte souvent corps à corps avec la bête
lorsqu'elle n'est que blessée.

Telle est la manière de chasser du mulâtre musulman Ahmed-ben-Amar, surnommé le Negro, et dont l'héroïsme est tellement apprécié, que deux courageux officiers, chasseurs de lions, m'ont dit :

— Notre maître en saint Hubert, sans en excepter Gérard, et qui nous dépasse tous de cent coudées, c'est l'Arabe Ahmed-ben-Amar, n'opposant à la bête féroce ni balles explosibles, ni balles à pointes d'acier, ni appâts, ni piéges, mais seulement un mauvais fusil arabe, un couteau et sa force musculaire.

Maintenant, nous allons donner à nos lecteurs le récit de quelques-unes des chasses d'Ahmed-ben-Amar. Nous choisirons naturellement dans nos notes les chasses les plus remarquables, les plus fertiles en incidents dramatiques.

La première chasse d'Ahmed-ben-Amar se fit à l'appel d'Arabes de la Medjerda, dont un lion noir avait déjà dévoré chevaux, bœufs et mulets. Après avoir recueilli les indications des indigènes, victimes de la rapacité du lion noir, Ben-Amar, par une de ces lumineuses nuits d'Afrique qu'éclairent comme un jour d'Europe la lune et les étoiles brillantes, se blottit derrière un gros chêne-liége, sur le passage habituel de l'animal. En effet, le chasseur ne tarda pas à entendre une sonore respiration, et vit bientôt deux énormes lions marchant côte à côte et presque au pas, comme deux soldats aguerris.

Ahmed laissa le couple le dépasser de dix pas dans le sentier ; à cette distance, un désir anacréontique ayant stimulé le lion, il passa la patte autour du cou de la lionne, qui rugissait. Le moment était favorable pour l'attaque. Ahmed fit feu sur le lion en le prenant par le flanc. La balle le traversa de part en part et blessa légèrement la lionne, qui s'enfuit. Ben-Amar, toujours retranché derrière l'énorme tronc d'arbre, se hâta de recharger son fusil, en prévision d'une attaque. En effet, le lion vint de son côté et fit un terrible bond, que Ben-Amar évita en tournant autour du chêne qui lui servait de bastion. Le lion tourna avec lui, et ce manège dura quelques minutes, jusqu'au moment où bête et chasseur se trouvèrent face à face. Alors Ben-Amar déchargea à bout portant son fusil sur le lion dont le crâne sauta. Il alla requérir le plus fort mulet de la tribu voisine, car le lion était de telle taille, qu'on ne pouvait tenir sa queue entre les deux mains rapprochées, et qu'il fallut faire reposer le mulet, en le déchargeant de cent pas en cent pas. Amar porta ce magnifique lion noir au bureau arabe de Souk-Arras, et toucha la prime allouée de quarante francs.

La chasse la plus dangereuse de Ben-Amar, qui faillit être sa dernière, et dont il gardera toute sa vie les traces, eut lieu dans la petite montagne de bois brûlé de l'Alfa, derrière la Medjerda. Il gravissait en plein jour cette montagne embroussaillée, lorsqu'à trente pas de lui il aperçut une lionne entourée de quatre lionceaux assez forts. Résolu et rapide comme la foudre, il vise aussitôt la lionne, la frappe d'une balle qui lui traverse l'épaule. Les lionceaux effarés se sauvent, leur mère s'enfuit d'un autre côté. Mais, selon son habitude, l'agile Ben-Amar avait promptement rechargé son arme et était arrivé à temps pour couper à la lionne le passage du sentier, qu'elle suivait en laissant sur ses

traces une traînée de sang. A cinq pas d'elle il tira
un second coup de fusil qui lui traversa le cou.
Rugissante, elle bondit sur Ben-Amar qui tomba et
roula sous son poitrail. L'intrépide Arabe, à terre,
ne perdit pas la tramontane : il sortit son couteau de
sa gaîne fixée à sa ceinture et chercha à poignarder
la lionne ; mais, n'ayant pas assez de jeu, son couteau glissait sur le poil de son ennemie. Ben-Amar
appartenait sans défense possible à la fureur de la
lionne, qui le traîna au bord d'un profond ravin et
le lâcha sur la pente de l'abîme. Ben-Amar s'accro-
cha à quelques touffes d'alfa, en serrant convulsivement dans sa main le couteau qui, jusque-là, lui
avait été inutile. La lionne s'assit en rugissant devant lui comme pour le narguer. Ben-Amar répliqua à ses rugissements par les plus outrageantes
épithètes qu'il put trouver dans son répertoire, la
traitant d'alouf (sanglier), de roumi (chrétien), la
taxant de lâcheté et de félonie, si bien que la lionne
se rejeta sur l'Arabe, lui enveloppa la tête dans son
haïck, et fit disparaître tête et haïck dans sa mâchoire.
Amar labourait inutilement d'inoffensifs coups de
couteau les flancs de son ennemie. La lionne,
après avoir donné un coup de gueule au dur crâne
d'Ahmed, — qui conserve encore aujourd'hui et
qui conservera toujours sur son crâne la glorieuse
couronne creusée par les dents de la lionne, — lâcha la tête d'Ahmed, le reprit avec ses griffes à la
cuisse et le tint ainsi suspendu au dessus de l'a-
bîme. Par un mouvement énergique, dont est seul
capable un homme de sa force musculaire, Ben-
Amar, réunissant tous ses efforts dans ce danger
suprême, se redressa et plongea son couteau dans

la gorge de la lionne, qui s'abattit et râla. Ben-Amar tomba mourant à côté d'elle ; le sang coulait abondamment de ses cinq ou six blessures. Il perdit connaissance.

Concevez-vous un plus glorieux spectacle de la puissance humaine, que cet Arabe, évanoui sur la limite d'un abîme, aux côtés du terrible animal que son héroïsme a vaincu ?

Revenu à lui, Ben-Amar, ensanglanté, eut le courage de se traîner sur les pieds et sur les mains jusqu'à un douar, puis il fut transporté à Souk-Arras. C'est à peine si Ben-Amar avait figure d'homme. Les coups de griffe et les coups de gueule de la lionne l'avaient mutilé et défiguré. On fut obligé de lui extraire deux petits os fracturés du bras droit ; son crâne était percé à jour, et les quarante francs que le bureau arabe lui donna en recevant le corps de la lionne, suffirent à peine à payer ses médicaments.

Une autre fois, dans une semblable circonstance, il fut plus heureux. Il avait jeté une pierre dans un fourré, lorsqu'il en vit sortir une lionne qui se dressa devant lui prête à s'élancer. Il la tira au cœur. Faisant un énorme bond, la lionne passa sur lui, le renversa et alla mourir plus loin. Il s'empara de deux lionceaux, et après quelques recherches, il retrouva le cadavre de la lionne.

Ben-Amar explorait le bois d'Aïn-Taoura, en plein jour, car il ne faut pas perdre de vue qu'à l'encontre de presque tous les chasseurs européens qui surprennent le lion la nuit, Ben-Amar a tué la plupart de ses lions à la face du soleil, sans se servir d'aucun appât, ni employer aucune ruse, faiblement armé d'un couteau et d'un fusil arabe, en poussant droit sur l'animal qu'il attaque souvent corps à corps, quoique le lion ait trois ou quatre cents fois plus de force musculaire que l'homme. Il ne faut jamais oublier les conditions héroïques dans lesquelles Ben-Amar a accompli ses chasses, pour l'apprécier avec justice. Là est son mérite, son originalité.

Ahmed-ben-Amar s'en allait donc insoucieux dans le bois d'Aïn-Taoura, sans penser à faire sitôt de rencontre sérieuse, lorsqu'en débouchant dans une clairière, il vit deux magnifiques quadrupèdes, un mâle et une femelle, s'arrêta court, visa la lionne et l'étendit. Le lion fit dix pas, chercha des yeux le meurtrier de sa compagne, ne vit rien, et revint vers la lionne qu'il lécha tendrement sur sa blessure mortelle. Ben-Amar choisit le moment favorable pour tirer. Il frappa à la tête le lion, qui tomba sur le premier cadavre.

Ahmed-Ben-Amar vendit les peaux cent francs à un officier supérieur en tournée d'inspection à Souk-Arras. Cent francs ! quelle aubaine pour le pauvre Ahmed. Mais il n'était pas toujours aussi heureux, et achetait parfois ses quarante francs de prime du bureau arabe, par des fatigues inouïes, témoin la chasse suivante.

Ben-Amar avait passé la frontière de Tunis, du côté de La Calle. Il avait battu sans succès une forêt du côté de la Medjerda ; il était furieux de ne rien trouver. Enfin, en arrivant à pas de loup et s'embusquant derrière d'épaisses broussailles, limites d'une clairière, il découvrit la plus intéressante scène de famille que jamais pinceau flamand puisse représenter sur ses toiles intimes. Lion, lionne et lionceaux formaient un entrelacement sentimental, un Laocoon retourné : le lion léchant la lionne, les lionceaux jouant avec les énormes pattes de leur père. Ben-Amar, embarrassé, se demandait qu'elle serait la première victime de cette intéressante famille ; il la triait déjà du regard. Par malheur, un de ses mouvements pour mettre en joue dérangea quelque brindille de la broussaille et mit debout, en un clin d'œil, toute la famille léonine. Se sentant en mauvaise situation pour résister à ce bataillon de lions, il se réfugia derrière un chêne-zend. La lionne, en bonne mère, qui voit sa progéniture en danger, courut la première sur lui, en ouvrant une énorme gueule. Ben-Amar la coucha à terre d'un coup de feu. Laissant la lionne se rouler sur le sol en rugissant, Ben-Amar rechargea promptement son fusil et s'élança ardent et intrépide chasseur, à la poursuite du reste de la famille. Il descendit le cours de la Medjerda, battit les bois et le ravin, mais il ne put retrouver aucune piste de lion ni de lionceau. Tout en déplorant d'avoir manqué une partie de sa chasse faute d'un fusil à deux coups, il revint vers la lionne, qui avait rendu l'âme et qu'il porta en se faisant aider d'Arabes jusqu'au bureau arabe de Souk-Arras.

La chasse à la panthère offre infiniment plus de dangers et de difficultés que celle du lion. Rien n'est plus inoffensif, rien n'est plus débonnaire que le lion, ce pendant de l'ours Martin des Pyrénées, auquel les bergers pyrénéens donnent des coups de houlette. Les chasseurs européens prennent le lion au piége comme un renard surprend une poule ;

quelques-unes l'assassinent tout à leur aise et conquièrent sans péril sérieux les lauriers de saint Hubert. Mais quoique les naturalistes aient rangé le lion et la panthère, deux animaux de caractère bien différent, dans la même classe, et leur aient également assigné la distinction féline, sous prétexte que l'un et l'autre vivent, chassent la nuit et ont les prunelles dilatées par les ténèbres, la panthère seule est vraiment, pour la férocité, la ruse, l'énergie vitale, de race féline. Jamais, sinon au cas légitime de défense, le lion n'attaque l'homme.

Comme beaucoup de voyageurs, j'ai rencontré maintes fois, en allant et en venant de Bone à Guelma et de Guelma à Bone, le lion couché sur le travers de la route. Une allumette chimique, un claquement de fouet suffisaient pour que messire lion, comprenant qu'il n'avait pas le droit d'intercepter la voie publique, nous livrât aussitôt passage. Il ne se sauvait pas ; il se levait lentement, d'un pas grave et compassé de roi de tragédie, regagnait la montagne, — et nous passions.

Pendant mon séjour aux thermes de Hammam-Meskoutine, j'ai vu des Arabes tuer à coups de matrak un jeune et audacieux lion qui était venu attaquer leurs troupeaux. Je suis allé souvent puiser de l'eau à la source où à certaines heures de la nuit le lion venait s'abreuver. En un mot, le lion, méconnu et calomnié par les naturalistes peu enclins à la chasse, est l'animal débonnaire et magnanime par excellence. Il se livre, tombe dans tous les piéges, ne craint rien, ne doute de rien, ne prévoit rien. Mais la panthère n'est ni aussi noble ni aussi courageuse, ni aussi large dans ses allures ; elle se laisse difficilement surprendre et surprend souvent ; aussi est-elle plus rarement tuée, car, dans le règne animal, il est de règle que les natures nobles soient sacrifiées et souffrent la mort, la disette, souvent l'expulsion du foyer, de l'antre, du nid, et que les natures félines et rusées se sauvent du danger. M. Bombonelle, d'Alger, en sait quelque chose, lui qui, moins favorisé que beaucoup de chasseurs de lion dont pas un coup de griffe n'a effleuré l'épiderme, a livré corps à corps une lutte avec la panthère qui l'avait terrassé sur le bord d'un abîme, au fond duquel M. Bombonelle, malgré de sérieuses blessures, a pu, par une adroite et courageuse énergie, faire rouler sa terrible ennemie.

La panthère rampe plutôt qu'elle ne marche ; toujours inquiète du danger, elle évite les piéges, se tapit dans un sûr repaire, dans une embuscade, et de là saute sur une proie en la surprenant par derrière. Les quelques Africains que la panthère a tués ont été ainsi saisis par les reins ou par la nuque. Il n'y a donc pas de comparaison à établir entre la chasse du lion et celle de la panthère. Aussi Ben-Amar, qui a tué une quarantaine de lions, n'a-t-il tué que seize panthères.

Averti par les Arabes qu'une panthère passait habituellement dans le sauvage ravin de la Medjerda, Ben-Amar explora les pentes abruptes de ce ravin couvert de chênes-liége, de chênes-zend, de vignes vierges, de roches embroussaillées, et aperçut enfin une panthère qui se glissait par l'étroite ouverture d'une grotte presque inaccessible et en partie dissimulée sous des ronces. A peine entrée, la défiante panthère ressortit pour s'assurer sans doute qu'elle n'avait pas été suivie ou dépistée; cette inspection de corps-de-garde terminée, elle rentra.

Ben-Amar, trop éloigné d'elle pour la tirer, certain d'ailleurs qu'il la retrouverait, alla coucher sous une tente de la tribu qui lui avait désigné cette panthère, et le lendemain matin, dès l'aube, il revint se poster en embuscade à portée de fusil du repaire de l'animal. Après quelques moments d'attente, la panthère montra sa tête hors de l'antre, scruta du regard à droite, à gauche, et sortit enfin. Une balle vint à cet instant la frapper à la tête et la fit rouler au fond du ravin. Il l'emporta. Le lendemain Ben-Amar revint à la charge, monta la faction devant l'antre. Deux panthereaux en sortirent. Ben-Amar les tua.

Une autre fois, le Négro, comme on appelle souvent le mulâtre Ben-Amar, battait d'épais fourrés dans lesquels il entre et se glisse comme un chat-tigre, quand il entendit des cris de sanglier. Il se dirigea vers l'endroit d'où partaient ces cris. Un râle lui apprit que le sanglier expirait sous l'étreinte d'un lion ou d'une panthère. En effet, retenant son souffle et éteignant le bruit de ses pas, il vit bientôt une magnifique panthère léchant voluptueusement le sang de l'animal qu'elle venait d'égorger. Ben-Amar, complètement caché au regard, fit du bruit en se remuant. La panthère, défiante, lâcha le sanglier, tourna, retourna sur elle-même, fouilla les broussailles d'un œil allumé par l'inquiétude, et jugea prudent de disparaître. Ben-Amar traîna le sanglier derrière un gros arbre, près d'une clairière où il voulait attirer la panthère, et attendit patiemment sa venue. Elle revint en prenant les mêmes précautions de prudence, tâta le terrain, huma le vent pour savoir si le danger qui l'avait fait fuir était encore à redouter, et se décida enfin à s'approcher du sanglier, objet de sa convoitise. Ben-Amar la tira; la balle lui traversa le cou. Le premier mouvement de la panthère fut de fuir; mais, se sentant blessée, elle rebroussa vers Ben-Amar et se posta menaçante en face de lui, sur une petite éminence qui le dominait. L'Arabe fait feu sur elle une seconde fois; cette fois, la balle l'atteint au défaut de l'épaule et laboure ses flancs. Furieuse, la panthère s'élance sur Ben-Amar, dont le fusil était déchargé. Une lutte corps à corps s'engage entre l'homme et la bête féroce; mais le vigoureux Négro fut assez heureux pour se dégager des étreintes de son ennemie, et pour lui asséner un terrible coup de crosse qui abattit à ses pieds la panthère blessée et brisa son fusil : le canon lui resta entre les mains. Cet accident, que la bourse plate de Ben-Amar n'aurait peut-être pas pu réparer, fut largement compensé par la générosité du capitaine Fauvelle qui commandait la place de Souk-Arras en 1857, et qui a péri d'une chute de cheval. Le capitaine Fauvelle fit cadeau à Ben-Amar d'un beau fusil à deux coups, et lui promit d'envoyer ses lionceaux et ses panthereaux, qui s'ébattaient dans une cour du bureau arabe de Souk-Arras, au Jardin des Plantes de Paris. Le cadeau et la promesse, qui ne put se réaliser par la mort accidentelle du commandant de place, rendirent fou de joie le valeureux Ben-Amar.

Il fit une autre chasse à la panthère du côté de

l'Oued-Medjerda. Las, cette fois, d'entrer dans les fourrés, de traquer les broussailles, de suivre d'étroits et impraticables sentiers que personne ne connaît que lui, dit-il; n'ayant rien dépisté malgré toutes ses recherches, ayant vainement appelé lions et panthères et jeté des pierres au milieu des broussailles, il résolut d'user de ruse. Il acheta aux Arabes un mouton, le tua, en fit rôtir sur les lieux une moitié qu'il mangea avec un appétit de Gargantua, et glissa l'autre moitié dans une peau de chèvre qu'il suspendit au sommet de l'arbre le plus gros et le plus élevé du bois. Il attendit toute la nuit sans avoir de nouvelles du lion ni de la panthère. De dépit et de fatigue il s'endormit. Quand il ouvrit les yeux, son mouton ne se balançait plus à la branche de l'arbre à laquelle il l'avait attaché. Un lion ou une panthère était venu et avait enlevé le gibier en respectant l'homme, ce qui prouve une fois de plus que la bête féroce n'attaque l'homme qu'avec répugnance. Ben-Amar trouva sur le tronc de l'arbre l'empreinte des griffes de la panthère et se mit aussitôt en chasse. De vingt pas en vingt pas, il trouvait des bribes de son mouton. Guidé par ce nouveau fil d'Ariane, il arriva près d'une grotte qui domine le cours de l'Oued-Zedra. Un monceau d'ossements, composé de squelettes, de détritus d'animaux, se trouvait à l'entrée de la grotte et formait un portique respectable. Le chasseur fit de ces ossements une chaise curule, et appela en faisant claquer sa langue contre le palais, la panthère, qu'il apercevait couchée et assoupie dans son antre, et qu'il n'avait pas réveillée, tant sa marche avait été légère! A son appel de langue, la panthère leva la tête. Ben-Amar fit feu sur elle à bout portant et l'atteignit à l'aine. Comme le chat, il est rare que la panthère reste sur le coup. Celle-ci fit un bond en dehors de sa caverne, cherchant son ennemi inconnu. Ben-Amar, abrité derrière un rocher, avait rechargé son fusil et l'attendait de pied ferme. Las de l'attendre, il alla au devant d'elle et la trouva étendue sans souffle sur le flanc du ravin. Ben-Amar la chargea sur son dos d'Hercule et la porta au bureau arabe de Souk-Arras, qui lui remit les quarante francs de prime.

Ahmed-Ben-Amar n'a pas toujours chassé seul. A l'exemple de Jean-Jacques Rousseau, qui a fait un Emile, il a formé un élève, un seul, qui marche dignement sur ses traces et qui le surpassera peut-être, car il a un en-train diabolique, dans les chasses à la panthère principalement. Le Kif-Kif (semblable), c'est l'épithète avec laquelle Ben-Amar a caractérisé Begless-bel-Kassem-ben-Salat, a sa tente placée à côté de celle de Ben-Amar, dans la forêt d'Aïn-Sanour. Ils vivent en frères. Bel-Kassem est dévoué à Ben-Amar, comme les musulmans fanatiques l'étaient autrefois au Vieux de la Montagne. Sur un signe de Ben-Amar, Bel-Kassem obéit, se jette dans un fourré en vrai porc-épic, et chasse le lion et la panthère à tous crins, sans réfléchir un instant au danger qu'il court.

Bel-Kassem, né dans une tribu voisine de Souk-Arras, est âgé de vingt-cinq ans. Il a une encolure de taureau et des épaules à porter l'Atlas. Deux yeux vifs et pénétrants donnent de la vivacité à sa physionomie. A l'exemple de son Kif-Kif Ben-Amar, il vit de chasse et du rapport d'une petite concession

qu'il cultive à Aïn-Sanour; mais, moins heureux
que Ben-Amar, possesseur aujourd'hui de deux
femmes, d'un bourricaud et d'un fusil à piston, il
se sert d'un mauvais fusil arabe, et n'a pas encore
acquis la somme nécessaire à l'achat d'une houri
de Mahomet. Ses haillons de laine, déchirés aux
cailloux et aux ronces de la montagne, indiquent
suffisamment son état de pauvreté. On lui a fait
cadeau, pour sa chasse de nuit, d'une capote militaire.

Le pauvre Bel-Kassem faillit laisser sa peau dans
sa première chasse, qui eut lieu en compagnie de
son maître et Kif-Kif Ahmed-Ben-Amar, sur la
frontière de Tunis, à Aïn-Taoura, à huit lieues du
Keff, contrée fertile en lions, panthères, chats-tigres,
sangliers, antilopes et cerfs noirs. Les tribus arabes
avaient demandé Ben-Amar pour avoir raison de la
terrible lionne d'Aïn-Taoura, qui décimait leurs
troupeaux. — Pendant deux jours et deux nuits,
Ben-Amar et son Kif-Kif Bel-Kassem explorèrent
les ravins et battirent sans fruit les broussailles
d'Aïn-Taoura, et pourtant Bel-Kassem est un
enragé traqueur. Ben-Amar, à bout d'expédients,
rencontrant un troupeau de chèvres, ordonna à
Bel-Kassem de leur mordre les oreilles jusqu'au
sang pour attirer la lionne, ce que fit sans succès
le docile Bel-Kassem. Enfin, au crépuscule, au
moment où ils désespéraient de découvrir les traces
de l'ennemie, ils aperçurent dans le lointain la
lionne si redoutée des Arabes, qui descendait rapidement un ravin et se dirigeait, selon toute proba-
bilité, vers son repaire. Le jeune et ardent Bel-
Kassem, que son maître suit, s'élance à la poursuite

de la lionne. Nos chasseurs découvrirent la lionne
et deux lionceaux blottis dans une épaisse broussaille. Le trop vif Bel-Kassem fait feu tout de suite
sur la lionne, qui, blessée, s'échappe. Ben-Amar cherche à l'arrêter en lui tirant un second coup de feu,
qu'elle essuie et qui ne l'arrête pas, malgré une
nouvelle et sérieuse blessure. La nuit étant venue,
les chasseurs se retirèrent dans un douar voisin,
et prièrent le cheik de ce douar de commander à
tous les Arabes de battre avec eux la contrée le
lendemain, pour retrouver la lionne, ce qui fut
accordé. A la première heure du jour, la tribu
entière se mit en campagne et traqua tous les
buissons, toutes les broussailles, qui, avec les pieds,
qui avec les matraks, en criant comme des forcenés.
Mais le plus ardent de cette meute de traqueurs
était sans contredit Bel-Kassem. Alléché par la
lutte de la veille, il roulait comme un ouragan
dans le bois, à travers les broussailles, les fourrés,
tombant, se relevant, et appelant comme un beau
diable la lionne en combat singulier. Enfin, il
l'aperçoit à dix pas de lui dans un sentier ; il la
tire rapidement, la blesse de nouveau. Mais la
lionne d'Aïn-Taoura, fatiguée de servir de cible à
Bel-Kassem, de recevoir les projectiles de l'apprenti
chasseur, se jette sur lui, le renverse, lui plante
bel et bien ses griffes (Bel-Kassem prétend en avoir
senti six !) dans les reins, et poursuit son chemin
aussi vite que ses blessures et le sang qu'elle perdait en abondance le lui permettaient. Le Kif-Kif
Bel-Kassem, tout blessé qu'il est, se relève plus
furieux que la lionne, recharge son fusil et poursuit sans trève ni merci son ennemie qui, stimulée

par ses blessures, brise tout sur son passage en jetant d'horribles rugissements aux échos, qui les répètent et les prolongent. Epuisée par la perte de son sang, la lionne d'Aïn-Taoura, forcée, s'arrête devant d'inextricables broussailles, qu'elle n'a plus la force de franchir. L'ingénieux Bel-Kassem, qui n'était pas tenté de renouveler une lutte corps à corps, grimpe, agile comme un écureuil, sur un arbre, et de cette position achève, d'un dernier coup de fusil, la lionne. Il partagea généreusement et sans contestation le fruit de cette chasse avec son Kif-Kif Ben-Amar, qui toucha, comme lui, vingt francs du bureau Arabe de Souk-Arras, en livrant le beau corps de la lionne d'Aïn-Taoura.

Chaque semaine nos deux chasseurs chassaient dans la forêt des Beni-Salat et en rapportaient quelque trophée. Se trouvant, par une nuit noire, dans la montagne du Bois-Brûlé, — c'est ainsi que les Arabes nomment des portions de terrains embroussaillés et couverts d'arbustes rabougris qu'ils incendient pour faire leur combustible, — les deux chasseurs, convaincus qu'il n'y avait rien à espérer par le temps noir et le ciel veuf de toute étoile, s'endormirent du sommeil du juste. Ben-Amar fut réveillé par le bruit d'un animal dans une broussaille, à dix mètres de lui. Il crut que ce remue-ménage était produit par un mulet de la tribu voisine, ne s'en inquiéta pas plus et reprit son sommeil interrompu. Il est de nouveau réveillé par un bruit plus fort, Bel-Kassem sort précipitamment de ses heureux rêves de chasse, et nos deux dormeurs, courageux comme Turenne qui reposait sur l'affût d'un canon, voient confusément la forme d'un animal qui se

meut dans la pénombre de la nuit, et qui se dirige
vers eux. Ben-Amar s'arme de son fusil et frappe
une lionne qui tombe en rugissant. Sans se donner
la peine de vérifier si cette lionne est tuée ou blessée,
nos téméraires chasseurs se recouchent et redorment.
Mais leur sommeil est encore interrompu par la
bruyante respiration du lion. Cette fois, il était
temps de se réveiller : un lion colosse, paré d'une
magnifique crinière touchant à terre, soufflait
bruyamment à quatre pas de Ben-Amar, qui lui
rendit souffle pour souffle, coup d'œil pour coup
d'œil, et dent pour dent. Ben-Amar tire; par malheur, la pierre de son fusil se brise; le coup rate.
Irrité par le bruit et l'étincelle, le lion bondit sur
Ben-Amar et Bel-Kassem, qui, se croyant perdus,
s'étaient enveloppés dans leurs burnous pour mourir dignement, leur donne à chacun un coup de
patte qui enlève à Bel-Kassem une partie de la
peau du crâne, revient à la lionne, qu'il flaire,
qu'il lèche, qu'il caresse, qu'il s'efforce inutilement
de ranimer et de faire marcher, et disparaît enfin,
à la grande satisfaction des deux témoins de cette
étrange scène, en déplorant le trépas de la lionne
par d'effroyables rugissements jetés aux échos de
la sonore forêt. Ben-Amar et Bel-Kassem étaient
sauvés grâce à l'obscurité de la nuit, grâce surtout
aux nobles habitudes du lion, qui s'acharne rarement sur son ennemi, se contentant de le frapper,
de le souffleter d'un coup de sa queue ou de ses
terribles griffes. Il est vrai que ces coups-là équi-
valent souvent à la mort.

Les Arabes signalèrent à Ben-Amar et à Bel-
Kassem le passage d'un lion dans la forêt de Fedj-

Makta. La nuit venue, les deux kif-kifs se placèrent des deux côtés du sentier de passage de l'animal. En effet, ils voient un lion qui va s'abreuver dans le ravin de la source ; ils ne tirent pas, car un autre lion le suit à quelques mètres de distance. Les chasseurs attendaient, au retour, ces altérés, pour les saluer d'une balle. Dès que la tête du premier lion se montre, le fougueux Bel-Kassem l'ajuste, le coup part et atteint l'animal au ventre ; il s'abattit et se traîna vers les fourrés en montrant ses intestins sortis ; le second lion, à cette attaque, avait fait quelques tours dans le sentier et s'était approché de Ben-Amar, qui le foudroya presque à bout portant. Le lendemain, les kif-kifs se mirent en devoir de rechercher le premier lion blessé par Bel-Kassem. Ils le trouvèrent gisant, agonisant au fond d'un ravin, entouré d'une vingtaine de chacals, lâches héritiers qui convoitaient son cadavre, et attendaient le dernier soupir du noble animal pour le dépecer. Ils lui tirèrent cinq coups de feu. Le dernier lui brisa les reins. Il bondit pourtant encore, et retomba en rendant l'âme.

Une autre nuit, le Négro et son kif-kif s'étaient embusqués entre l'Oued-Sanour et l'Oued-Cham, au centre d'un cirque naturel formé par des roches. Ben-Amar et Bel-Kassem s'étaient placés dos à dos, comme deux plaideurs renvoyés après jugement, de façon à ne pas être surpris et à pouvoir inspecter de tous côtés par le regard. Dans cette position, ils attendaient le lion ; mais ce fut la panthère qui marcha dans l'ombre des rochers, la rusée commère, sans bruit et sans miaulement. Pourtant l'œil de lynx de Bel-Kassem découvrit son manége. Il visa la panthère en la prenant par l'épaule droite qu'elle lui présentait, et la frappa d'un coup fortement chargé à deux balles qui atteignirent le cœur. En recevant les projectiles, la panthère fit un bond sur elle-même pour ne plus se relever, mais en montrant encore dans son impuissante rage une brillante rangée de dents aiguisées à son vainqueur. Ben-Amar félicita vivement son élève de son adroite équipée. La veille, au même endroit, un spahi avait tué un lion qui avait dévoré une trentaine de bœufs enlevés à des douars, en l'attirant dans un silo couvert de fascines, sur lequel il avait placé comme appât une chèvre. Nous l'avons dit, le lion se laisse prendre à tous les piéges, aussi est-il plus souvent assassiné que chassé.

Bel-Kassem eut une belle série d'accidents de chasse; mais ces accidents qui auraient découragé un disciple de saint Hubert moins décidé que l'ardent Bel-Kassem, ne firent que lui donner goût à l'aventure. Il s'émancipa de son kif-kif jusqu'à chasser seul.

Des Arabes dénoncèrent à Bel-Kassem un lion dans un bois des Beni-Salat, où l'obstiné et novice chasseur se tint trois jours et trois nuits à l'affût. Le quatrième jour, au crépuscule, étant rompu de fatigue, il se fit un moelleux lit dans le feuillage d'un chêne-liège, s'y nicha et attendit.Bientôt la bruyante respiration d'un lion se fit entendre; il le vit passer hors de portée. Ne voulant pas se déranger de son lit de repos, Bel-Kassem laissa passer tranquillement le lion et se rendormit en ronflant comme un Pandour. Mais il s'éveilla de nouveau au souffle brûlant d'une haleine sur son visage; il leva la tête et se trouva nez à nez avec une panthère qui était venue le flairer. Effrayée de son mouvement la panthère descendit de l'arbre ; mais l'Arabe l'avait déjà ajustée : il l'étendit au pied de l'arbre. Il toucha quarante francs en rapportant sa proie au bureau arabe, qui, en outre, lui fit cadeau d'un bon fusil de munition.

Bel-Kassem, qui a tué un lion et trois panthères, commence seulement son odyssée, de tueur de bêtes féroces. Il aspire à marcher sur les traces de son kif-kif Ahmed-ben-Amar, et il est probable qu'il le remplacera, d'autant plus que le Ben-Amar d'aujourd'hui n'est plus le Ben-Amar d'autrefois. Depuis qu'il a pris femme et qu'il désire la croix d'honneur, il semble avoir perdu sa chevelure de Samson, son énergie de lion. — Morto! Morto!.... murmure Bel-Kassem, dans cette langue sabir, qui se parle en Algérie, composée d'espagnol, de français, d'italien, d'arabe, langue vraiment babélique. — Moi mirar, moi tocar, morto! — Traduction libre : Je l'ai vu, je l'ai tiré, je l'ai tué! C'est du César tout pur.

Ahmed-Ben-Amar n'a pas eu d'autre élève que Begless-bel-Kassem-ben-Salat. Il a presque toujours refusé la compagnie d'Européens qui lui demandaient de le suivre dans ses chasses, ou lorsqu'il était forcé d'y consentir, il ne les conduisait pas sur le passage du lion. Un jour, cédant aux instances réitérées d'un officier, il consentit à se laisser suivre par lui. La nuit, il le posta sur un point de la forêt, derrière un épais fourré et lui dit d'attendre là, sans broncher d'une semelle, le passage du lion, tandis qu'il irait lui-même le guetter à

trente pas plus loin. L'officier promit de tenir bon,
et tint bon, en effet, pendant une heure de silence
dans la forêt. Mais, ayant entendu les rugissements du lion qui se rapprochaient de plus en plus
de lui, l'officier appela à son secours Ben-Amar,
qui ne vint pas. Le lion, terrible à en juger par son
rugissement, se rapprochait toujours. Un tremblement nerveux s'empara de l'inexpérimenté chasseur de bêtes féroces ; une sueur abondante coula
sur son visage, et il tomba en syncope entre les
bras du lion, car le lion n'était autre que Ben-Amar
lui-même, qui avait contrefait le rugissement léo-
nin pour donner une leçon à l'officier et lui ôter
l'envie de l'accompagner, de l'importuner dans ses
chasses, — ce qui prouve que l'on peut être très-
brave sur le champ de bataille et très-faible devant
le lion. Tout gît dans l'habitude, dans l'idée; et la
peur du lion, grâce à de fantastiques histoires col-
portées en France, qui ont empêché pourtant certaines personnes trop craintives de venir se fixer et
coloniser en Afrique, n'est qu'une idée fausse, un
préjugé populaire, en un mot. Nous espérons l'avoir
détruit ou ébranlé en démontrant, par des preuves
irrécusables, que rien n'est moins dangereux que
ces bêtes féroces dont on fait en France un épou-
vantail, un repoussoir de colonisation.

IX

La fantasia nègre

On s'est beaucoup occupé des nègres. Le uns les ont condamnés à l'infériorité morale de par la création, les ont dénigrés systématiquement; d'autres les ont vantés outre mesure. A notre avis, le seul moyen d'éclairer cette question encore pendante, consisterait à faire des études sérieuses sur la constitution physique et morale, sur les tendances et les affinités des divers autochthones de l'Afrique. On jetterait ainsi une grande lumière sur le problème; mais il faudrait peindre sur le vif de la nature. En attendant qu'un audacieux penseur exécute ce travail scientifique, nous donnerons un petit aperçu des mœurs de la race nègre, aussi capable, selon nous, d'évolutions progressives que les races blanche ou arabe-indo-européenne, brune ou malaisienne, rouge ou américaine.

C'est un peuple d'enfants, qui a tous les défauts

et toutes les qualités de l'enfance. Il est sympathique, doux, enjoué, naïf; suivant toujours les impulsions de sa spontanéité, de son ardente imagination qui lui montre les choses les plus simples à travers un prisme éblouissant, surnaturel; esclave de ses sens, s'assimilant aux animaux et ne songeant même pas à résister aux terribles ardeurs, aux folles passions que lui souffle son climat de feu, vivant enfin de la vie instinctive et non de la vie de réflexion et de raison.

Sans doute, pour qui ne veut pas se souvenir des siècles de barbarie traversés par toutes les nations européennes, et ne voit que le trajet fait, le progrès accompli, l'espèce nègre semble inapte à toute civilisation. Elle a d'étranges erreurs, des vices monstrueux. Sous ses tropiques, elle adore encore le palmier, le rocher, le grain de datte, le léopard, le serpent; elle se prosterne encore devant les ridicules fétiches de sa démence.

Sur la foi des voyageurs, nous aurions pu vous parler d'Abyssins dévorant avec avidité la chair de l'ennemi vaincu, d'Achantis de Guinée construisant des temples avec l'argile détrempée de sang humain; de rois beninois et ibbos qui, assis sur un trône de têtes de morts, rendent la justice en faisant décapiter les deux parties plaignantes; de fêtes où l'on voit un essaim de jeunes filles danser devant un énorme serpent encagé qui, pour couronner la réjouissance, est lâché sur la foule; de mille superstitions odieuses, de coutumes extravagantes. Mais, sans atténuer en rien la véracité de ces voyageurs, nous préférons vous raconter une scène de mœurs nègres dont nous avons été le témoin oculaire.

Les noirs dont il est question viennent de la Guinée, du cap de Bonne-Espérance, du Soudan, de Tombouktou. Jeunes, ils ont été vendus sur le marché de l'Egypte ou pris comme des oiseaux au filet par des Bédouins du désert, qui les attirent loin de leurs cases en leur jetant des coquillages, des amulettes, les enlèvent et les vendent à des traficants de chair humaine dont les caravanes sillonent le sud de l'Afrique. Aucun soin n'a été donné à leur enfance; à peine nés, ils ont rampé sur la terre, qui leur a servi de nourrice, de lit et d'escabeau. Et malgré tout, ils sont devenus des êtres robustes, gazelles à la course, taureaux au travail. N'ayant reçu d'autre éducation que celle de la nature, méprisés, maltraités, ils n'en sont pas moins reconnaissants et dévoués jusqu'à la mort à leurs maîtres, tendant la joue gauche quand on frappe sur la droite, rendant le bien pour le mal, vrais caniches de l'humanité.

Qui ne se sentirait ému de tant de courage et de résignation? qui ne se réjouirait de leur joie, les voyant danser et s'ébattre follement aux bruyantes notes de leurs castagnettes de cuivre et de leurs tambourins?

Cette facile gaieté, sans cause précise, est particulière à la race nègre, et la différencie surtout de la race arabe, toujours austère et sombre, renfermant en elle-même ses impressions, et considérant la joie bruyante comme un enfantillage indigne d'êtres sérieux, de disciples de Mahomet. Par exemple, il n'est pas rare parmi les Arabes d'entendre ainsi faire l'éloge d'un des leurs : « Il n'a jamais ri ! » tandis que si vous rencontrez un nègre sur votre route, à la première parole que vous lui adresserez, il vous montrera ses blanches dents et sourira à vos discours, sans les comprendre le plus souvent.

Dans les heures perdues de notre séjour parmi eux, nous avons eu maintes fois l'occasion de constater le naturel débonnaire des nègres. Lorsque, assis sur une pierre de la fontaine Bab-Aly, nous interpellions les indigènes qui venaient puiser l'eau dans leurs petits chaudrons et en gonfler leur peau de bouc, les sectateurs d'Abd-el-Kader et leurs moukères nous répondaient presque toujours par un regard ironique ou par deux syllabes sèches : Manarf (je ne sais pas). Mais de jeunes négresses au torse superbement modelé, à peine vêtues d'un morceau de toile à larges raies brunes et rouges, serré aux hanches par une ceinture de laine, les pieds dans l'eau de la source jusqu'à la cheville, cessaient immédiatement leur travail et semblaient heureuses d'entrer en relation avec nous. Il en était de même de leur père ou de leur époux. La plupart d'entre eux nous exprimaient, dans leur langage oriental et concis, leur satisfaction de voir les Français maîtres de cette partie de l'Afrique. En effet, c'est depuis notre conquête seulement que les nègres ont été relevés de l'esclavage que leur imposaient les Arabes.

Cette race asiatique, orgueilleuse de sa conquête et de la révélation de son prophète, placide, austère, décalquée sur une pensée d'éternité, contraste singulièrement avec le tempérament vif et mobile, le sentiment humble et idolâtre du nègre, véritable autochthone de l'Afrique. L'assimilation était im-

possible entre des natures hostiles à ce point, que
l'Arabe croirait déchoir en s'alliant à une femme de
couleur. Quelques oasis perdues dans le Sahara
offrent seulement des exemples de ces unions ré-
prouvées par la généralité des croyants. Les Arabes
ont toujours maintenu une démarcation absolue
entre eux et les peuplades vaincues auxquelles ils
se sont contentés d'imposer l'esclavage et le Koran.
On comprend pourquoi les noirs regardent en quelque sorte la conquête française comme une délivrance, tandis que les Arabes l'acceptent si difficilement. Les nègres ont une prédilection très-pro-
noncée pour nous. Dans les contrées de l'Afrique
limitrophes à la domination française, les nègres
maltraités menacent leurs maîtres de passer aux
roumis (chrétiens). On sait qu'ils sont libres en
Algérie.

Avec cette nature expansive, cette ardeur à communiquer leurs sentiments, à échanger leurs pensées, leurs sensations, comment croire à l'injuste
malédiction lancée sur les noirs, à leur infériorité
originelle, à leur crétinisme incurable! C'est impossible. Comme leurs frères d'Europe, ils sont
perfectibles et capables de se transformer sous l'influence du progrès et de la science.

Mais revenons.

La gent nègre est en grande liesse; elle se livre
à toutes les extravagances de la fantasia pour fêter
dignement son nouveau marabout (prêtre). C'est
un maboul (fou); aussi est-il vénéré comme un
santon.

En Occident, on se prosterne devant la raison;
en Orient, on adore la folie. Les fous sont les pos-

sédés de Dieu, dit-on ; un esprit supérieur s'est incarné en eux. Ils ne s'appartiennent plus, ils sont
l'instrument et le jouet du djinn. De sorte qu'un fou,
dans ces contrées, peut se permettre impunément
toutes les excentricités. Il est admis sous les tentes
les plus riches, le couvert est constamment mis
pour lui ; ses coreligionnaires s'estiment trop heureux d'héberger et de secourir l'esprit divin égaré
sous cette forme humaine.

Les nègres à cet égard jouissent des mêmes pri-
viléges que les Arabes. J'ai connu plusieurs mabouls dans la province d'Oran, tous très-inoffensifs.
L'un d'eux avait la monomanie des déguisements.
Un jour il apparaissait sous le costume arabe, le
lendemain il vêtait le paletot français, le surlende-
main on le voyait en spahis ou en zouave, en juif
ou en américain. — Tel autre, véritable hercule, —
avait la passion de décharger les voitures des rou-
liers et de porter de lourds fardeaux. — Celui-ci,
du matin au soir et du soir au matin, salue le levant, embrasse alternativement la terre, ou pirouette
sur lui-même comme un derviche ; celui-là prie
pour son émir Abd-el-Kader ; un autre joue du monocorde, du derboukah, du rebab, et danse à la
porte des malades indigènes, sous prétexte de les
guérir, — superstition très-répandue en Afrique.
Il n'y a pas de maboul dangereux. On ne peut
donc les comparer, en aucune manière, à nos fous
d'Occident. Ceux-ci héritent des vices d'une civilisation complexe où les sentiments les plus mobiles,
comme les passions les plus hideuses, sont perpétuellement en jeu. Mais, dans l'état patriarcal et
religieux de l'Afrique, où trouver l'envie, la vanité,

l'ambition, ces dépravations du scepticisme, ces énervements qui étiolent et démoralisent les races occidentales? Une tente, un cheval et une femme, c'est l'idéal du bonheur. Il ne reste après cela que les jouissances paradisiaques promises par le prophète à toutes les âmes dévotes.

Dès l'aube, la ville est pleine de tumulte, de bruit et de poussière. De nombreux musiciens jouant du monocorde, des castagnettes et des cymbales, battant du tambour à tour de bras, la sillonnent en tous sens de leurs gammes stridentes et monotones. Les Européens qui aperçoivent de loin le drapeau nègre représenté par un foulard jaune, frangé d'une bordure verte, vont curieusement au-devant du cortége dans les rues de Maskara.

Une nuée de nègres et de négresses, vêtus de leurs draperies les plus éclatantes, accompagnent en vociférant et en sautant convulsivement, comme des insensés, trois animaux qui marchent au supplice la tête basse et le pressentiment éveillé. Ils vont être sacrifiés à la nature, au soleil, et leurs entrailles palpitantes, présages des influences climatériques et des futures récoltes, diront si la terre fécondée rendra en abondance les germes qui ont été déposés dans son sein.

L'or, les perles, l'ambre, le corail, les coquillages peints resplendissent sur la peau bronzée de cette population. Plus coquettes que les blanches Européennes, les filles de Nigritie ont accroché plusieurs cercles d'or, de cuivre et de plomb, de huit à dix centimètres de diamètre, à leurs larges oreilles; de riches colliers s'entortillent en serpents autour de leur cou; leurs poignets sont ornés de bracelets d'ambre et d'or; des anneaux d'argent massif appelés krolkhrall cerclent leurs jambes et tombent sur leurs babouches.

Pour la fantasia nègre, rien n'est trop beau. Elles ont vêtu le blanc gandourah, lamé d'or; elles ont drapé le haïck de mousseline, brodé de palmes; et enfin le voile à fleurs, qui cache presque entièrement les soieries multicolores enroulant leur tête ou dessinant leur taille. La joie dilate leurs noires prunelles. Brillantes comme le soleil qui verse sur elles ses flammes, elles dansent follement autour des victimes.

Deux nègres tiennent chacun par une corne un superbe taureau. Sa robe noire, coupée d'une ligne fauve qui suit l'épine dorsale dans la longueur, l'a fait choisir entre ses concurrents. Il est suivi d'un bélier, aux cornes frisées en volute, et un bouc noir, aussi barbu que Platon le philosophe, ferme le convoi funèbre. Ces animaux ne comprennent pas trop pourquoi tant de noirs démons se trémoussent autour d'eux; ils se défient de cette fête bruyante; ils s'avancent très-inquiets, regrettant fort l'étable, au milieu des flots d'encens, des aspersions et des jonchées de sel que les sacrificateurs leur prodiguent.

La troupe fait halte devant une mosquée pour rendre hommage à Mohammed, car les nègres d'Afrique sont meslem (musulmans); seulement ils ont conservé certaines coutumes idolâtres, telles que le sacrifice des animaux, antiques traditions que ni le temps, ni la religion nouvelle n'ont pu entièrement effacer.

La procession nègre fait irruption dans la cour de

la mosquée et s'arrête respectueusement à la porte du temple. Le maboul, le marabout nègre, présente les animaux contrits à l'iman, qui, accroupi sur le seuil dans une posture de sphinx, les purifie par ces versets du Koran :

Parmi les animaux, les uns sont faits pour porter des fardeaux, les autres pour être égorgés. Nourrissez-vous de ce que Dieu vous a accordé et ne suivez pas les traces de Satan, car il est votre ennemi déclaré!

Allah kébir! Allah kébir! (Dieu est grand!) répètent en chœur les nègres.

La vie de ce monde, reprend l'iman, n'est qu'une comédie et une frivolité; la vie future vaut mieux pour ceux qui craignent.

Allah kébir! Allah kébir!

Ces formules dites et redites, un dialogue chanté s'engage entre l'iman et le maboul, et les assistants, comme un chœur de Sophocle ou d'Euripide, approuvent les interlocuteurs en chantant de minute en minute, c'est-à-dire en enflant la voix et en la diminuant brusquement, ce refrain de la foi musulmane :

— La ilah Allah Mohammed ou recoul Allah. (Il n'y a de Dieu que Dieu, et Mahomet est le prophète de Dieu).

Après la prière, la danse du yatagan en honneur du prophète, car l'islamisme mêle sans cesse le sacré au profane; la foule s'écarte, et deux jeunes Arabes, aux vêtements éclatants, paraissent devant l'iman.

De la main gauche ils tiennent un foulard à franges d'or, de la droite un yatagan. Ils dansent en mesure aux sons de la musique nègre, s'avancent par mouvements saccadés l'un vers l'autre, en se

menaçant de leurs armes, puis font tourner alternativement au-dessus de leur tête le mouchoir et le
yatagan : cercles mystiques, signes de l'hymen et
de la mort qui doit punir de l'infidélité feminine.

Les armes et les foulards se croisent, se séparent
dessinent en l'air une foule d'arabesques. L'iman
incline la tête pour témoigner sa satisfaction et
mettre un terme à la fureur des danses; les négresses jettent des sgarits (cris perçants), et les
danseurs, après un quart-d'heure de désarticula-
tion à rompre un serpent, se séparent et se confon-
dent dans la foule. Les tambours battent; la caravane poursuit sa route, l'oriflamme de la patrie en
tête.

Les nègres sortent de Maskara, traversent Bab-
Aly et s'arrêtent à une source qui coule en-deçà du
village arabe. C'est le théâtre de la cérémonie.

Rien de plus imposant que cet autel de la nature.
Le regard se perd partout, au nord et au sud, du
côté de la mer et du désert, au milieu d'une immensité de montagnes phosphorescentes figurant de
gigantesques pyramides, des sphinx, des échelles
de pierre, et ondulant à l'horizon comme les vagues
d'un océan. Au-dessous des cases enfumées du village de Bab-Aly, Maskara, entourée de son collier de
verdure, apparaît avec ses blanches et coquettes
maisons sur un petit mamelon. Une lumière opale,
versée par un soleil perpendiculaire, enflamme tous
les tons et frappe d'éclairs les bijoux des négresses.
L'âme, émerveillée de ce spectacle grandiose, confond sa prière avec celle de l'harmonieuse source
dont les eaux pures comme le cristal, vont tout-à-
l'heure se teindre de sang.

Les négresses s'échelonnent sur une montagne qui domine en amphithéâtre la fontaine ; les plus riches occupent le premier rang, les plus pauvres le dernier. Parmi celles-ci, plusieurs sont chargées de leurs enfants, qui dorment paisiblement sur leur dos, dans une sorte de berceau de toile.

Quant aux nègres, ils forment un cercle de trois rangs de profondeur, et placent de distance en distance des sentinelles chargées de tenir hors de portée les Arabes ou les roumis (chrétiens) qui voudraient assister à la cérémonie. Néanmoins un thaleb (écrivain) français obtint l'insigne faveur de faire partie de la réunion, sous la condition qu'il se déchaussera et s'y montrera nu-pieds. Le thaleb se déchausse avec empressement de ses bottes et de ses bas devant un nègre à l'air narquois, qui l'introduit parmi les siens.

Les vases contenant l'encens, les parfums, les calebasses pleines de sel, les couteaux, tous les ustensiles du sacrifice, sont déposés sur les roches granitiques détachées de la montagne par un tremblement de terre, et amenées jusqu'à l'orifice de la source.

Alors commence une invocation religieuse que les nègres exécutent en se tournant vers l'Orient et en élevant par intervalles les deux mains à la hauteur des tempes. Ce préliminaire achevé, la musique couvre de ses accents cuivrés les cris, les bêlements des victimes, qui sont encensées, parfumées et lavées avec des précautions infinies.

Déjà les poulets blancs et noirs ont été immolés ; le sacrificateur tient le bouc couché sur son genou, et il s'arme d'un coutelas. Les artistes et les dan-

seurs s'animent étrangement : ils frappent à coups
précipités leurs tambours; ils font retentir leurs
cymbales. Ces notes métalliques, augmentant d'in-
tensité, exaltent le cerveau des prêtres et des prêtresses qui suivent les opérations du sacrificateur.
Ce sont des fous, des malades. Selon la ferme
croyance des noirs, ils ne peuvent être guéris qu'en
buvant le sang des victimes. Ils exécutent une
danse extravagante; leurs yeux roulent avec une
vitesse effrayante dans leur orbite, leurs lèvres gri-
macent la joie de l'hyène. Il faut du sang! C'est le
rédempteur universel !

Le couteau est enfoncé dans la gorge du bouc. A
peine en est-il retiré qu'un nègre *maboul* se jette sur
l'animal, s'attache à sa plaie comme une sangsue,
et boit à longs traits les flots de sang qui s'en
échappent. Pendant que le bouc et l'homme se dé-
battent dans le ruisseau rouge, le sacrificateur,
penché sur le corps de la victime, étudie ses palpi-
tations, la fraîcheur ou l'impureté de son haleine,
les trépidations de ses membres pour en tirer
augure. Si l'augure est déclaré favorable, les noirs
ne se contiennent plus; ils se tordent les membres;
les femmes répondent à ces bruyantes manifestations par des cris aigus, et le prêtre du sang, après
avoir épuisé les forces du bouc, se relève ivre, se
tient debout un instant, puis tombe comme fou-
droyé. On l'enlève et on le transporte sur un amas
de cailloux. Ses amis l'abandonnent là, laissant au
soleil, qui darde des rayons brûlants, le soin de le
guérir homœopathiquement de son apoplexie.

Nous arrivons à la seconde phase de la tragédie.
Le bélier, parfumé et lavé, subit le même sort, et

dans les mêmes conditions que le bouc. Le prêtre qui suce sa plaie jusqu'à épuisement, reste ivremort sur une des pierres de la fontaine. Les nègres l'entourent, récitent une prière dictée par leur marabout, chant monotone et cadencé, en élevant et en abaissant toujours les mains en mesure; puis, voyant qu'il ne revient pas à la vie, ils l'abandonnent et se préparent, au son du tam-tam et par des danses furibondes, au dernier sacrifice.

Evidemment l'on touche à la péripétie, car les acteurs de cette scène de cannibales redoublent de fureur. Le tour du taureau est venu. Il résiste et ne peut être terrassé que par des bras vigoureux.

A ce moment s'avance sur le théâtre de l'exécution une négresse jeune et belle, aux formes charnues, aux extrémités fines, à peine vêtue d'un gandourah. Elle danse à se briser le corps, et s'anime extraordinairement, le regard toujours fixé sur la victime. Son visage bouleversé traduit une horrible expression de férocité; elle se lèche les lèvres avec la langue, comme un tigre qui va bondir sur sa proie.

En effet, elle se précipite furieuse sur le taureau égorgé par le marabout. Elle aspire voluptueusement le sang qui sort en bouillonnant de sa blessure. Mais, ô surprise, il se relève, il marche !,. Présage des plus heureux... La négresse est suspendue sous l'animal, la bouche toujours collée à sa plaie, les mains accrochées à ses cornes. Un duel horrible s'engage entre la prêtresse et le taureau, qui se débat vainement sous l'étreinte de ce vampire femelle. Vaincu dans la lutte, il tombe épuisé et roule dans le ruisseau en mugissant sourdement.

La prêtresse se dresse triomphante, les vêtements, le visage, les mains, le corps entier maculés de sang. La musique célèbre sa victoire, les femmes applaudissent de leurs cris sauvages; hideux spectacle, qui n'est plus de l'humanité, la sanglante bacchante, en délire, se livre à une danse incroyablement folle pour qui n'en a pas été témoin. Les nègres dansent avec elle et imitent tous ses mouvements. Voir les contorsions et les grimaces de ces étranges créatures, leur joie féroce, leurs danses furibondes, leurs gestes extravagants, l'expression bestiale de leur physionomie, c'est avoir vu l'enfer.

Enfin la sarabande diabolique cesse; la prêtresse du sang, exténuée par le tourbillonnement, s'abat comme un cadavre sur une pierre de la fontaine. On l'emporte en triomphe jusqu'à sa case de Bab-Aly, devant laquelle se donne le bal du sacrifice, présidé par le nouveau marabout. Les trois victimes, le bouc, le bélier, le taureau, sont dépouillées, dépecées en autant de morceaux que de convives. Le festin se prépare. En attendant qu'il soit prêt, les musiciens appellent à la danse, en frappant sur le tamtam et sur des calebasses couvertes d'une peau légère.

Aussitôt le rond est formé. Deux nègres ouvrent le bal; ils se démènent, en simulant par des figures expressives leurs peines et leurs joies, leurs travaux et leurs amours, jusqu'à ce qu'ils tombent en épilepsie.

Deux jeunes négresses, coiffées par leurs compagnes du mouchoir de prédilection, leur succèdent. Elles sautent alternativement d'un pied sur l'autre, en marquant une mesure de trois temps. Leurs

gestes, d'abord rares, deviennent très-expressifs ;
les musiciens s'enthousiasment ; ils chantent en
jouant et en agitant la tête comme les Chinois de
porcelaine ; ils encouragent ainsi les danseuses qui,
d'ailleurs, applaudies par l'assistance frappant des
mains en cadence, redoublent de vigueur et d'en-
train. Elles prennent alors un nerf de bœuf et sillonnent de coups leurs flancs et leurs reins, puis le
jettent loin d'elles pour exprimer des sensations
plus agréables. Leur pas suit toujours la musique.
Si elle hâte la mesure, leurs mouvements d'une
incroyable vivacité, révèlent une vive passion. Elles
impriment à leur corps une trépidation indicible.
Une danseuse tombe mourante, hors d'haleine, et
l'autre la suit un instant après.

Le même exercice est répété par d'autres négresses dont les poses, les figures et les attitudes ne
seraient assurément pas tolérées par les sergents de
ville du Château-Rouge ou de la Closerie des Lilas.

Enfin, un noir vient faire un signe cabalistique à
l'assistance. Les musiciens jettent au diable leurs
instruments, et la foule se précipite sur les morceaux de viande à peine effleurés par le feu.

— Bon appétit, noirs enfants de l'Afrique !...
Qu'Allah vous pardonne vos sanglantes folies !...

X

La Cité d'Abd-el-Kader

Les voyageurs européens qui veulent connaître l'Afrique et utiliser leur temps se gardent bien de suivre les routes et de prendre des diligences, car voici ce qui arrive invariablement par ce mode de transport. On vous invite à sortir de voiture aux montées, et Dieu sait s'il y en a! On vous conseille, par prudence, de ne pas y demeurer aux rapides descentes, de sorte que vous faites, à peu de chose près, le chemin à pied, trop heureux encore si vous échappez aux pluies torrentielles assez fréquentes en Algérie, qui effondrent les routes et vous forcent à séjourner dans quelque bourgade. Pour éviter ces ennemis, il faut choisir un guide arabe ou un cicerone espagnol. Ces conducteurs savent par cœur les chemins de traverse, les mille sentiers des montagnes. Il est vrai que l'on risque parfois d'être détroussé; mais la curiosité constituant le plus fort bagage des touristes d'Afrique, ils confient sans crainte leurs destinées à un sectaire de Mohammed ou à un compatriote du Cid.

Vingt-cinq lieues nous séparaient de notre destination, de Maskara, la cité d'Abd-el-Kader, située à égale distance de la Méditerranée et du petit Désert. Nouvellement débarqués à Oran, nous allions tomber dans le traquenard des voitures, lorsqu'un Espagnol nous proposa de nous guider dans notre excursion et de nous louer des chevaux qui, à entendre son éloquent plaidoyer, étaient de vrais Pégases. Nous arrêtâmes les conditions avec lui, bien résolus de partir après quelques heures de repos. Mais le transport de nos bagages et la nécessité de changer de toilette nous retardèrent longtemps.

Pauvres Européens, que de difficultés ne devons-nous pas vaincre, que d'embarras à surmonter avant de nous mettre en voyage! L'Africain ne prend pas tant de peine. Il marche nu-pieds, n'ayant pour tout vêtement qu'une guenille de laine jetée sur les reins. Devant nous s'arrêta, pour nous narguer sans doute, un de ces voyageurs arabes à la physionomie austère, à la taille herculéenne, aux membres fortement taillés, véritable statue animée. Nouveau Diogène, il semblait nous dire, en considérant d'un air dédaigneux les détails de nos apprêts : — Que de choses dont je n'ai pas besoin!...

Enfin, après avoir fait longtemps piétiner nos chevaux, après avoir essuyé les reproches de notre guide, qui étouffe ses jurons dans de copieux verres de vin, nous partons... Mais à peine avons-nous franchi quelques mètres de terrain, qu'une discussion s'engage sur une proposition imprévue. Les uns veulent traverser les montagnes pour se rendre à Oran, les autres prétendent suivre la route. Prenant un moyen terme, il est décidé que les deux caravanes se réuniront aux bains de la Reine, à mi-chemin de Mers-el-Kebir à Oran.

La journée s'annonçait magnifique. Une ligne orange éclairait faiblement l'horizon et semblait disputer le firmament aux nuages sombres de la nuit. Nous marchions silencieux, endormis comme la terre, en contournant le pittoresque village de Saint-André, habité par les pêcheurs de la côte. Mais lorsque nous fûmes engagés dans les montagnes, les cris rauques de l'hyène et les aboiements plaintifs des chacals nous réveillèrent en sursaut. Par un mouvement instinctif, nous nous resserrâmes les uns contre les autres, en cherchant à distinguer, dans la pénombre des monts, les quadrupèdes qui nous avaient ainsi émus. Bientôt nous eûmes honte de notre pusillanimité, et les quolibets gaulois jaillirent à profusion.

— C'est une chose admirable, s'écria le docteur P..., grand amateur de constrastes, que la civilisation transportée au sein de la barbarie, aux portes du désert, à la gueule des bêtes féroces. Voici un sauvage concert qui mériterait d'être noté par Félicien David.

Chacun alors ajouta son mot rabelaisien, sa réflexion plaisante ou philosophique. Mais les épigrammes s'amortirent aux difficultés du chemin. Il fallut songer uniquement à notre direction. Le terrain que nous parcourions était accidenté d'excavations profondes et de hauteurs à rampes rapides.

Tantôt nous nous trouvions au fond de gorges et de ravins, entre deux chaînes de montagnes qui faisaient courir à perte de vue leurs blocs massifs et élevaient leurs cimes au ciel, puis des pentes escarpées, d'où nous voyions les mamelons dégringoler en s'étageant jusqu'à la Méditerranée.

Il était sept heures à peine, et déjà la chaleur africaine nous accablait ; nous nous arrêtâmes quelques instants.

A nos pieds rayonnait la mer ; ses vagues décrivaient de mobiles courbes autour des promontoires et s'engouffraient dans les criques de la rive. Les montagnes allongeaient leurs grandes ombres sur la rade, incessamment sillonnée par des bricks et des bateaux de pêcheurs. A l'Orient, le soleil enflammait de teintes ardentes les versants rapides du mont aux Lions. Des nuages couronnaient la tête de ce géant, qui domine une plaine tachetée de blancs marabouts. Au-delà de Mers-el-Kebir, la Méditerranée perdant son détroit de rochers, figurait un incommensurable désert, dont la monotonie d'aspect était seulement rompue par les zig-zags des goëlands et les voiles inclinant à l'horizon.

Parfois des nuages nomades, voilant subitement le soleil de leur gaze, découpaient leurs silhouettes sur la brise, que se disputaient en tremblant l'ombre et la lumière, et couraient comme des escadrons à l'assaut d'une redoute, sur les monts criblés de cavernes.

Les jeux bruyants de notre guide nous arrachèrent à notre contemplation. Il s'amusait à faire rouler d'une hauteur dans un ravin d'énormes granits : la chute de ces pierres était répercutée en coups de canon par l'écho sonore des montagnes.

Décidés à continuer notre excursion, nous nous aperçûmes qu'une partie de la caravane manquait. Nous avisâmes alors une masure isolée ayant la prétention de représenter une auberge au moyen de déplorables peintures, et nous attendîmes là les retardataires. Un quart-d'heure après, nous vîmes déboucher des ravins les minéralogistes, les mains pleines de pierres précieuses; les botanistes, couverts de fleurs sauvages embaumant les couches d'air qui nous environnaient; les géologues, chargés de fragments schisteux de toutes nuances, sur lesquels reposaient des tortues prisonnières et se tordaient des caméléons à la robe chatoyante, opérant sous nos yeux de curieuses métamorphoses; enfin l'arrière-garde, avec des collections de scarabées, de cigalons. Les montagnes d'Afrique sont un monde encore inconnu; elles offrent mille secrets, mille richesses aux sciences.

L'heure passait rapide, et il fallut songer à notre rendez-vous des bains de la Reine. Pour couper au plus court, notre guide nous conduisit par des ravins dont les anfractuosités nous déchiraient les pieds. Mais nous oubliâmes bien vite nos douleurs à la vue des êtres étranges qui animaient cette sauvage nature. Une famille arabe se dirigeait vers nous.

Trois enfants presque nus, la tête ornée d'un mahomet, marchaient à la suite l'un de l'autre, précédés d'un Arabe que couvrait à peine un burnous en loques. A ses côtés, cheminait péniblement une femme voilée, qui portait sur son dos une peau de bouc gonflée d'eau. De ses draperies relevées en

arrière et serrées aux hanches, elle avait fait une
sorte de berceau de toile, dans lequel reposait un
quatrième enfant. La pauvre esclave pliait sous le
poids de son double fardeau. Ce tableau nous impressionna tellement, que nous offrîmes sponta-
nément de l'argent à la femme arabe ; mais son
ombrageux possesseur se jeta brusquement au-
devant d'elle d'un air courroucé, comme s'il eût
craint une tentative de corruption sur sa moukère,
qui n'avait certes rien de séduisant. Comprenant la
susceptibilité de l'Africain, nous donnâmes la monnaie aux enfants. Leur père daigna alors nous
adresser un remercîment en inclinant légèrement
la tête ; puis il continua son chemin, nous laissant
fort surpris de cette intraitable fierté du sauvage
dans le dénûment le plus complet.

— O misère ! lèpre de l'humanité, châtiment de
son ignorance et de ses crimes, s'écria notre ami
le docteur P..., on te trouve donc partout, aux
déserts de la barbarie aussi bien que dans les opulentes cités de la civilisation ! Quels sont les Œdipes
qui te devineront, sphinx épouvantable, et t'anéan-
tiront à jamais ? La science et le Christ. Mais la
science, dont la lumière commence seulement à
poindre, est encore loin d'une synthèse, et le Christ
porte toujours sa croix sur son calvaire de dix-huit
siècles !

Le docteur P..., sans contredit le plus bavard de
la troupe, aurait continué son discours philosophique, si nous ne l'avions laissé seul à pérorer pour
aller au-devant de deux cavaliers arabes. L'un était
couvert d'un manteau rouge, signe d'investiture et
de commandement ; l'autre, d'un burnous brun. Le

type purement arabe du premier contrastait étrangement avec le teint cuivré et les lèvres épaisses de son compagnon, dont le caractère se rapprochait beaucoup du mulâtre. Il était de race berbère.

C'est vraiment une magnifique statue équestre qu'un Arabe à cheval; la perfection des formes se révèle sous tous les aspects dans ce groupe, et l'on serait fort embarrassé de donner la palme aux jambes sveltes et nerveuses, à la robe veinée d'un sang limpide, à la tête fine et intelligente de l'animal, ou à la pose majestueuse de l'homme, drapé dans son burnous ou campé sur son coursier, avec une telle aisance, qu'il semble y adhérer complètement.

Aux questions réitérées de notre guide, le manteau rouge répondit qu'il appartenait au bureau arabe d'Oran, et qu'il allait chercher un voleur dans une tribu pour le conduire à la prison de cette ville. Les deux Africains paraissaient commodément assis sur leurs selles aux bords très élevés, les pieds chaussés dans de larges étriers. Les talons de leurs temagues (bottes) étaient armés d'un morceau de fer pointu, éperon terrible avec lequel on laboure le ventre des chevaux arabes. Ils en piquèrent leurs montures, qui partirent au galop et franchirent rapidement un mamelon.

Nous étions très-satisfaits de la route que notre guide nous faisait suivre. A chaque pas nous rencontrions des indigènes. Nous regardions avec intérêt les troupes de moukères assises sur des ânons et surveillées par leurs maris, marchant à pied derrière elles. Malheureusement pour notre curiosité, elles étaient entièrement enveloppées de leurs draperies. Quelquefois pourtant, cédant à une irrésistible coquetterie, elles laissaient flotter leur long voile en passant devant nous; mais nous ne pouvions distinguer leurs figures assombries par de maudits tatouages. Il y en eut une, entre autres, dont la physionomie maladive nous frappa. Ce fut un éclair. Epiée par son maître, elle s'ensevelit aussitôt dans son linceul.

Nous aperçûmes enfin les tentes enfumées d'un douar. Nous nous en approchâmes le plus près possible; une myriade d'enfants et de chiens nous reçurent en nous menaçant des yeux et des dents. Le chef se trouvait au centre de sa tribu, fumant gravement un chibouk. Son cheval, toujours prêt à le recevoir, était attaché à un piquet de sa tente. Notre présence ne le troubla nullement dans son impassibilité. Mais les jeunes filles de la tribu, plus curieuses s'avancèrent vers nous. La plus audacieuse se distinguait par la blancheur tout occidentale de son teint, par la pureté de ses traits. La recherche de sa mise la désignait clairement comme la fille d'un cheik ou d'un caïd. Elle portait une tunique de lin serrée à la taille par une ceinture de soie jaune. Son pied chaussait une babouche brodée de brillantes arabesques. La transparence de son haïck de mousseline laissait voir les noires boucles de ses cheveux constellés de grappes d'argent, de cercles d'or accrochés aux oreilles, de ces éclatantes verroteries qui passionnent les femmes arabes. Comme toutes ses compagnes, elle avait le visage tatoué et colorié; mais ces bariolages ne suffisaient pas pourtant à voiler entièrement sa beauté. Elle nous charma en sortant impétueusement de sa tente un yatagan à la main. Bien persuadée qu'elle avait effrayé les roumis par sa mutine espièglerie, elle sauta follement en riant aux éclats.

Pendant ce temps, l'un de nos amis croquait la moukère, lorsqu'une horrible duègne à la poitrine ravinée, qui était sans doute chargée de veiller aux mœurs de la tribu, rompit le charme de la scène et brisa l'image ébauchée sur l'album du dessinateur, en fondant comme un ouragan sur la pauvre fille et la rouant sans pitié des coups redoublés de son matrak (gros bâton). Pour se glisser sous la tente, la jeune moukère fut forcée de nous montrer une jambe admirablement faite, ce qui redoubla la fureur de la matrone.

Nous donnâmes quelques sous aux yaoulets (enfants) qui nous tendaient la main, et nous quittâmes la tribu. Une heure après, nous étions à notre rendez-vous des bains de la Reine, où nous retrouvâmes nos camarades lestés d'un bon déjeuner.

En nous attendant, ils avaient visité les galeries souterraines des bains, d'où sortent des sources d'eaux sulfureuses, et le point avancé de la côte de Mers-el-Kébir, où périt au douzième siècle Taschfin, fils et successeur du roi Aly, qui, après avoir été battu par Abd-el-Moumet, chef réformateur des abus politiques et religieux à la tête des Kabyles, chercha un refuge dans Oran. Ce prince voulut de là passer en Espagne, où son pouvoir était encore reconnu ; mais, en se rendant la nuit d'Oran à Mers-el-Kébir par un chemin dangereux, son cheval effrayé du bruit des vagues, se précipita du haut d'un rocher, et Taschfin se noya dans la Méditerranée.

Après nous être restaurés comme nos amis, nous montâmes tous à cheval pour continuer rapidement notre route.

Mais, avant de donner le coup d'éperon, nous jetâmes un regard d'adieu au pont des Soupirs de la Reine, que le temps a construit dans le ventre d'une roche, couverte de mousse et criblée de trous, figurant une monstrueuse éponge. Sous les arceaux de ce pont naturel viennent mourir les flots de la Méditerranée, qui jettent leur blanche salive au sable en rendant un soupir, éternel comme la plainte de l'humanité, harmonieux et suave comme la parole à l'oreille de la femme aimée.

La route d'Oran, tracée entre la mer et les montagnes, est un éloquent témoignage de la puissance humaine sur la nature, de la force intelligente qui sait se frayer un chemin à travers des monts escarpés en ductilisant la matière inerte.

La voie de Mers-el-Kebir à Oran est toujours animée. Ce sont des équipages magnifiquement attelés, dont les portières soulevées par le vent vous montrent les yeux noirs et les lèvres roses d'une senora assise à côté de quelque heureux Français ; — des juifs barbus coiffés d'un turban sale et pliant sous le poids de ballots d'étoffes ; — des Espagnols au chapeau rond orné de pompons noirs cheminant sur leurs ânons ; — des Arabes constitués comme l'Hercule Farnèse qui se rangent craintifs et sans détourner la tête sur votre passage ; — des Françaises avec le petit bonnet de tulle et la coquette robe d'indienne. Ce vivant panorama se meut entre la Méditerranée, aux aspects variés, infinis, et la chaîne de montagnes qui serpentent jusqu'à Oran.

Leurs crêtes sont couronnées par intervalles de masures en ruines, de citadelles démantelées, sentinelles de la côte, qui du reste est bien gardée. Le redoutable fort d'Oran, bâti en parallélogramme, sur des roches que le battement séculaire de la mer a percées à jour et dentelées d'arabesques, de bizarres stalactites, fait des signes d'intelligence à son compère le fort Saint-Grégoire, perché en face de lui sur un pic inaccessible comme un vautour grillé par le soleil.

Une ardente lumière jetait des cascades de feu sur les entablements brisés, les contours irréguliers des monts ouverts par la mine, et montrant, les uns leurs damiers de cristaux, les autres les mille veines croisées de leur marbre blanc et noir. Ces masses sont suspendues sur la tête du voyageur comme une incessante menace, — nouvelle épée de Damoclès ne tenant qu'à un grain de sable.

Nos chevaux semblaient éperonnés par les fantastiques légions de ces sphinx de pierre vomissant des flammes; dans leur fougue, ils luttaient de vitesse avec les sveltes goëlettes aux voiles gonflées de vent qui glissaient sur la nappe bleue de la Méditerranée.

Mais au coudé de la route, par une brusque apparition, nous découvrons un pêle-mêle de maisons groupées en amphithéâtre sur une colline, qu'elles montent jusqu'au sommet : c'est Oran. La surprise est agréable. Les gradins inférieurs de ces habitations décrivent une ellipse autour de la rade; les dernières bifurquent et se perdent en points blancs dans une vaste plaine.

Le port d'Oran, profondément encaissé dans la

ville, est constamment peuplé de navires important en France des laines et des peaux, ou en rapportant des vins, des eaux-de-vie. Au milieu des
ballots et des barriques se mêlent les costumes de
toutes les nations. Au moment où nous passions, les
condamnés militaires au boulet étaient en train de
construire une jetée. Ces travailleurs en veste grise,
étaient gardés par des soldats le fusil chargé, prêts
à faire feu sur eux à la moindre tentative de fuite
ou de rebellion.

La première rue d'Oran, qui commence à la
douane, conduit par un plan très-incliné jusqu'à
un rond-point d'où partent des ruelles, les unes
courant à la mer, les autres dans les diverses parties de la ville et jusqu'à une montagne très-élevée
dont le sommet est coiffé par le fort de Santa-Cruz,
ancienne citadelle espagnole, comme son nom l'indique, communiquant autrefois avec Oran par un
souterrain. Un tremblement de terre l'a entièrement démantelée.

L'intérieur d'Oran ne répond pas à l'idée enthousiaste que sa belle perspective inspire au touriste. Des maisons sans style et entassées, du sein
desquelles surnagent les têtes orgueilleuses des minarets et les massives tours du château, — des quartiers superposés les uns aux autres et séparés par
un ravin ; — des rues en escaliers suivant toutes les
irrégularités du terrain ; — des faubourgs sales et
infects, obstrués par des chameaux agenouillés, telle
nous apparut la ville d'Oran à notre passage. Sans
doute une résidence de quelques jours nous l'eût
montrée sous un jour plus favorable, en nous révé-
lant les beautés de ses édifices historiques, de ses

promenades sur les bords de la mer, de ses jardins
d'orangers et de lauriers-roses. Nous aurions ad-
miré sa population hétérogène, civilisée par un sentiment commun, le plaisir, — ses Mauresques, à la
majestueuse stature, ses vives et fantasques Espagnoles, ses spirituelles Françaises, dont la grâce a
depuis longtemps conquis les Arabes. Mais obligés
de nous rendre promptement à Maskara, nous ne
pûmes que traverser l'antique et célèbre cité d'Oran,
tour à tour placée sous la domination des Arabes,
des Turcs, des Espagnols et des Français.

Nous fûmes très-surpris du mutisme, du silence
monacal qui règne le jour dans Oran. Pas de
bruyantes paroles, pas une chanson, pas de ren-
contres, pas de poignées de mains d'amis : des soldats qui flanent et des négresses aux oreilles cri-
blées de boucles, portant sur leur tête les gargou-
lettes remplies d'eau. L'activité se concentrant au
port, la ville ne prend de gaieté et d'animation que
le soir.

Notre guide eut l'heureuse idée de confier nos
chevaux à l'un de ses compatriotes, pour nous faire
visiter le quartier juif, composé de masures compa-
rables pour la forme à des ratières, pour la disposition à une multitude de dés à jouer jetés au hasard,
et décrivant, dans leur capricieuse évolution, une
série de labyrinthes reliés entre eux par des galeries
couvertes. Nous nous engageâmes à tout risque au
milieu de ces catacombes juives.

Par les portes basses des habitations, nous pûmes saisir d'un regard furtif quelques scènes d'intérieur.

Entre quatre murailles nues, se roulaient pêle-

mêle sur un tapis usé une ménagerie d'enfants,
témoignant hautement de l'incroyable fécondité de
la race juive. Leur père, accroupi dans un angle
obscur, les traits contractés, l'œil allumé, frottait
à tour de bras d'une guenille un précieux joyau.
Une matrone, courbée sur un fourneau creusé en
terre, soufflait le feu, pendant que ses filles pétris-
saient une pâte mêlée de sucre, de figues et de raisins cuits. Cette famille israélite rampait sur un
plancher couvert de vases en fer, de débris d'étoffes,
de détritus et de poussière.

Une autre porte entrebaillée nous montra un vieil-
lard au visage d'ascète, une Bible à la main, en
train de psalmodier des versets d'une voix dolente.
Il était entouré d'une nuée d'adolescents qui ânon-
naient en branlant perpendiculairement leur tête
comme des Chinois de porcelaine.

Quelques maisons plus loin, on célébrait bruyamment une noce juive. Les témoins du mariage, pour
éloigner du foyer des nouveaux époux le mauvais
esprit, avaient imprimé, selon la coutume invaria-
ble en pareil cas, leurs mains teintes de rouge sur
les blanches parois de la salle, éclairée par les reflets papillottants des ornements d'argent, de verroteries, des caftans brodés d'arabesques, des tuni-
ques plaquées d'or, des éclatants costumes que portent les invités.

Les groupes bariolés de draperies multicolores
offraient d'étranges rapprochements. A côté de ric-
tus abominables d'usuriers, se dessinaient les ovales
purs des vierges d'Israël. Les masques ratatinés,
les torses parcheminés de quelques juifs faisaient
essortir les chairs opulentes, les contours mode-

r

lés, les radieuses figures d'orgueilleuses femmes drapant leurs charmes dans des attitudes pleines de grâce. Une riche sandale, terminée en flèche, mordait à peine les ongles roses de leurs pieds d'une exquise finesse.

Au centre de la salle, une demi-douzaine de musiciens raclaient du rebab et battaient le tar (tambour de basque) en accompagnant une danseuse vêtue de soie et de gaze, éblouissante de bijoux, dont les poses voluptueuses arrachaient des cris d'admiration à l'assemblée, accroupie en rond autour d'elle. Les danses étaient intercalées de chœurs religieux entonnés par l'assistance.

Tout-à-coup les chants s'interrompent, les musiciens abandonnent leurs instruments, la noce se lève tumultueuse en poussant des cris d'alarme. Notre curiosité nous avait perdus. Nous avions été découverts par les juifs, sur lesquels nous avions produit l'effet de la bête de l'Apocalypse. Nous nous retirâmes prudemment. Mais les femmes, s'imaginant que nous fuyions, hurlèrent après nous un jargon discordant et incompréhensible. Elle nous reprochaient sans doute d'avoir violé leur sanctuaire. Nous nous retournâmes alors en faisant bonne contenance. Cet air assuré en imposa aux filles d'Israël ; elles s'enfuirent craintives l'une après l'autre et battant les murailles.

Arrivés à l'extrémité de la galerie, nous pûmes enfin sortir de cette nécropole habitée par des vivants, il nous fut permis de respirer le grand air et de revoir le soleil.

Après quelques circuits, nous nous trouvâmes au pied de la grande mosquée Mohammed, qui élève orgueilleusement jusqu'aux nues son minaret à plusieurs étages couronnés de balcons. Nous pénétrâmes par un portail échancré de losanges, d'encorbellements peints, dans une grande cour au milieu de laquelle jaillissaient d'un bouquet de fleurs très-habilement sculptées les eaux d'une fontaine. Des Arabes se lavaient les pieds et les mains dans les bassins de marbre blanc, ablutions prescrites par le Koran avant la prière.

Une odeur nauséabonde nous fit tourner la tête du côté de la cour où l'on avait établi une douzaine de baraques entre des colonnes qui supportent les galeries supérieures, les bâtiments de service de la mosquée. Au seuil de ces baraques, des voyageurs, des pèlerins préparaient leur cuisine, raccommodaient leurs burnous en loques, pansaient leurs pieds déchirés par les cailloux et les ronces du chemin avec un sans-gêne qui nous aurait fort surpris, si nous n'avions su que les mosquées sont tout à la fois école, hôtellerie, hôpital, couvent et lieu de prières.

Nous détournâmes les yeux de ce triste tableau, et nous nous dirigeâmes vers la porte de la mosquée. Mais un marabout nous prévint en nous faisant comprendre par signes que nous n'entrerions qu'après avoir ôté nos bottes. Il nous fut cependant permis d'examiner, de l'endroit où nous étions, l'intérieur de cette mosquée, vaste salle aux murailles nues et blanchies, divisée en huit rangées parallèles de colonnes à arcades en ogive qui paraissaient écrasées par un plafond très-bas. Un iman prononçait la prière du haut du khoutbé (tribune) et s'arrêtait de temps à autre pour laisser le temps aux fidèles accroupis sur des tapis, de se tordre les reins par trois fois en embrassant le sol.

Entraînés par la curiosité, nous avions fait quelques pas dans la mosquée malgré la défense du marabout; mais nous fûmes forcés de rétrograder immédiatement devant un groupe d'Arabes, qui nous entoura et braqua sur nous un regard qui n'avait certes rien de chrétien. Nous nous empressâmes de sortir de la mosquée Mohammed.

Nous fîmes un détour pour traverser le village nègre établi à la porte d'Oran. C'est une agglomération de tentes, de huttes en pisé couvertes de branchages, et de maisons carrées trouées de meurtrières. Des noirs chargés de hamals passaient à tout instant devant nous; des femmes arabes, accroupies à l'entrée de leur gourbi, humaient l'air avec délices.

Rien n'étonne comme la vue d'une bourgade arabe après avoir visité un quartier juif. Le sectaire de Moïse paraît humble; sa démarche est glissante, tortueuse; il cache ses richesses sous un faux air de mendiant et un caftan déchiré. Le disciple de Mohammed montre un orgueil intraitable. Il a le regard fier, le pas assuré; il se drape orgueilleusement dans sa misère. Le juif est casanier; il aime l'obscurité, la paix, la vie d'intérieur; il n'a d'entrailles que pour sa famille. Sauf les rapports d'exploitation, le reste de l'humanité lui est étranger. L'Arabe, au contraire, méprise la vie du foyer. Il lui faut avant tout la chaleur des rayons solaires et la libre course au milieu des montagnes. Dès l'aube, il sort de sa tente pour sillonner les chemins aux larges horizons. Il passe la plupart de ses nuits à la belle étoile, enveloppé dans son burnous. Il s'enthousiasme d'une croyance, fait le voyage de la Mecque et revient hadji. On le voit, ce sont des races aussi antipathiques de mœurs et de caractère, aussi distinctes de nature que le singe et le lion. Aussi leurs haines se traduisaient-elles en actes cruels lorsque les Arabes possédaient l'Afrique. Les juifs de ce pays étaient taillables et corvéables à merci.

Avant de remonter à cheval, nous voulûmes rendre une visite aux Français qui ont imprégné de leur esprit et engraissé de leur os la sauvage Afrique. Le cimetière d'Oran, hélas! est trop peuplé de ces pèlerins de la civilisation, en grande majorité frappés par le choléra.

— L'année dernière, nous dit un fossoyeur à la figure enluminée, trois compagnies suffisaient à peine à ensevelir les cadavres.

A côté de guerriers dont les tombes célèbrent pompeusement les exploits, on voit d'humbles croix de bois sur lesquelles sont peintes des inscriptions de ce genre : Ici repose Marie! ou bien tout simplement Louise, — Eugénie, — Clotilde. Ce sont de pauvres vierges folles qui, après avoir égrené leur brillante jeunesse au vent des folies humaines, viennent terminer leur existence désabusée, enterrer leurs rêves dorés en Afrique. Un morceau de bois planté en terre sèche, sur une tombe oubliée, voilà la fin! Si peu de regrets lorsqu'on a inspiré tant de passions! Pas une fleur sur sa mort, après avoir effeuillé les roses sur le chemin de la vie!

Nous ne fîmes pas longue station dans le cimetière d'Oran : la mélancolie nous gagnait; mais, par une mystérieuse influence de la sensation sur l'esprit, nos idées prirent un autre cours aux chauds rayons du soleil qui montait à l'horizon. En sortant du champ de ténèbres, le docteur P... s'écria comme le vieux Goëthe expirant : De la lumière, Seigneur, plus de lumière !...

En s'éloignant d'Oran, on se trouve entre deux chaînes de montagnes qui, resserrant graduellement leurs anneaux diaprés de mille nuances, font une nature des plus pittoresques. A leurs pieds sont semées les tentes des tribus. Ces toiles tendues apparaissent au milieu de parcs de figuiers, de caroubiers et d'oliviers. C'est d'un effet enchanteur, mais l'heureuse illusion s'envole vite au spectacle de villages en ruines et couverts de pariétaires. Rien de plus triste que ces masures abandonnées de leurs habitants, que ces repaires arabes détruits de fond en comble dans la grande lutte que chacun sait !

La route est sillonnée par des Africains voyageurs, qui viennent de Maskara ou du Sig et se rendent à Oran. Ils passent rapides comme l'éclair à côté de nous, en faisant flotter leurs blanches draperies sur la croupe de leurs chevaux lancés au galop.

De nombreuses caravanes de chameaux traversent la plaine et dévorent l'espace d'un pas régulier, en allongeant leurs têtes stupides. Femmes, enfants, tentes, ustensiles, les vaisseaux du désert portent sur leur dos d'airain tout le personnel et tous les bagages des tribus nomades qui, inconstantes comme l'oiseau, vont se désaltérer à une autre source, s'abattre dans une nouvelle oasis.

Parfois nous abandonnions la route et prenions les chemins de traverse, près desquels étaient dressées les tentes des tribus.

Des marabouts (prêtres arabes), accroupis sur des nattes et le visage au levant, prient le Dieu de Mahomet, absorbés dans une fervente contemplation. Une armée d'enfants coiffés de la rouge chéchia, le corps mal couvert par une longue chemise sale et déchirée, rampent dans des attitudes de singe. A la porte des huttes, se montrent des négresses à côté de majestueuses Rachels aux costumes bariolés d'une mosaïque de couleurs à défier les coups de brosse les plus fougueux de Delacroix. Surprises dans leur fantasia par notre regard indiscret de roumi, ces femmes rentrent, vives comme des gazelles, sous la toile enfumée de leurs tentes, où elles ensevelissent les élans de leurs cœurs et l'éclat de leur beauté !

Perdant déjà notre caractère occidental, nous passons muets, écoutant, regardant et rêvant ! Le docteur P... lui-même oublie son inépuisable loquacité ! Comme nous, il contemple émerveillé les plans et les lignes grandioses de la nature africaine que baigne une lumière limpide, ces vastes plaines coloriées de teintes éclatantes, ces chaînes de montagnes qui font serpenter en bleuâtres perspectives les anneaux infinis de leurs mamelons, sous le dôme profond d'un ciel azuré !

Nous ne rompîmes le silence qu'au bourg du Tlélat traversé par une petite rivière où rarement se montre l'eau ; car on a l'outrecuidance d'appeler rivière, dans ce pays du soleil, un ravin qui roule un mince filet liquide pendant deux ou trois mois de l'année. Nos chevaux couverts de poussière ayant besoin d'être pansés, nous les confiâmes au garçon d'écurie d'une auberge qu'on nous avait désignée pour être la meilleure de l'endroit; là nous nous fîmes servir à dîner. A notre table se rencontra un capitaine du génie avec lequel, après quelques banales politesses, nous engageâmes une conversation plus sérieuse, en lui communiquant nos impressions de voyage, notre tristesse à l'aspect de cette fertile nature gâtée par d'infects marais.

— Messieurs, nous dit-il, je viens précisément à Tlélat avec la mission d'assainir ce pays par des travaux de desséchement et d'irrigation, et d'en chasser les terribles fièvres qui l'ont dépeuplé l'année dernière.

— Je croirais bien ! s'écria notre hôte, gros animal à tête de boule-dogue, à poitrine de taureau. Sur les vingt colons belges de Tlélat, je suis le seul qui ait échappé à la camarde.

— Si les colons avaient ouvert des tranchées pour faciliter l'écoulement des eaux corrompues, creusé quelques canaux, les fièvres n'eussent pas sévi si cruellement. Mais, je l'espère, cette année les marais disparaîtront et avec eux le terrible fléau qu'ils engendrent. Quelque difficile que soit ma mission, je l'accomplirai ponctuellement jusqu'au bout, car le salut de la population colonisatrice de l'Afrique en dépend. — Du reste, messieurs, ne vous effrayez pas trop au premier aspect, et croyez que ce climat a été sensiblement amélioré et assaini par les travaux de la France. Nul doute que d'ici à quelques années, on ne vienne habiter l'Afrique comme l'Italie, comme l'Espagne. Ce sera la gloire éternelle de ma patrie d'avoir transformé un climat insupportable et d'avoir civilisé l'un des pays les plus arriérés du globe.

Notre capitaine, dont le visage rayonnait de l'enthousiasme du bien, nous avait tous pénétrés d'admiration. Quel sentiment du progrès, quel dévouement à la science, maîtresse des destinées du monde, quel prêtre de la vraie religion !

Le dessert nous fut apporté par une blonde jeune femme, à l'ovale pur, à la figure suave, dont la délicate bonté nous surprit fort dans un tel lieu. Aussi lorsqu'elle fut sortie de la salle, l'un de nous ayant jeté cette indiscrète exclamation : — ravissante personne ! notre hôte, d'une loquacité inépuisable, en prit texte pour nous accabler de son jargon.

— C'est ma femme ! fit-il en drapant orgueilleusement son double menton. Elle est toute jeune, vingt ans à peine. Il n'y a pas six mois que je l'ai... depuis que son père et son frère moururent du choléra. La pauvre jeune fille était sans pain, sans ressources. Je la pris à mon service ; elle me convint et je le l'épousai... à la mode d'Afrique, il faut dire, car j'ai laissé une femme de six pieds en Belgique.

Et remarquant la mauvaise impression que ces cyniques paroles produisaient sur nous, qui n'étions pas encore moralement acclimatés, il reprit :

— Il ne faut pas que ça vous étonne, messieurs. Sur cent associations africaines, vous n'en trouveriez pas vingt légitimes. Nous nous ressentons du voisinage de la polygamie de Mahomet. Le mariage d'Afrique est passé en us et coutume, comme qui dirait le trentième arrondissement de Paris. On n'a pas le temps de se marier ici avec de longues formalités. On vit fiévreusement, avec l'espoir de deux chances qui ratent rarement : la fortune ou la mort; deux heureuses solutions, parce qu'en tout cas on n'a plus besoin de rien... — Tenez, ajouta-t-il pour s'excuser de sa scandaleuse liaison avec cette candide enfant, vous ne connaissez pas toute ma famille. J'ai un fils aussi, un autre orphelin que j'ai recueilli.

Et il appela de sa voix de stentor.

Un jeune homme à l'air triste et la jeune femme accoururent tremblants.

— Ah! ah! exclama en riant notre hôte, voilà le couple! N'est-ce pas qu'ils sont gentils?... Eh bien, quand je n'y serai plus, quand le choléra m'aura camardé, les jeunes gens se marieront. Voilà!

A l'embarras mal dissimulé du jeune homme, à la subite rougeur de la jeune femme, nous devinâmes le roman de l'auberge. — L'amour n'avait pas attendu la mort. — Mais a-t-il pu purifier l'angélique créature du contact de cet être grossier dont le cœur était pourtant généreux?

Pour ne pas augmenter le trouble des jeunes gens, nous nous empressâmes de solder la carte. L'insupportable colon belge nous poursuivit jusqu'au dehors. Nous étions à cheval qu'il nous parlait encore.

En sortant du bourg de Tlélat, nous découvrîmes un village dont les maisons, en très-bon état, paraissaient abandonnées. Il y avait une tribu près de ces habitations. Nous demandâmes à notre guide l'ex-

plication de ce phénomène, et il nous répondit que
l'administration française avait poussé la complaisance jusqu'à bâtir des maisons pour inviter les
Arabes à sortir de leurs abris de toile, mais que
ceux-ci les avaient habitées quelques jours seulement ; ils les avaient quittées en prétextant que les
insectes se multipliaient dans les demeures de
pierre, mais en réalité pour ne rien emprunter à la
civilisation et pour revenir à leurs sauvages et
simples habitudes, dont la pratique est pour eux
une religion. Cet incident nous fit comprendre l'extrême difficulté de civiliser un peuple si hostile aux
mœurs européennes.

Mais la nature change d'aspect, et l'arbre, que
nous croyons un mythe en Afrique, se découvre
enfin. Ce sont les premiers arbustes de la forêt
d'Ismaël, célèbre par les terribles luttes entre les
Français et les Arabes dont elle a été le théâtre.
Hautes futaies, majestueux chênes de Fontainebleau, où êtes-vous ?... Qui a dormi dans vos grandes
ombres vous compare involontairement à ces buissons nains et rabougris des forêts africaines.

Quoiqu'il en soit, nous éprouvons un véritable
plaisir à reposer notre vue sur quelques arbres-
miniatures dont les gerbes sont intercalées d'herbe.
C'est toujours un peu de verdure, et d'ailleurs, à
mesure que nous avançons, la forêt d'Ismaël justi-
fie toujours mieux son nom. Les oliviers aux fleurs
odoriférantes se multiplient, les saules pleureurs
trempent leurs branchages échevelés dans les ruis-
seaux ; caroubiers, grenadiers, chênes surgissent
çà et là des touffes d'arbustes. Et puis, soyons
justes envers la forêt d'Ismaël, il faut lui tenir

16

compte du tribut qu'elle a payé à la guerre, à la conquête. Autrefois ses peupliers dressaient leurs orgueilleuses têtes à l'horizon, ses armées de pins montaient à l'assaut des mamelons. Mais le soldat a campé dans la forêt, il a dû réchauffer ses membres engourdis par la fatigue et les nuits fraîches, et n'ayant pas le temps d'abattre chaque arbre de la cognée, car le lendemain il devait se lever pour combattre, il a frotté une allumette chimique contre une branche qui a communiqué le feu à une partie du bois; l'incendie a dévoré arbres et broussailles et chassé les Africains des tanières où ils s'étaient embusqués. Plus d'un combat s'est livré au milieu des flammes qui consumaient le corps du vaincu à peine à terre. Mais, aujourd'hui, sentant le besoin de reconstituer ces forêts si utiles au climat, on a créé des gardes chargés de veiller à ce que personne n'ampute le corps de ce vieux guerrier mutilé qu'on nomme le bois d'Ismaël.

Au point central du bois, sur la lisière de la voie qui le traverse dans son parcours de deux lieues, s'est élevée une auberge française d'assez bonne apparence, et qui a pour enseigne : Au clair de la lune. Près de cette auberge, deux bataillons avaient pris leur étape et faisaient leur cuisine en plein vent. C'étaient de joyeux zéphyrs (compagnies de discipline) et des soldats de la légion étrangère.

Plus loin et très à l'écart des uniformes français, reposent des familles arabes parties le matin de Maskara, et qui arriveront le soir à Oran. — Dans l'ombre épaisse d'un caroubier, est étendu un marabout, égrenant religieusement un chapelet près de sa voluptueuse Mauresque, qui, en entr'ouvrant son voile, nous permet ainsi d'admirer à l'aise un délicieux visage. Sa babouche, rejetée de côté, laisse voir son petit pied rose et le serpent d'or qui enroule ses anneaux éclatants autour de sa fine jambe.

O prêtre de Mahomet, quel dieu que celui qui se révèle à toi par cette créature dans les extases de l'amour!... La vive et limpide lumière qui jaillit de son regard brille comme celle que tu adores à l'orient, et le paradis qui t'est promis par ton prophète ne te donnera pas des yeux plus noirs, plus étincelants, ni un plus voluptueux sourire! Abaisse sur la terre ton regard perdu dans l'horizon vague; vois ces tentes grises noyées dans les taillis de la forêt, ces vertes armées de pins et de caroubiers, qui courent en désordre et se perdent au milieu de terrains ravineux; ces chèvres broutant tranquillement au-dessus des abîmes, ces troupeaux de chameaux aux tuberculeuses échines, qui viennent, dociles aux coups de sifflet, se ranger aux côtés de leurs maîtres. Adore la femme et la nature dans la plus vive expression de beauté que Dieu leur ait donnée !

La forêt débouche sur les admirables et fertiles plaines du Sig, où coule une rivière à la source toujours abondante. Ces incommensurables plateaux du Sig sont coupés de canaux d'irrigation qui arrosent des milliers d'hectares d'orge, de blé, de maïs, de tabac, divisés par losanges et par quadrilatères. Pour la fertilité, ils ne peuvent mieux être comparés qu'à la Beauce française; mais les plaines de la Beauce paraîtraient étriquées à côté de celles du Sig, vastes comme la mer. — A une distance infinie, une ligne de roches estompe l'horizon, et tournant du couchant au levant, encadre circulairement ce merveilleux bassin, qui arrache des cris d'admiration au touriste.

A deux portées de fusil d'Ismaël, latéralement au pont du Sig suspendu au-dessus d'un ravin, nous aperçûmes des Arabes qui priaient en faisant force génuflexions et force saluts jusqu'à terre.

Ces personnages se trouvaient au centre d'un amas de pierres de toutes formes, de toutes dimensions, que certes l'étranger ne prendrait jamais pour un cimetière, mais bien pour une véritable carrière. Ce sont pourtant des tombeaux arabes. Un combat sanglant s'est livré dans le champ qu'occupe le cimetière, éloigné de toute tribu, signalé seulement par un marabout. Les troupes françaises ayant éprouvé un échec dans la forêt d'Ismaël battirent en retraite, cernèrent le bois, et les Arabes, fiers de leur avantage, sortirent follement de leurs retraites et se jetèrent dans les lignes des zouaves, qui en firent un épouvantable massacre.

Là où tombe le guerrier arabe, il est enterré. La chute de son corps marque son tombeau. Simple dans la mort comme dans la vie, que faut-il à l'Arabe? Un peu de laine pour le vêtir, un morceau de toile pour l'abriter; — pour vivre, du couscoussou, quelques grains d'orge écrasés entre deux pierres, qui ornent ensuite sa sépulture. — Civilisés, avec vos besoins complexes, votre nature amollie par les jouissances et le bien-être, luttez donc contre la race d'Ismaël, dure comme ses montagnes, sobre et résignée comme ses chameaux, simple comme l'antiquité.

Cependant nos Arabes, penchés sur la tombe de leurs morts, psalmodient des versets du Koran. Puis, profond silence, lèvre muette, corps immobile. Ils semblent se recueillir et causer avec les trépassés. Rien ne les distrait de leur mystérieuse conversation, ni le soleil qui brûle, ni le curieux voyageur qui regarde.

Nous quittons les plaines du Sig et commençons à grimper les rampes boisées d'Ibrahim. De mamelons en mamelons, par des chemins tortueux, effondrés, où nos chevaux trébuchent à chaque instant au bord d'effrayants ravins, nous montons jusqu'au pic de Biskara. Plus de voyageurs, plus de voitures; seulement, présage certain que la route n'est plus sûre, de distance en distance des postes arabes chargés de la sauvegarde des voyageurs. S'il leur arrive malheur, s'il se commet un meurtre, les caïds, les chefs des tribus placées près du théâtre du crime doivent, sur leur tête, trouver et livrer le coupable. Et préalablement, on frappe ces tribus d'un impôt assez onéreux, qu'il leur faut immédiatement payer. On a ainsi rendu tous les Arabes solidaires, en les intéressant à déjouer, par une surveillance active, les guet-apens tramés contre les Européens. Toutes ces mesures n'empêchent pas que trop fréquemment il ne se commette encore des meurtres dans ces montagnes; mais la vigilance des caïds et la répression exemplaire infligée aux scélérats, en font de jour en jour diminuer le nombre.

On voit, perchée sur la crète du mamelon de Biskara, une misérable cabane habitée par un Européen qui vend des rafraîchissements aux voyageurs

16.

épuisés par la fatigue et la chaleur. Nous étant arrêtés là pour faire souffler nos chevaux haletants, cet étrange ermite nous invita à entrer chez lui.

Sa cabane, entièrement construite en terre de Sienne, est distribuée en deux pièces parallèles, la première servant de basse-cour et de cuisine, la seconde de buvette. Au centre de cette dernière chambre, mal éclairée par un œil-de-bœuf, une table sur laquelle étaient rangées en bataille une collection complète de bouteilles de sirops et de liqueurs, le portrait d'Espartero, gravure qui nous révéla la religion politique et l'origine de notre hôte, et deux bancs, tel était l'ameublement de la hutte. Nous comprîmes qu'il y avait là une existence brisée, un naufrage humain. Notre solitaire, après quelques questions indiscrètes, confirma lui-même nos prévisions.

Il était Espagnol, noble et progressiste. Chef des bandes d'Espartero, après avoir longtemps combattu avec avantage les christinos, trahi par les siens, défait, poursuivi de ville en ville, condamné à mort par contumace, sa tête mise à prix, il s'était soustrait à toutes les recherches et avait pu s'embarquer sur une tartane qui faisait voile pour l'Afrique. Là, sans profession, sans ressources, ne sachant que guerroyer, ruiné, car ses biens avaient été confisqués; n'ayant plus ni patrie, ni amis, ni famille, car sa femme était morte de douleur, il avait pris la résolution de ne jamais revenir en Europe et de vivre solitaire avec Dieu; oubliant dans ce désert de montagnes, comme il nous le disait, et la scélératesse et la stupidité humaines. Cependant sa plaie n'était pas bien fermée; son cœur n'était pas entièrement mort au monde ; il saignait encore au souvenir de la patrie, des affections et des enthousiasmes perdus. Et lorsqu'il nous dit :

— Un jour le voyageur qui verra une croix plantée à la place de cette hutte, au milieu de ces cimetières arabes, pensera qu'un criminel ou un excommunié de la civilisation a pu seul vivre ici...

Deux larmes s'arrachèrent de ses yeux flétris, roulèrent dans les rides de son visage, que les douleurs avaient profondément creusées, et sa tête chauve s'inclina sur sa poitrine.

Le récit du proscrit, dit avec simplicité et franchise, nous émut à ce point que nous allions mêler nos larmes aux siennes, lorsque la subite entrée d'un Arabe fit diversion à notre émotion. Nous reconnûmes sa fonction sacerdotale de marabout à ses deux chapelets passés autour du cou : l'un en bois à énormes grains, dont les séries étaient marquées par des croissants d'argent ; l'autre en morceaux de cuir, petits carrés reliés entre eux par des sachets renfermant des versets du Koran, signe d'investiture, précieuse amulette.

L'un de nous s'avança vers le marabout, et lui demanda s'il n'aimait pas les Français. Après nous avoir scrutés du regard, pour s'assurer que sa franchise ne serait pas châtiée, il répondit sèchement :

— Macach !

— Ne vous étonnez pas du fanatisme d'Ali, nous fit observer l'Espagnol, c'est un ancien et fidèle compagnon d'Abd-el-Kader.

A peine ce nom fut-il prononcé, que la physionomie du marabout s'assombrit : sa figure, longue

et osseuse, accusa plus énergiquement ses contours;
ses yeux caves brillèrent d'un fanatisme ardent. Il
les leva au ciel d'un air désespéré, mais fataliste et
résigné. Il revint à son état normal, et sa physionomie ne trahit plus aucune émotion.

Nous sortîmes tous de la buvette. Le marabout
nous suivit; il nous fit comprendre qu'il avait l'honneur d'être chef de poste, en nous montrant fièrement une plaque de cuivre, titre de sa dignité, et le
gourbi sous lequel étaient étendus deux Arabes,
leurs fusils aux côtés, manière orientale de monter
sa garde.

— Comment, dîmes-nous au proscrit espagnol,
pouvez-vous vivre sans crainte dans ces montagnes,
loin de toute habitation, au milieu de ces tribus?

— Messieurs, nous répondit-il, je suis plus en
sûreté ici que dans une ville européenne. Les Arabes
me connaissent maintenant et me regardent comme
un des leurs. Ils sont pour moi une famille de
frères. Je dois dire cependant que, dans le principe,
mon établissement a été difficultueux, périlleux
même. Les tribus ne voyaient pas sans répulsion
qu'un roumi eût eu l'audace de venir s'établir parmi elles, de profaner de sa présence leurs montagnes sacrées. Plus d'un caïd fut alors forcé de
châtier des Arabes qui me menaçaient de mort;
mais je parvins peu à peu à faire comprendre aux
chefs, aux marabouts eux-mêmes, qu'enrôlés sous
la bannière du Christ ou sous le drapeau de Mahomet, nous adorions un Dieu unique, et que toutes
les religions ne sont que des voies diverses menant
et convergeant vers un but commun : la sainteté
de la vie par l'amour de son auteur. Je leur parlai

du Koran, que j'avais lu en entier, et leur rappelai que Mahomet avait été forcé de reconnaître la sublime mission du Christ sur la terre. — Moi qui autrefois étais si absolu, par nécessité, pour ne pas être dévoré par ces barbares, je devins tolérant. Ce sentiment purifia mon cœur de toute haine, élargit ma pensée, qui, dégagée de toute forme, s'élança dans les régions de l'infini. Je compris mieux la nature divine, ses plans grandioses, éternels, et je me consolai des tortures qui m'avaient été infligées par des hommes d'erreur ou de petites passions.

Les Arabes, quoique en général très-fanatiques, s'habituèrent pourtant à me voir, et ils ne me désignèrent plus que comme le bon chrétien. Tenez, ce marabout Ali m'aime particulièrement; mais je n'ai pu le gagner à mes idées de tolérance et d'amour universels. Je lui reproche sans cesse son ardent fanatisme pour Abd-el-Kader. Il répond invariablement à mes remontrances :

« L'Arabe est fidèle à son prophète et à son émir. »

Et je ne me sens plus alors la force de le combattre, moi qui jadis avait pris pour devise : Christ et liberté! La liberté, hélas! je ne l'ai trouvée que dans ce désert!

Cet homme étrange, ce philosophe unique au monde peut-être, nous semblait un phénomène psychologique curieux à étudier. Nous le questionnâmes encore.

— Perdu dans ces solitudes, vous devez vous ennuyer mortellement?

— Regardez! nous dit-il.

Nous étions placés au sommet d'une échelle de

pierres, dont les degrés étaient marqués par des masses qui dégringolaient longtemps jusqu'aux plaines du Sig où le rayon visuel se noyait. Au sud, moutonnaient les montagnes d'Ibrahim, couronnées d'archipels de verdure : c'était une éblouissante et indescriptible palette. Le soleil versait une lumière opale sur les roches phosphorescentes, dont les aiguilles enchevêtrées disparaissaient dans une perspective bleuâtre.

Au sein des vallons cerclés par les bois d'Ibrahim, on apercevait les blanches draperies des Arabes ; on eût dit une forêt druidique. Une foule d'accidents variaient ces délicieux aspects. Un marabout s'était abattu sur un mamelon. Plus loin un olivier solitaire, au centre d'une montagne striée de rayons, pleurait son isolement en se mirant dans son ombre. Des forêts de figuiers, d'oliviers, de lauriers-roses comblaient de profonds ravins, — précieuses oasis où s'étaient réfugiées des tribus. Des troupeaux de chèvres et de moutons composaient un curieux damier, en mêlant les teintes blanches et noires de leur toison. Ces troupeaux apparaissaient au-dessus des monts excavés.

Dans la direction de Maskara, les montagnes, par leur physionomie abrupte et stérile, semblaient repousser ce tableau de bonheur et de fertilité ! Les rayons solaires éclaboussaient des roches amorphes rougies par des courants de laves qui heurtaient brusquement à des schystes pyriteux ou à des bancs calcaires. Leurs gisements contiennent une foule de richesses inexploitées : minerai de plomb, cuivre, marbres, cristaux, curieuses pétrifications. Ces amas hétérogènes affectent des formes pyramidales, cruciformes, ramuleuses, feuilletées. C'est inextricable, tourmenté, d'une sauvage beauté. La nature lance de tous côtés avec une terrible vigueur ses jets de pierres, — véritables escaliers de Titans. L'indifférence des Arabes pour les arts, la nudité de leurs mosquées — qu'Allah seul habite, — leur fatalisme, leur haine et l'idolâtrie des emblêmes s'expliquent alors. Que faire des statues, des images, de symboles extérieurs de la Divinité ? Dieu n'apparaît-il pas vivant dans ces gigantesques entablements qui escaladent le ciel ? — Ecrasé par la symbolique puissance de ces imposantes manifestations, atome perdu au milieu de ces géants de granit qui lui bornent l'horizon, il faut que l'homme tombe à genoux, qu'il roule son front dans la poussière, dont il est sorti en s'écriant : — Dieu est grand !... (Allah kebir !)

Après avoir jeté ce coup-d'œil sur l'église du proscrit espagnol, nous comprîmes toute l'absurdité de notre question, et nous lui fîmes avec émotion nos adieux. Le marabout Ali embrassa sa main droite, qui avait touché la nôtre, — signe certain de respectueuse sympathie chez les Arabes.

La route borde, en descendant le mamelon de Biskara, d'affreux précipices, qui nous forcèrent de ralentir le pas de nos chevaux, car un faux mouvement eût suffi pour nous perdre. Nous fûmes d'autant mieux convaincus de la réalité du danger, qu'en ce moment nous entendîmes des cris de détresse. Une voiture était renversée au bord d'un ravin et surplombait le vide. Nous la joignîmes. Trois Espagnols sortirent du véhicule blêmes d'effroi. Cet accident avait été amené par une roue qui s'était

subitement détachée de son moyeu. Heureusement
les chevaux avaient retenu la voiture près de l'a-
bîme, et l'on en fut quitte pour la peur. Les conducteurs rajustèrent la roue ; mais les voyageurs voulurent absolument marcher jusqu'au bout de ce
large et profond ravin, au-delà duquel on apercevait les figures étonnées des Arabes et de leurs
enfants attirés par les cris.

Par une opposition très-commune en Afrique et
qui fait le charme de cette étrange nature, après
avoir cotoyé des abîmes rebondissant par lignes
verticales, la courbe de la route nous amena devant
un tableau ravissant.

Nous retrouvions les belles vallées qui fuyaient
et se perdaient en perspectives infinies à travers les
assises affaissées des montagnes ; nous entendions
enfin le doux murmure d'une eau vive. L'Oued-el-
Hammam (rivière des eaux chaudes) arrose de fertiles coteaux, des vallons de verdure menacés au
sein de leur placidité par des pyramides de roches
pendantes. Les blanches maisons du village de Labrat apparurent à nos pieds nichées, dans un bas-
fond.

Le soleil, à son déclin, laissait vivre et respirer.
De larges bandes pourpres, frangées de nuages
sombres, couronnaient les monts de l'Oued-el-
Hammam. Rien ne caresse l'œil comme les premières teintes crépusculaires du ciel africain, qui,
en adoucissant par sa molle et chaude lumière les
crêtes anguleuses des roches, promène dans leurs
fossettes ses ombres chatoyantes. Ces monts troués
d'excavations, ces myriades de cônes qui se dressent
à l'horizon ont la texture d'une mer agitée par la

brise, les deux reflets d'une robe de soie pliée et froissée.

Nous oubliions le temps et la vie, à l'ineffable contemplation de ces horizons d'Afrique dont nulle palette, — si riche qu'elle fût, — ne saurait rendre la magnificence. La lumière, — peintre éternel! — improvisait sur la toile céleste de délicieux tableaux, brodant, d'éclatantes arabesques, les pâles nuées, jetant des archipels lilas, des oasis bleues dans les flammes du couchant, créant mille figures fantastiques, évanouies à peine formées sous les baisers de la brise. Le regard et la pensée perdus dans l'infini, nous fûmes pris de cette somnolence extatique qui peuple de rêves angéliques, d'éphémères enthousiasmes, d'heureuses visions, les cerveaux électrisés des hachichin (fumeurs de hachich), et nous murmurâmes des lèvres ce cantique éternel de l'homme et de la nature au Créateur, ce cri sublime de l'Islam : « Dieu est grand ! »

Mais nous apercevons une nuée de cavaliers tournant, avec la rapidité d'une meule, dans l'ovale d'un vallon qui se développe à notre gauche, baigné par l'Oued. Des coups de feu retentissent. Nous nous regardons très-inquiets, croyant déjà, dans notre naïveté, à une révolte de tribu, lorsque notre guide nous dit que c'était un mariage arabe célébré par une fantasia. En effet, après mille exercices, mille simulacres dont nous ne comprenons pas la signification, l'époux vient prendre sa moukère parmi les autres femmes et la fait entrer sous sa tente. Elle est maintenant son esclave, elle lui appartient désormais corps et âme. Nuit lumineuse de l'Afrique dont la clarté ferait pâlir le jour de l'Europe, tu

17

verseras tes cascades d'étoiles sur ces élus de l'amour qui vont se reposer au milieu de cette molle vallée de Tempé, tu seras seule témoin des transports de leur félicité; seule aussi tu verras les larmes, le désespoir de la première épouse délaissée, réduite maintenant à aimer tes astres scintillants et à soupirer avec la brise de minuit.

Nous descendîmes rapidement à Labrat. Nous avions bien résolu de ne pas nous y arrêter, pour n'être pas obligés de traverser pendant la nuit les montagnes de l'Oued; mais, après avoir franchi le pont, notre curiosité nous poussa au milieu d'un groupe d'individus réunis devant une maison isolée, en partie détruite, qu'on avait surnommée la Maison Sanglante à la suite d'un drame africain dont nous entendîmes raconter les détails.

Il y a un mois encore, cette maison était prospère, animée des joyeux échos d'une famille de colons français. Le colon se rendait souvent au marché d'Oran, laissant ses trois enfants et sa femme à la garde d'un vieux domestique. Il avait fait ainsi impunément, et sans concevoir la plus légère crainte, de nombreux voyages. Mais, un jour, en revenant d'Oran, il trouva les portes de sa maison ouvertes et brisées, il entra... et il trébucha contre les cadavres horriblement mutilés de sa femme, de ses enfants et de son fidèle serviteur. Pendant son absence, une bande de pillards arabes s'était introduite la nuit chez lui. Ils avaient surpris le domestique endormi et lui avaient tranché la tête d'un coup de yatagan; ils avaient tué les trois enfants, en leur brisant le crâne contre les murailles encore maculées de sang. Quant à la malheureuse femme, elle avait été attachée à son lit et martyrisée jusqu'à la mort. Puis, après avoir dévalisé la maison de ce qu'elle renfermait, essayé même de l'incendier, après avoir mis tout à feu et à sang, les assassins s'étaient enfuis en emportant on ne sait où leurs dépouilles, peut-être au Sahara. Ces épouvantables meurtres avaient mis toute la contrée en émoi. La justice n'était pas restée inactive; un grand nombre d'Arabes des tribus voisines avaient été arrêtés, mais on n'avait encore aucune révélation, aucun indice sur les coupables appartenant sans doute aux hordes nomades du désert. Un impôt de cent mille francs avait été frappé sur les tribus, et le malheureux colon avait reçu pour sa part dix mille francs d'indemnité. Mais la tête perdue, la rage au cœur, il errait depuis ce moment comme un fou dans les montagnes, en répétant à tout le monde qu'il saurait bien trouver les meurtriers de sa famille et qu'il se vengerait des Arabes.

Nous voulions fuir au plus vite la Maison Sanglante, lorsque nous nous aperçûmes que notre guide s'était éclipsé. Il revint bientôt vacillant sur ses jambes de héron et heurtant à tous les cailloux. Le malheureux sortait d'une auberge de Labrat, où il avait bu outre mesure du vin blanc de Maskara.

— Camarades, restons ici, nous dit-il la langue épaisse ausitôt qu'il nous eut abordés. — L'Oued n'est pas sûr la nuit. Et puis, je ne me sens pas à l'aise, j'étouffe... J'ai idée que le vent du désert, que le sirocco va souffler d'une rude façon. Croyez-moi, n'allons pas plus loin, ou le simoun va nous enterrer !

Tenant absolument à arriver à Maskara le soir, nous prîmes la peine de hisser notre guide sur son cheval, en essayant de lui persuader que l'extrême chaleur qu'il ressentait n'était pas produite par le sirocco, mais bien par le capiteux vin de Maskara, dont les fumées lui échauffaient le cerveau ; mais il maugréait toujours son éternel refrain : — Le sirocco va souffler, c'est sûr !

Vivement contrariés de la malencontreuse ivresse de notre guide, l'esprit attristé par la tragédie de la Maison Sanglante, nous cheminions silencieux, tout occupés d'ailleurs à ne pas tomber dans les bas-fonds en gravissant les escaliers tournants des monts escarpés de l'Oued-el-Hamman, appelés à juste titre Crève-Cœur par les Européens, et dont la chaîne ne finit qu'à Maskara. A mesure que nous pénétrions dans ces antres, par une route irrégulière, violemment tracée à travers le roc, les sites et les indigènes paraissaient plus sauvages. Les Arabes passaient rapides en nous lançant de farouches regards. Des femmes, accompagnées de leurs négresses, que nous surprîmes à puiser à une source, abandonnèrent leur peau de bouc pleine d'eau et s'enfuirent à toutes jambes, bondissant comme des gazelles effrayées.

— Diable ! dit un lovelace de notre caravane, je ne faisais pas une telle peur aux Françaises !

Plus de vallons, plus de plaines, plus d'habitations, pas même un marabout, rien que le ciel et des montagnes dont les blocs étaient séparés par des pentes perpendiculaires qui ouvraient de profondes gorges, un moutonnement perpétuel de mornes sillonnés de crevasses, une véritable ébullition de pierres, mirage de la mer en courroux. Nos pauvres chevaux montaient à l'assaut de forteresses étagées les unes sur les autres.

Toute cette nature était en fusion. Elle tordait convulsivement ses membres de granit comme un épileptique. Nous étions saisis d'un religieux effroi devant ce déluge de figures fantastiques, sculptées par le temps dans les entablements des rocs et qui se dressaient devant nous comme de mystérieuses énigmes. C'étaient des sphinx cabalistiques, des dragons aux yeux de feu, de capricieuses chimères, des gargouilles accroupies allongeant leur cou sur des cavernes aux gueules béantes, des hydres dressant leurs myriades de têtes ; de frénétiques gorgones, aux prises avec de hideuses harpies ; des groupes de gnomes, de furieux accouplements de lascives sirènes aux seins abondants et mamelonnés, à la luxuriante chevelure tressée par des forêts de pins, avec de monstrueux Polyphèmes dont l'œil était un abîme ! de gigantesques luttes de Titans brandissant leurs massues de pierre, à côté d'une accolade de deux héros réconciliés, et d'un amant pétrifié aux pieds de son insensible dame. Un Lazare déguenillé ramassait les miettes du festin sous le portique d'un fantastique palais fouillé d'arabesques, ciselé de dentelles de pierre ; un poète au front éclairé d'une blanche étoile de marbre rêvait près d'un Prométhée enchaîné et menacé par le vol circulaire d'un vautour. Puis c'étaient d'horribles excavations, enflammées par les feux du soleil couchant, où se démenaient furieusement une légion de démons en attisant les passions, à côté de saints à la tête chauve priant à genoux pour les pécheurs et les déshérités ; de blonds anges échelonnés sur des escaliers dont les derniers degrés se perdaient dans l'azur des cieux. On croyait voir des Madeleines en pleurs, narguées par la bruyante joie de jeunes écervelés ; une procession de moines encapuchonnés se heurtant à des soudards qui ripaillaient d'un festin de Balthazar ; des fous coiffant un diadème ; un Pygmalion retenant une Didon désespérée qui surplombait le vide. Ici un lion se bat les flancs de sa queue et hérisse sa crinière ondoyante.

Là un tigre blotti est prêt à se jeter sur sa proie ; des troupeaux de chacals flairent des cadavres. Plus loin un énorme reptile déroule ses anneaux diaprés et pique le talon d'un peintre qui broie des couleurs sur sa palette de marbre. La vie universelle est là dans toutes ses manifestations ridicules ou sublimes, avec tous ses contrastes, ses grandeurs et ses misères, ses grâces et ses contorsions, ses grimaces et ses sourires. Ces groupes multiformes, ces étranges statues sur lesquelles ruisselaient les laves du couchant, dansaient autour de nous une sarabande épileptique et magnétisaient notre esprit. Qu'on se représente, pétrifiés par une puissante main, les mouvements tumultueux d'une mer agitée, ouvrant des abîmes incommensurables, élevant ses masses liquides jusqu'aux nues, confondant ses eaux tourmentées avec l'horizon, et l'on aura une idée du jeu des lignes dans les montagnes de l'Afrique.

Ce que nous avions tant redouté, la nuit nous surprit en gravissant le col du Limaçon, tristement célèbre par les assassinats multipliés dont il a été le théâtre.

Cependant le firmament ayant allumé ses girandoles d'étoiles au-dessus de nos têtes, nous ne ralentissions pas notre marche, lorsque nous fûmes arrêtés par un poste arabe. Son chef dit à notre guide qu'il y avait quelque danger pour nous dans les montagnes, à cette heure, que d'ailleurs les postes arabes devaient arrêter à la nuit les voyageurs et les faire reposer sous leurs tentes jusqu'au lendemain matin. Nous nous débattîmes comme des étourneaux contre cette consigne qui nous semblait tyrannique, et l'Arabe, voyant notre caravane aussi nombreuse, se décida à nous laisser le passage libre, persuadé sans doute qu'on n'oserait pas nous attaquer.

Mal nous prit de ne pas accepter l'hospitalité du chef de poste, car, une heure après l'avoir quitté, le ciel se couvrit tout-à-coup de nuages épais et un violent orage se déclarait. L'atmosphère était à ce point surchargé d'électricité, que nous nous jetions la face contre terre pour aspirer un air moins chaud. Nous traînions nos chevaux par la bride, marchant péniblement aux lueurs des éclairs qui nous découvraient les abîmes et découpaient de fantastiques salamandres sur les roches, dont les masses nous enveloppaient de toutes parts. Le tonnerre roulait d'échos en échos dans les montagnes ébranlées et répercutant successivement ses détonations, — bataille titanique dont chaque roc est un canon retentissant; deux armées de granit galvanisées par la fureur se ruaient l'une sur l'autre en vomissant l'épouvante et la mort. Mais d'où sort ce bruit continu et assourdissant? N'est-ce pas une légion de tambours battant la charge au milieu de la mêlée?

Non, c'est la course désordonnée des ravins subitement comblés par une pluie d'orage et qui charient des fragments de roches détachés par la violence de la foudre. De féroces artistes font leur partie dans ce sauvage concert formidablement cuivré ; tout tonne, tout s'ébranle dans une rage furieuse, tout rugit, et le ciel et le lion !

Le sol tremblait sous nos pas. Nous étions perdus d'effroi au milieu de ce cataclysme. Au fond des ravins, nous craignions d'être ensevelis sous les décombres d'un monde de pierres ; sur les mamelons, d'être jetés dans les gorges. Pour comble d'infortune, les ténèbres épaisses nous avaient séparés de notre guide et d'une partie de la caravane. Nous nous trouvions isolés et sans être même certains de suivre la bonne voie. La contagion de la rabbia nous gagna et succéda à nos premières impressions de terreur. Nous mêlions déjà nos imprécations à celles de la nature, quand nous entendîmes le galop d'un cheval. Il n'y avait qu'un Bucéphale monté par un Arabe qui pût ainsi voler par ce temps effroyable. C'était pourtant notre guide. Il se jeta haletant au milieu de nous en s'écriant :

— Au secours ! accourez ! Les Arabes assassinent vos amis... C'est affreux ! Ils sont tous égorgés.

Foudroyés par cette véhémente nouvelle, sans réfléchir même si nos amis égorgés avaient besoin de secours, nous suivîmes le guide, qui nous fit grimper une rampe rapide, au risque de nous tuer, en hurlant toujours comme un forcené. Heureusement les pluies tombées en abondance avaient balayé le ciel, et le disque de la lune éclairait notre course.

— Les voilà ! voilà les brigands ! — s'écria tout-à-coup notre guide en nous désignant des silhouettes humaines, qui dessinaient leurs ombres à vingt pas de nous. Et enfonçant ses éperons dans les flancs de son cheval, brandissant follement son sabre, il s'élance sur ces fantômes, qui s'écartent subitement de sa fougue et s'évanouissent sur son passage.

Avant de l'imiter, nous cherchions à connaître nos adversaires, et nous nous rapprochions doucement d'eux ; mais quel ne fut pas notre étonnement en entendant la voix de nos amis ! — Ce guide est-il fou ou enragé !... criaient-ils. En ce moment nous eûmes un accès de gaieté homérique, dont nous ne pûmes nous défendre malgré notre situation critique, et nous nous réunîmes en riant aux éclats, ce qui dégrisa et désarçonna un peu ce nouveau Don Quichotte. Il revint sur ses pas ; nous eûmes encore beaucoup de peine à lui faire reconnaître qu'il n'avait pas affaire à des Bédouins, mais à ses voyageurs qu'il allait tout simplement sabrer. C'était chez lui une idée fixe, et il répétait sans cesse :

— J'ai rencontré des Arabes qui ont voulu m'assassiner. Nous sommes perdus si nous ne leur échappons pas par une fuite rapide.

Et comme pour justifier ses sinistres prévisions, des cris menaçants retentirent en ce moment, et nous vîmes bientôt un homme déguenillé, tête nue, qui courait en jetant à la nuit de lugubres gémissements.

C'était le fou de la Maison Sanglante de Labrat, qui errait la nuit dans les montagnes de l'Oued, et

que notre guide, dans l'hallucination de son ivresse,
avait pris pour un bandit arabe. Nous ne bron-
châmes pas, et le fou passa près de nous sans nous
voir, en murmurant son sinistre refrain.

L'orage ne grondait plus; les blanches nues
étaient constellées d'étoiles, et remis de toutes nos
émotions, nous étions disposés à reprendre notre
chemin; mais notre cicerone, épuisé par les efforts
qu'il avait faits dans sa charge à fond contre les
ombres de nos amis, complètement abattu par la
réaction de l'ivresse, était incapable de nous guider.

Nous étions fort écartés de notre route. Nous nous
trouvions au milieu des roches, dont quelques-unes
formaient des portiques. Nous prîmes le parti de
coucher notre guide dans une caverne assez spacieuse pour nous contenir tous, et cinq minutes
après il ronflait comme un soudard. Nous-mêmes
nous nous plaçâmes à côté de lui, laissant nos chevaux s'étendre devant nous à l'ouverture de notre
singulier dortoir. Là, nous essayâmes de reposer,
couchés tant bien que mal sur la terre comme de
vrais Arabes; mais les cris rauques du lion, les
glapissements des chacals troublèrent notre sommeil. Nous nous rassurions cependant par l'éloi-
gnement d'où nous semblaient partir ces cris, lorsqu'un terrible rugissement nous terrifia en ébranlant
les pierres de notre caverne.

Nous attendîmes, en proie à une inexprimable
anxiété, l'apparition du jour, et, à la première aube,
nous décampâmes, très-heureux de sortir intacts
de cet antre où nous avions éprouvé tant d'émotions
violentes. Notre cicerone, enfin dégrisé, qui du reste
ne se rappelait rien de la veille, nous mit cette fois
dans la bonne voie.

Après avoir gravi ou escaladé de titaniques échelles de pierre, fatigué de plonger les yeux dans des ravins échancrés de monstrueuses rigoles, et de voir moutonner à l'horizon des vagues de mamelons crayeux d'un aspect rude et stérile, le voyageur, à un détour de la route d'Oran, passe, par une brusque transition, du spectacle de la sauvage nature africaine au mirage des œuvres de la civilisation. Sa vue se repose délicieusement sur des plaines immenses, des champs de blé, des vignobles, des vallons pleins de lumière, encadrés et nuancés par des absinthes, des cactus, des aloès et des lauriers roses. Les blanches maisons d'une ville française apparaissent sur un monticule dominant le vaste plateau de Ghris, et se trouvant encaissé par un cirque de hautes montagnes. C'est Maskara !

Nous arrivâmes aux portes de Maskara un jour de grand marché, c'est-à-dire au moment le plus favorable pour connaître les mœurs, les faits et gestes de la race arabe, le marché indigène étant un forum, un lieu de transactions, un palais de justice et une assemblée générale de tribus.

Entraînés par notre curiosité de touristes, bravant la fatigue du voyage et un soleil ardent qui éblouissait la vue en se reflétant sur les blanches draperies des Arabes, nous restâmes spectateurs obstinés des étranges scènes qui se jouaient devant nous.

Le décor était magnifique. Le regard se noyait dans les lignes indéfinies d'un immense horizon, et découvrait, par-delà les assises affaissées des monts, les lointaines perspectives du désert.

Le marché se concentrait sur le versant d'une

montagne, à l'entrée de Maskara (porte d'Oran) : mais en réalité il se continuait en s'éparpillant par groupes sur plusieurs mamelons contigus. Le terrain n'est pas cher en Afrique, en prend qui veut. Point de redevance aux propriétaires, messires Soleil, Simoun, Choléra et compagnie, préférant — vrais Shilock — la chair et la vie à l'argent.

La confusion du marché nuisait fort à l'observation. Qu'on se figure un pêle-mêle inextricable de chevaux, de taureaux, de gazelles, de troupeaux de boucs, de chèvres et de moutons; au milieu de ces quadrupèdes, une foule bariolée de tous les costumes, de toutes les nuances, mais où dominent les tons blancs et grisâtres, et cette foule remuant perpétuellement comme une fourmilière en travail, croisant dans tous les sens d'une place, allant d'un marché à un okel (bazar), composé d'une centaine de boutiques ou plutôt de niches carrées pratiquées dans un mur en pisé.

Les marchés de l'okel se relient entre eux par une large avenue dont les parties latérales sont occupées par des hôtels français et de nombreux cafés maures, à la porte desquels on voit paresseusement accroupis des Arabes qui ont terminé leurs ventes et leurs achats. Le ramadan leur défendant jusqu'à nouvel ordre de fumer le chibouk et de boire l'épais café, ils égrènent un chapelet ou causent entre eux en marquant chaque période de leur discours, chaque phrase, par une attitude pour ainsi dire démonstrative. Leurs gestes sont si expressifs, qu'un observateur attentif peut saisir le sens de la conversation sans en entendre un mot.

Au milieu des flots d'individus de toutes races

qui battent le marché, où un innombrable troupeau
d'ânons chargés de différents produits attendent
résignés et patients la pratique côte à côte avec leurs
maîtres, on distingue aisément le Juif aux mouvements tortueux, coiffé du turban ou du noir fécy,
vêtu du gilet boutonné jusqu'au menton, de la veste
à manches fendues jusqu'au coude, et de la large
culotte blanche fixée à la taille par une ceinture de
soie. — Voici l'Espagnol à la démarche vive, avec
sa veste d'Arlequin et son chapeau à pompons noirs;
puis l'Arabe au visage bronzé, à la pose altière, au
pas lent et mesuré, drapé comme une statue dans
les plis de son burnous; — la moukère complètement enterrée sous son linceul de toile, traînant ses
larges babouches et portant derrière elle un enfant
nu. — Ici le Maure indolent et superbe; — là les
négresses réunies en cercle, assises dans la poussière, à peine couvertes par une pagne à grands
carreaux, et riant à cœur joie en attendant le signe
du maître pour porter à la tente le bois, le sel, les
pastèques, les dattes, le gâteau de figues, la laine
et l'orge achetés; — enfin le Français sillonnant la
place en conquérant, marchandant pour Marseille
des peaux de mouton et gouaillant sur son prix le
vendeur arabe, qui répond par un dédain superbe
et un mutisme absolu aux quolibets du roumi.

Acheteurs et curieux visitent tour-à-tour le marché de l'okel, où des juifs vendent pêle-mêle babouches, narghilés, haoulys à franges d'or, haïcks
de mousseline brochée de fleurs, ceintures de soie
à feuilles de palmier, cercles d'oreilles, anneaux
de pieds, œufs d'autruche, benjoin, musc de gazelle,
amulettes en cuir rouge contenant des versets du

Koran, temagues (bottes), étoffes à tentes, koheul et henna pour teindre le visage des femmes, djebiras (sachets en cuir), étriers d'argent massif, brides plaquées d'argent, selles brodées en fil d'or, chapeaux de paille peints et ornés de plumes d'autruche, cordes en poil de chameau ; bref, toute la défroque et tous les ustensiles à l'usage du pays.

Près de l'okel, une nuée de yaoulets (enfants), vêtus de la longue chemise et coiffés de la chéchya, gambade joyeusement autour d'une demi-douzaine d'équilibristes marocains taillés en géants, qui exécutent des tours de force à peu de choses près semblables à ceux des bateleurs de Paris. Ce sont de plaisants sauts de carpe, des attitudes de grenouille et de tortue, des contractions de membres, des pyramides humaines dont les spectateurs paraissent émerveillés. La musique du pays, c'est-à-dire les pans-pans du derbouka, le ronflement aigu de la flûte-roseau, du zoumarah, et la plainte grave du monocorde, encourage les artistes. Bizarre coutume, et qui prouve à quel point les Arabes sont religieux : les diverses phases de ces jeux se signalent par un récit d'articles du Koran. Le chef de la troupe nomade, qui est un prêtre, le marabout psalmodie ces prières que tous les assistants, sans exception, répètent en chœur après lui comme une litanie.

Les curieux abandonnèrent tout-à-coup les bateleurs marocains et se précipitèrent en masse du côté du marché. Pour émouvoir à ce point les Arabes, d'ordinaire si flegmatiques, il devait se passer quelque chose d'extraordinaire. C'était un juif du Sahara qui amenait sur le marché une femme Arabe. Le juif s'arrêta, fit accroupir la femme et la flétrit publiquement en lui ôtant le voile, signe de l'honneur des moukères africaines.

Elle était belle, d'une beauté sauvage, tatouée et coloriée; sa corpulence, qui portait le deuil de la jeunesse, n'avait pourtant pas encore l'ampleur des formes, le déhanché, le laisser-aller des matrones arabes de trente ans.

Deux sourcils noirs et prolongés ombrageaient de grands yeux de gazelle, dont la teinture bleue des paupières inférieures et des cils faisait ressortir l'éclat et la prunelle. Ses lèvres, la paume de ses mains et ses ongles étaient teints du rouge de henna.

En outre, elle était tatouée au front d'un losange, à l'avant-bras de feuilles de palmiers et à la jambe d'un serpent. Les boucles de sa chevelure s'échappaient de deux mouchoirs à carreaux, croisés en sens inverse sur sa tête, et s'entortillaient comme des lianes amoureuses autour des grands cercles accrochés à ses oreilles. Une profusion de colliers retombaient sur son sein nu. Sa robe de Tunis, à côtes blanches et roses, que le juif avait un peu relevée, découvrait un petit pied d'une parfaite cambrure, encore orné du krolkral, l'anneau de mariage.

La malheureuse ne pleurait pas. L'expression de sa douleur n'en était que plus terrible. Elle avait le masque de la mort sur le visage. La main posée sur son voile de toile et sur son haïck, dont le juif l'avait dépouillée, elle regardait la terre avec convoitise, comme pour y chercher un tombeau.

D'où venait-elle? quel crime avait-elle commis?

Nous sûmes depuis que, surprise infidèle sous une tente étrangère, elle avait échappé à la mort en fuyant son douar. Alors elle avait cherché un refuge dans la tribu de son père, qui, sans pitié pour sa faute, l'en avait chassée. Repoussée de tous, elle errait à l'aventure et fût sans doute morte de faim au fond de quelque ravin, lorsqu'un vertueux juif, un juif prix Montyon, un vrai juif d'Afrique, la rencontra, en eut pitié, la sauva, et finalement l'exposa dans le meilleur état de santé possible, ainsi qu'on l'a vu, sur la place du marché. Mais, selon la morale la plus élémentaire, toute bonne action devant trouver sa récompense, le juif, qui avait dépensé chaque jour une poignée de couscoussou pour nourrir la moukère, demandait le remboursement pur et simple de ses frais.

Il cotait donc sa bonne action à quarante douros; il offrait généreusement sa protégée au public moyennant deux cents francs. C'était vraiment pour rien! Ne trouvant pas d'acheteur à ce prix, il la céda à un Mzab, boucher à Maskara, pour vingt-cinq douros. Le moment de la séparation fut pathétique. Le juif versa des larmes amères sur ce marché contracté à regret. Il est si douloureux de se séparer de ce qui vous est cher! Mais que voulez-vous! quand on est pauvre, il faut bien gagner sa vie! Le Mzab voila la Moukère, la fit marcher devant lui et l'emmena à son gourbi. Dès-lors on ne s'occupa plus de cette nouvelle Agar. Elle avait trouvé gîte et maître.

En Afrique, on ne se rend pas seulement à un marché pour traiter des affaires commerciales : les parents, les amis des différents douars se rencontrent là et se témoignent la plus vive sympathie, par des démonstrations sans nombre. Je voyais les Arabes s'aborder, s'embrasser la tête à la hauteur des tempes, et toucher mutuellement leurs burnous d'une main empressée qu'ils portaient ensuite à leur bouche. Les vieillards (les cheiks) étaient l'objet de l'universelle attention. On courait à l'envi au-devant d'eux, chacun voulait presser de ses lèvres leurs draperies. A quoi les cheiks répondaient invariablement :

— Qu'Allah te favorise! Comment vas-tu? comment se portent tes femmes, ton cheval, tes troupeaux?

La conversation s'engageait alors, on se prenait l'index et l'on allait s'asseoir, pour deviser à l'aise, sur le tapis des cafés maures. Ces mœurs patriarcales surprennent fort l'Européen.

C'est aussi dans les marchés que se terminent les querelles, que se décident les procès. Près de moi, précisément, se tenait une de ces cours judiciaires en plein vent, qui par leur simplicité rappellent le temps où saint Louis rendait la justice sous un chêne.

Le tribunal arabe était uniquement composé d'un agah que j'avais remarqué, autant à son riche costume, à son chapeau de paille colorié et orné de plumes d'autruche, à ses burnous en laine fine, qu'à l'empressement des indigènes à se grouper autour de lui. On avait conduit son cheval harnaché pour ainsi dire d'or et d'argent, jusqu'à la porte d'un café maure. Là, l'agah était descendu, s'était assis sur de moëlleux coussins, et, après avoir été rafraîchi par un éventail en plumes d'autruche agité par la main d'un nègre, après avoir répondu à quelques demandes de son entourage, il avait ouvert la séance au grand jour, sous un soleil versant cinquante degrés de chaleur.

Aux côtés de l'agah, un secrétaire transcrivait de sa plume de palmier, en écrivant de gauche à droite, les raisons du plaignant, les observations de l'accusé et les dépositions des deux témoins qui tranchent habituellement la question pour ou contre. L'agah, dans une impassibilité absolue, prononçait une amende de dix boudjouds, condamnait à cent coups de matrak (bâton) appliqués sur les reins, appliquait son cachet sur le parchemin du secrétaire, et tout était fini. En une demi-heure l'agah expédia ainsi trois ou quatre jugements qui étaient entendus et exécutés sans mot dire.

Un curieux incident détourna notre attention du tribunal arabe.

La foule s'écartait respectueusement à l'approche d'un magnifique lion tenu en laisse, comme un innocent caniche d'aveugle, par un marabout de Tiaret. Les Arabes, avides de choses merveilleuses, attribuaient naïvement à la vertu religieuse, à la puissance mystique du marabout la surprenante docilité de ce lion qui, naguère, décimait les troupeaux des douars de Tiaret et de Saïda, au sud de Maskara, et que le prêtre arabe avait su apprivoiser jusqu'à le promener en tous lieux, dans les bourgs et les marchés, en le retenant seulement par une petite corde de palmier qu'un enfant aurait brisée. Quelques versets avaient, dit-on, suffi pour accomplir cette œuvre miraculeuse. Aussi le marabout, qui n'avait pour moyen d'existence, comme bon nombre d'individus de sa caste, que la charité musulmane, voyait-il tomber par centaines les dinars et les boudjouds dans le capuchon de son burnous.

Cependant les Arabes, tout crédules qu'ils paraissent être, surveillaient le moindre mouvement du lion et faisaient prudemment le vide autour de Sa Majesté. L'animal s'avançait de notre côté en soulevant lentement l'une après l'autre ses énormes pattes, semblables à des madriers, traînant sa queue sur le sol, en montrant aux badauds, qui reculaient devant lui, une superbe encolure, un râtelier admirablement monté, un nez écrasé et un œil de colère et de mépris. Le marabout cherchait à l'apaiser en lui récitant des versets du Livre ayant trait aux animaux et le frappant sur l'os frontal d'un bâton d'olivier ; mais rien n'y faisait. La sauvage physionomie du quadrupède s'animait de plus en plus. Il était évident que les curieux l'importunaient de leurs regards indiscrets, et qu'il voulait s'en débarrasser d'une manière ou de l'autre.

Nous prévoyions une scène tragique, lorsqu'un terrible rugissement remua le sol et bouleversa le marché. Infidèles et croyants, Africains et Européens disparurent aussitôt en se précipitant les uns sur les autres pour échapper plus vite. Nous aperçûmes alors, à une portée de fusil du lion, une centaine de chameaux qui beuglaient horriblement, sautaient de droite et de gauche et dansaient sur leurs quatre pattes d'une manière grotesque, en cherchant à s'éloigner sans pouvoir y réussir. C'était une caravane arrivant du désert. Le lion avait senti le chameau et le chameau le lion. Amis comme le loup et l'agneau, ils s'étaient immédiatement reconnus.

Cependant le marabout, qui avait été forcé de lâcher prise, sans perdre de temps et avec une présence d'esprit vraiment digne d'admiration, s'était jeté hardiment au-devant du lion pour lui barrer le passage. Sa pose d'athlète sembla en imposer à l'animal, qui s'arrêta dans son élan, et dont il se rendit de nouveau maître absolu. Le marabout le frappa sur la tête, et cette fois sans réciter aucun verset du Koran. Son influence était manifeste. L'animal grondait sourdement, mais sa colère s'éteignait comme un orage qui s'éloigne. Il se laissa entraîner par son maître, et la circulation du marché reprit son cours.

Les vaisseaux du désert, en proie à une violente émotion, remuaient constamment leurs tuberculeuses échines, tendaient leur long cou d'un air craintif et béat, et se retranchaient les uns derrière les autres. Le chamelier eut toutes les peines du monde, en se pendant à leur cou, à les accroupir pour décharger leur cargaison de laines du désert, que des juifs vinrent reconnaître et faire enlever. Pendant ce temps, notre chamelier, assis sur la croupe de l'une de ses bêtes, avait tiré de sa djebira une pipe bourrée d'herbes aromatiques et s'était mis tranquillement à fumer.

Je me rappellerai toujours le caractère de simplicité, de noblesse, de quiétude religieuse de l'Arabe du désert. Un œil noir, bien ouvert, habitué à contempler les larges horizons du Sahara, à découvrir sur les sables la trace du passage des tribus nomades, illuminait comme un phare un angle facial aigu, un visage d'ascète, parcheminé par le soleil.

Deux morceaux de peau de bouc fixés par une

ficelle à ses pieds, une chemise de laine (habaya) usée, déchirée, dévorée par la poussière, sous laquelle se dessinait un torse sec et nerveux, une calotte rouge recouverte d'un haïck serré sur la tête par une corde en poil de chameau, composaient tout son costume. Il n'y avait pas dans la foule une semblable expression de sauvage fierté. La face superbe du lion du marabout offrait seule de l'analogie avec la mâle physionomie du chamelier.

Nous ne nous lassâmes pas de scruter du regard ce sphynx du désert, nous analysions sa vie, nous nous incarnions en lui, nous aurions voulu le suivre dans les immenses solitudes qu'il avait dû traverser pour apporter sa cargaison de laines à Maskara. Que de fatigues il avait subies, que de dangers il avait courus, mais aussi quel spectacle il avait vu !
— Voici le désert, c'est-à-dire le silence et l'infini partout ! Muets, le ciel et la terre semblent se confondre dans une incandescente étreinte. Une atmosphère de tièdes vapeurs fait le mirage et voile l'horizon. Au milieu des sables enflammés qui ondoient dans l'espace comme une mer aux flots d'or, la caravane indolente et confiante en Dieu suit le sillage tracé par des pilotes du Sahara. Un coup d'aile du terrible vent du sud, du simoun, des pas indicateurs effacés par une trombe de sable, suffisent pour égarer ou pour engloutir la caravane ; mais, en revanche, qu'il est beau de lutter contre le désert et d'en triompher ! Quelle indicible joie de voir saillir dans le vide la verte oasis où les lèvres desséchées se désaltéreront, de trouver le doux repos après la fatigue, les ombrages et les sources babillardes après la soif, les visages riants des femmes

et des enfants après la solitude, l'amour après les dangers de la mort !

Aurait-il été possible à un Européen d'accompagner le chamelier qui venait du fond du Sahara, de Timinoum ou d'Ouargla, et s'était contenté, chaque jour, durant trois mois de voyage, au milieu des plus grandes fatigues et de dangers sans nombre, d'un mince filet d'eau à désaltérer, à peine un oiseau et d'une pincée de farine cuite au soleil, de la rhuina du voyageur arabe ? Et pourtant, dans ces misérables conditions, le nomade avait vécu parfaitement heureux. Libre de soucis et d'importunes pensées, il avait bondi dans les incommensurables espaces du Grand Désert avec l'insouciance et l'agilité de l'autruche, de la gazelle et de l'antilope. Chaque force a son destin.

Une violente discussion qui s'éleva, subitement, comme un orage au ciel d'Afrique, entre le chamelier et les Arabes de Maskara coupa court, à mes réflexions. On faisait d'humiliants reproches au conducteur de chameaux, on le menaçait et on l'insultait. C'était un kouaredji (hérétique), un youdi (juif), un roumi (chrétien), un kelb (chien). A toutes ces injures, le nomade impassible ne répondait que par des bouffées de tabac. Furieux de ce dédain, les Arabes de Maskara se jetèrent comme un troupeau de chacals sur lui, brisèrent en morceaux sa pipe et se disposèrent à l'étrangler ou à l'assommer, lorsque survint l'agah juge, qui s'était levé de son siège pour s'informer de la cause de ce trouble-fête.

Dans l'explication donnée à l'agah, nous ne pûmes saisir distinctement que le mot souvent ré-

pété de ramadan. Nous comprîmes que le pauvre
chamelier avait commis une profanation religieuse
en violant d'une manière flagrante le précepte sacré
du Koran relatif au ramadan, défendant aux
croyants de se livrer à la joie la plus innocente, de
prendre le plus léger aliment du moment où l'œil
peut distinguer un fil aux premières clartés de
l'aube, jusqu'à la nuit. Les enfants au-dessous de
dix ans sont seuls exempts de ces macérations, qui
ont pour objet de rappeler aux sectateurs de l'Islam la révélation, la fuite à Médine et les persécu-
tions du prophète. L'Arabe tombe souvent d'épuisement et de défaillance, mais il préférerait mille
morts à un grain de blé porté à ses lèvres pendant
le jeûne du ramadan.

Quant aux Bédouins du Sahara, ils ne sont pas
aussi stricts observateurs de la lettre du Livre. Ils
s'inquiètent peu de la formule et oublient volontiers le jour d'ouverture du jeûne mensuel. C'est ce
qui était arrivé au chamelier. Je ne sais s'il pré-
texta pour sa défense son ignorance de la date du
ramadan ; toujours fut-il que l'agah, plus tolérant
que ses compatriotes, le renvoya sans coups de
matrak. Très-heureux d'échapper à si bon marché
des mains de ces fanatiques, et craignant d'y re-
tomber, le nomade fit lever ses chameaux et reprit
la route du désert. Il ne pouvait partir le soir
même ; mais il préféra se réfugier dans une de ces
hôtelleries arabes établies près d'une source, où
l'on trouve de l'ombre, de l'eau fraîche, du couscoussou. Il fit bien, car les Arabes, mécontents de
la décision de l'agah, le suivirent long-temps de
leurs regards haineux.

Le marché se dépeuplait ; ses derniers acteurs se retiraient lentement, en contournant en tous sens un chapelet à gros grains, pour remercier sans doute Allah de la vente productive ou de l'achat avantageux. Peu à peu le silence et la solitude se firent sur cette place tout-à-l'heure si bruyante, si animée.

Aux conversations mercantiles succédèrent les dialogues indéfinissables et les chants mystiques du premier crépuscule.

Les flammes du couchant, après avoir incendié l'horizon, pâlissaient graduellement sous les teintes vagues de la nuit, qui montrait déjà ses blanches et timides étoiles à l'Orient.

Ce bizarre marché en plein air, avec l'azur pour voûte et l'horizon pour limite, nous avait permis d'embrasser à la fois la nature et l'homme. L'Arabe, comme les autres peuples, n'est qu'un reflet de son univers. Qui a vu le ciel de ces contrées, les immenses plages du désert, les montagnes torturées du Tell figurant les flots pétrifiés d'une mer en furie ; qui a senti rugir ses passions au contact d'un soleil tropical enflammant les espaces infinis, ou rêvé par les fraîches et limpides nuits sous les oliviers et les palmiers des oasis, celui-là connaît aussi bien que s'il avait passé sa vie dans un douar la physionomie morale de la race arabe, sévère et voluptueuse, fougueuse dans l'action, immobile dans le repos, hospitalière et cruelle, aventurière et résignée, intelligente, enthousiaste et ignorante. L'homme et la terre ont une corrélation trop intime pour ne pas se ressembler. La nature africaine, qui procède par manifestations puissantes, par jets hardis, par grandes et sévères lignes, explique le fanatisme calme, la passion austère et la poétique dignité de l'Arabe.

La ville de Maskara, merveilleusement placée entre la mer et le désert, deviendra par la conquête française du désert, dont El-Biod, Biskra et El-Agouat sont les premiers jalons, l'un des points les plus importants de l'Algérie.

On sait que le vieux Maskara, dont il ne reste aujourd'hui que des mosquées en ruines, des cases et des gourbis lézardés par le temps, les boulets et l'incendie, était tout à la fois le camp, la forteresse et l'éternelle pépinière de l'armée d'Abd-el-Kader. Le célèbre émir est né à trois lieues de là, à Cacherou, dans la tribu des Hachem-Gharrabas.

Il demeurait habituellement dans sa capitale, sa cité favorite de Maskara; mais, si l'on en croyait les Arabes à l'imagination crédule et fertile, il aurait partagé avec Allah le privilége de l'omniprésence, car on ne peut visiter une ruine sans entendre murmurer à ses oreilles ces paroles stéréotypées : « C'était la maison d'Abd-el-Kader! » Cependant, les faits vérifiés, il est constant que l'émir habitait la jolie maison aux jets d'eau, aux arcades circulaires, occupée aujourd'hui par l'administration des domaines. Maskara est un complaisant écho de sa personnalité. A chaque pas on se heurte à un souvenir d'Abd-el-Kader. Tous les Arabes, mais particulièrement ceux de l'importante tribu des Hachem, au milieu desquels il a constamment vécu jusqu'à sa reddition, le vénèrent à l'égal du prophète. La fidélité au malheur, au héros tombé, au proscrit, est un sentiment commun à tous les Arabes.

18

Du reste, quand ils parlent de leur chef, c'est avec un amour idolâtre qui exclut l'amertume et même le regret. Soumis avant tout aux lois du destin, à la volonté providentielle dont ils ne cherchent pas à approfondir les mystérieux desseins, ils se consolent aisément en répétant cette litanie du Koran : « Dieu l'a voulu; louanges à Dieu! » Traduction française : — Tout est pour le mieux dans le meilleur des mondes possibles!

Maskara est la ville des ruines et des souvenirs. A chaque pas le touriste doit évoquer le fantôme d'une puissance écroulée. Entre une synagogue, et un édifice construit sous la domination espagnole, se trouve la mosquée dans laquelle Abd-el-Kader prêchait la guerre sainte aux Arabes, lorsqu'ils chassèrent les Turcs de Maskara. Les fûts, les arcades, les bassins en marbre, tout ce que le feu a respecté, témoigne de la magnificence du palais des anciens beys.

Nous entrâmes à Maskara par la porte principale, celle d'Oran, et nous nous trouvâmes dans le faubourg d'Ismaïl-Arckoub, dont les ruines datent d'une soixantaine d'années. Ce faubourg avait été bâti par le khalife de ce nom. Aujourd'hui, c'est une large avenue bordée d'arbres qui montent la garde à la porte des belles habitations européennes.

Par une économie assez ingénieuse, les premiers colons français ont su utiliser les ruines de la ville, principalement les remparts, en les employant comme fondations de nouvelles constructions. Lors de la prise et de l'incendie de la ville en 1841, tout n'avait pas été détruit, car les bâtiments de l'administration d'Abd-el-Kader, parfaitement et solidement édifiés, servent d'hôpital, de manutention et d'administration des vivres.

La place de Rome forme un quadrilatère dont les côtés sont figurés par des habitations françaises, au milieu desquelles s'élève majestueusement le minaret de la mosquée Mohammed, la seule qui soit livrée au culte mahométan. L'ancien Maskara était, comme toutes les villes arabes, émaillé de nombreuses mosquées. Plusieurs d'entre elles ont été utilisées; l'une sert de magasin, l'autre, chose bizarre, a été métamorphosée en église catholique par l'addition d'un clocher.

Nous nous arrêtâmes ébahis sur la place de Rome, pour regarder des cicognes qui avaient fait leur nid au faîte des maisons, et que dans notre trouble nous prîmes d'abord pour des girouettes. Immobiles sur leurs échasses, le bec et l'œil curieusement tournés du côté de la place, elles semblaient nous narguer en faisant en face de nous la charge du badaud. Ne pouvant ni nous fâcher, ni lutter de constance et de jarrets contre ces dieux Termes, nous prîmes le sage parti de continuer notre chemin.

Les trois cimetières français, juif et arabe, représentent à leur manière les trois races qui peuplent Maskara. Presque tous les Juifs de la cité d'Abd-el-Kader sont commerçants ou orfèvres joailliers. Ils suivent en toute liberté leur culte, chantent et commentent la Bible avec leurs rabbins dans leurs synagogues.

Il y a des bains maures, des cafés maures. On a relégué au fond de la ville, sur le ravin d'Aïn-Toudmann, dans un inextricable pâté de baraques, les malheureuses créatures de toutes nations, espagnoles, italiennes, françaises, mauresques, juives, qui font commerce de leurs charmes.

Deux faubourgs arabes, autrefois très-importants et très-populeux, et qui formaient de véritables villes, ont été rejetés hors des murs d'enceinte, ce sont : Bab-Aly, au nord, et Aïn-Beida au sud.

Las de sillonner la ville dans toutes ses parties, nous louâmes des chambres garnies, meublées de pots à tabac, de pipes à bouquin et de longs tapis sur lesquels nous dormîmes comme de bienheureux musulmans, grâce à la fatigue de la journée. Nous nous réveillâmes fort tard le lendemain, aux bruyantes rumeurs du dehors. Les rayons solaires avaient déjà transformé notre cabinet en véritable étuve. Nous nous hâtâmes d'ouvrir la croisée, et nos yeux, éblouis par une ardente lumière que reflétaient les blanches draperies des Arabes, ne purent saisir toutes les scènes qui se jouaient sous nos fenêtres. Notre hôte nous informa que les Arabes célébraient les fêtes du ramadan. Nous sortîmes tous pour en être les spectateurs.

XI

La fantasia du Ramadan.

> « Aahô ! aahô ! aahôh ! Plus vite encore mon
> coursier. Tu es agile comme la panthère, gra-
> cieux comme la gazelle; tu bondis comme le lion;
> le feu sort de tes naseaux. Aahô, aahô, le para-
> dis est à nous. Vole au septième ciel du pro-
> phète »
>
> *(Légende arabe.)*

Oui, elle a jeûné pendant une lune entière; oui,
elle a suivi, jusque dans ses prescriptions les plus
cruelles, la loi de son prophète, cette race austère
et croyante, fille d'Ismaël le bâtard et le maudit;—
oui, pendant trente jours, de l'aurore au couchant,
elle s'est abstenue de tout aliment. — Effrayantes
macérations, qu'elle seule au monde puisse sup-
porter avec cette résignation et ce stoïcisme dignes
de l'antiquité !

Mais voyez s'illuminer tout-à-coup de rayons de
gaieté toutes ces physionomies mortes, tous ces
visages hâves et anguleux, aux rides creusées par
la maigreur et la faim. C'est que la dernière heure
du ramadan a sonné! Aussitôt des troupes de nègres
font irruption dans Maskara. Ils vont de porte en

porte en criant, dansant, faisant un infernal charivari; les uns frappent sur de grosses caisses, avec
un bambou, trois coups précipités d'une éternelle
monotonie, les autres battent des mains de petits
tamtams de forme cylindrique, qu'ils retiennent
sous l'aisselle, tandis que ceux-là remuent vivement
d'énormes castagnettes en cuivre, ressemblant assez
à des bouches de soupape, rendant un son discordant comme des casseroles en révolution, et que
ceux-ci pivotent sur eux-mêmes avec la rapidité
d'une toupie. Les deux nègres qui tourbillonnent
sont entourés de musiciens, dansant alternativement
sur le pied droit et sur le pied gauche, se baissant
et se relevant en cadence par mouvements convul-
sifs. Les Arabes ou les juifs qui sont l'objet de ces
honneurs, ne sont délivrés du vacarme diabolique
des nègres qu'après leur avoir donné un boudjoud.

La dernière heure du ramadan a sonné... Quel
joie! quel délire! Il est enfin permis de se nourrir,
de manger à loisir du couscoussou. On ne saurait
trop célébrer l'heureux jour de délivrance, la Pâque
musulmane. Fantasia! fantasia! vite la splendide
parure du cheval. D'abord sa housse brodée de
palmes, sa bride lamée d'argent, sa selle damas-
quinée et poinçonnée d'or. Quel luxe! quelle magnificence! Comme le coursier arabe dresse fièrement
sa tête intelligente et fine sous ce somptueux harna-
chement! Comme ses veines, où coule un sang impétueux, dessinent leurs lignes sous sa blanche
robe! Orgueil de l'Arabe, l'heureux animal est plus
choyé que la houri reléguée sous la tente. A la
femme l'isolement, l'esclavage, la nuit;—au cheval

les honneurs, les riches draperies, le soleil, la fantasia!

Pour être digne de son coursier, l'Africain a chaussé ses larges bottes de maroquin rouge; il s'est drapé de son superbe haïck; il a endossé son burnous brodé d'arabesques, au capuchon orné d'une myriade de glands de soie; il a coiffé son chapeau-pyramide tressé de pailles jaunes et rouges; il a pris son yatagan et son fusil au long canon cerclé d'anneaux d'argent, et dont la crosse, petite et très-aplatie, est surmontée d'une grossière batterie à pierre, serrée par une vis à rouet, comme les arquebuses du moyen-âge.

— A cheval! à cheval! et courons au rendez-vous général de la fantasia, aux plaines de Maskara.

Avant de parler de la pièce et des acteurs, quelques mots du théâtre.

C'est grandiose et vaste comme la mer. L'admirable bassin qui entoure Maskara, assis sur une éminence, étend au loin ses immenses nappes de chaume et de palmiers nains. Elles sont cerclées du côté du désert par des vagues de mamelons, qui moutonnent sous le dôme profond d'un ciel dont pas une teinte ne trouble l'azur. Au levant, trois assises parallèles de granit, comme une trinité de monstrueux sphynx, allongent leur blocs dans la vallée. Une chaude et limpide lumière baigne ces plaines fertiles, coloriées de mille nuances diverses et coupées par intervalles de larges oasis, chatoie sur les roches anguleuses, et comble de grandes ombres les ravins des montagnes au-dessus desquelles planent aigles et vautours.

Mais à l'horizon glissent des armées de nuages,

poussées par une brise sud-est entre les étroites vallées qui fuient en perspectives infinies à travers les
assises affaissées des monts. Ce sont les belliqueuses
tribus des Beni-Chougrans et des Hachem, qui arri-
vent à franc-étrier des montagnes du désert. En un
instant la plaine se tatoue, comme par enchantement féerique, d'une myriade de bouquets de lys,
qui scintillent aux rayons du soleil. Chaque sillon
vomit un burnous. Tous ces groupes mobiles con-
vergent vers un même but et y sont bientôt réunis.
Mais telle est l'immensité de ce théâtre, de ces plateaux, vastes comme l'horizon, que cinq à six mille
Arabes tourbillonnant sur un seul point, se confondant dans un pêle-mêle inextricable ou une foule de
teintes légères bariolent le fond blanc des burnous,
ressemblent à une fourmilière en travail, où chaque
insecte remue.   •

Quels signes pourraient exprimer la majesté de
cette nature, au milieu de laquelle l'homme apparaît
comme un ciron à côté d'un mastodonte? Aucun, si
ce n'est l'adoration de ce pauvre nègre tout meurtri
de fatigue, et qui pourtant oublie la fantasia pour
remercier Allah. Les curieux le voient prosterné,
embrassant de tout cœur et à pleine bouche la terre,
roulant son front meurtri dans la poussière. Il se
relève à genoux, et, tourné vers l'orient, reste immobile, enseveli dans une muette contemplation. La
chaude lumière qui embrasse ces espaces incommensurables, se joue dans les labyrinthes de ces
profondes perspectives, ondule avec les lignes azu-
rées des monts, éblouit sa vue et son esprit. Ce n'est
pas un Prométhée ni un idéaliste; il n'a pas le courage de soulever le coin du voile qui lui cache la

Divinité; il n'a pas la force de mesurer de l'œil et de la pensée les mystères grandioses de la création; cette puissance incompréhensible le renverse à terre; il retombe accablé de toute la grandeur de Dieu, en murmurant un nouvel acte de soumission et de respect. Simplicité religieuse, que tu es grande sous le ciel !

Déjà les chevaux arabes bondissent en vraies gazelles à travers les palmiers nains; les tribus s'enchevêtrent, et leurs coursiers, lancés au trot ou au galop, forment des cercles, des anneaux, des losanges, une foule de figures plus ou moins géométriques qui se brisent à peine formées. Mais l'heure de la fantasia a sonné, et, à la voix des aghas et des caïds, qui jettent des sons gutturaux dont les Européens ne distinguent que ces syllabes souvent répétées : Arroi fissa (marche vite), les Arabes, toujours dociles à leurs chefs, viennent se ranger autour des bannières de leurs tribus. Et ces chevaux si turbulents, si emportés tout-à-l'heure, sont maintenant d'une immobilité surprenante; le lion s'est fait agneau. C'est là du reste le caractère de la race arabe ; désordonnée et furieuse dans l'action, pétrifiée dans le repos. La modération bourgeoise du pâle Occident est une vertu inconnue à ce peuple du soleil.

Les cavaliers se disposent en guirlandes sur le terrain qui leur est assigné par le commandement. Il se forme là un chapelet vivant de huit à dix goums et d'une quarantaine de tribus, accourues de toutes les montagnes dépendant de la subdivision de Maskara. Chacune d'elles se compose de cent à cent vingt hommes. Ce ne sont que les notables du douar, ce qu'on pourrait appeler l'aristocratie arabe, les guerriers. Les pauvres, qui n'ont pas eu assez de boudjouds pour acheter une monture, en sont réduits au rôle de spectateurs et de piétons, posture de la dernière humiliation pour les Arabes.

Chaque tribu, —signe distinctif de l'organisation politique des Arabes, — a son drapeau qui lui est particulier et qui la différencie des autres; ces bannières d'une nuance unique, pour la plupart vertes, oranges, jaunes ou bleu lapis, sont de soie brochée. La hampe est couronnée d'une boule en cuivre doré, supportant un croissant d'argent. Dans l'ampleur de l'étoffe, une main, invariablement brodée de soie blanche, indique de ses cinq doigts un mot mystérieux qui doit préserver la tribu ou le goum de l'influence du djinn, du mauvais esprit. Celui qui porte le drapeau, — très-haute dignité, — est vêtu d'un manteau écarlate. Toutes ces bannières, de nuances très-vives, flottant au-dessus de blancs escadrons arabes, produisent un effet enchanteur.

Nous pouvons nous approcher sans danger pour admirer de plus près ces Africains majestueusement drapés dans leurs manteaux, fièrement campés sur leurs selles, dont les deux extrémités très-relevées leur emboîtent l'adomen et les reins, tandis que leurs pieds sont chaussés à l'aise dans leurs larges étriers. Tous ces cavaliers, dont les figures sont visiblement amaigries et parcheminées par le jeûne du ramadan, regardent avec admiration leur chef, leur agha, qui se tient à quelques pas devant eux. Il est facile de deviner qu'ils ne supportent pas l'autorité à la manière occidentale, mais qu'elle est pour eux une religion, qu'ils l'aiment et la respectent

sans prêter la moindre attention à ses nombreux
écarts ou à ses actes d'arbitraire.

Aussi quelle magnificence, quel luxe éclatant
couvre la personne vénérée de l'agha. Son chapeau
pyramide est couronné de plumes d'autruche; son
burnous, de la laine la plus fine, d'une blancheur
immaculée, est à moitié couvert d'un autre manteau de drap rouge dont les plis retombent à profusion sur la croupe de son admirable cheval à la
crinière ondoyante, à la belle encolure, qui porte
orgueilleusement la tête, et semble comprendre de
quel précieux fardeau il est chargé. La selle n'est
qu'un massif d'or, de brillantes arabesques; les
brides et les étriers sur lesquels reposent les bottes
de l'agha, sont plaqués d'argent. La poignée de son
yatagan recourbé est incrustée de pierreries, et la
crosse de son fusil sillonnée de serpents diaman-
tins. Toutes les richesses luxuriantes et prodi-
gues de l'Orient sont accumulées sur cette magnifique statue équestre.

On bat aux champs pour signaler l'arrivée des
troupes françaises. Les spahis, en grande partie re-
crutés parmi les Arabes, ouvrent la marche et les
chasseurs la ferment. Au milieu défilent un régiment de ligne et le 1er bataillon d'Afrique (compagnie de discipline), qui porte le glorieux trophée de
Mazagran. Ce drapeau criblé de balles, réduit en
charpie, inspire à tous les Français qui le voient
une sainte émotion, le légitime orgueil d'appartenir
à une nation qui compte dans ses annales de tels
faits d'armes; et le philosophe est heureux de penser que l'héroïque défense de Mazagran a été faite
par des hommes mis au ban de l'armée, par des dis-

ciplinés. Il ne faut jamais désespérer d'un être chez lequel la grandeur et la dignité originelles de la créature de Dieu, restent toujours empreintes d'un signe ineffaçable.

Mais un grand mouvement se fait dans les tribus, qui, pour laisser place aux bataillons français, sont contraintes de briser leur anneau et d'élargir leur zone. Elles galopent alors en masse avec une telle rapidité, que leurs bannières ressemblent à des mâts de navires glissant sur l'onde. C'est à peine si, d'un morne élevé, le spectateur peut suivre ces évolutions; la plaine n'offre plus à l'œil ébloui qu'un vaste incendie. Les rayons solaires éclaboussent sur les yatagans, les fusils, les brillants harnachements des chevaux. Ce n'est partout qu'or et argent ruisselant dans les flots de lumière; la nature a enflammé tous ses tons, les montagnes sont effacées et noyées par les teintes dorées. Rien ne peut donner une idée de cette lumineuse fusion, de cet enfer africain.

Les spahis, couverts de leurs manteaux écarlate, qui ressortent vivement sur les blanches draperies des Arabes, se placent à quelque distance de leurs compatriotes, dont ils sont plus redoutés qu'aimés. L'ombre légère du tableau est faite par les lignes des régiments français qui se portent en face des tribus. Toutes ces troupes ne prendront pas de part active à la fantasia; ce drapeau mutilé de Mazagran, ces canons qui allongent significativement leurs gueules, ces bataillons et ces escadrons disciplinés et alignés au cordeau ont l'utile but de convaincre les Arabes de la puissante valeur de leurs conquérants, dans le cas où ils s'aviseraient de changer en guerre sérieuse les combats simulés auxquels ils vont se livrer tout-à-l'heure.

Le général commandant la subdivision de Maskara, arrive, suivi de son état-major. Il parcourt au galop le champ de manœuvre sur son cheval Isabelle, et commence la revue des tribus, qui, à son passage, élèvent en son honneur des colonnes d'encens en tirant en l'air des coups de feu. Les nuages de poudre, qu'aucune brise ne repousse, forment au-dessus des Arabes un ciel brumeux.

Cependant la foule de curieux presse, de ses flots impatients, la banderole circulaire formée par les escadrons arabes et les troupes françaises. La plaine est couverte de tentes et de groupes; les tribunes regorgent de dames. On attend anxieusement le signal de la course, qui a été tracée sur un terrain d'une lieue de longueur, et dont le point de départ et le but sont marqués par des trophées de feuillages couronnés de drapeaux tricolores. Enfin le canon retentit et aussitôt une foule de cavaliers volent sur la pelouse.

Qui n'a pas vu des levrettes, lancées dans une plaine sur un lièvre, qui n'a pas fait sortir de son gîte un cerf effrayé, ne peut pas se faire une idée de la vélocité de ces petits chevaux arabes, qui se ramassent sur eux-mêmes et se détendent avec une fougue furieuse. Le sol s'enflamme sous leurs pas; leurs crinières flottent en désordre et se mêlent aux draperies de leurs cavaliers. Les concurrents se suivent également, se mesurent et se pressent jusqu'à la moitié de la course; mais alors deux coureurs plus agiles se détachent du gros de la troupe.

Les têtes ardentes de leurs chevaux sont au même

niveau. Le noir a plus de feu, mais le blanc plus de mesure et de nerf dans son galop. Trente mètres seulement les séparent du but. Lequel triomphera? Les deux tribus intéressées ne se contiennent plus, elles sortent de leurs rangs malgré les ordres de leurs chefs.... elles hurlent, jettent des cris sauvages, encouragent du geste et de la voix leurs représentants. La lutte touche à sa péripétie, et les deux coursiers semblent n'en faire qu'un. Ils ne peuvent ce dépasser. La partie sera-t-elle nulle? Qui l'emportera donc du blanc ou du noir? C'est ce dernier. Il franchit d'un bond de tigre le dernier espace qui le séparait du trophée; mais, à peine arrivé, il tombe à terre et se roule ensanglanté : l'Arabe lui avait enfoncé ses longs éperons dans les flancs. Cependant le courageux animal se relève, il peut marcher encore. Son cruel maître reçoit des mains du général le prix du vainqueur, un magnifique fusil, et le porte tout triomphant à sa tribu, qui manifeste par toutes sortes de cris et de contorsions son exhubérante joie.

Un autre escadron volant sillonne la plaine. Cette fois ce sont les burnous rouges qui montent les coursiers les plus agiles. Les spahis se serrent de près. La victoire doit appartenir à l'un d'entre eux : mais une espèce de gnome, un Marocain nu comme ver, qui, par ruse, s'était un peu écarté de la troupe, coupe tout à coup le terrain en diagonale; son cheval, rapide comme l'oiseau, dépasse bientôt ses adversaires et arrive le premier au but, à l'ébahissement général du public.

Le Marocain, dans son costume par trop primitif, surtout pour les spectatrices, se présente devant la tribune du général, qui l'admoneste sévèrement sur son inconvenante tenue et cependant lui donne le prix : un riche sabre.

Deux autres courses auxquelles prennent part Arabes, spahis et chasseurs suivent celle-ci; ce sont toujours les Africains qui remportent la palme et qui sont accueillis en triomphe par les vociférations de leur tribu.

Hélas! le soleil a ses nuages, chaque chose a son ombre ici-bas, toute beauté sa caricature, — sarcasme du néant jeté sur la création entière. La femme a la vieillesse, les gracieux rires de la joie, les grimaces de la douleur, l'homme a le singe, et le cheval, l'âne... Oui, pardieu! c'est bien d'un troupeau d'ânes qu'il s'agit.

Toutes les bourriques du pays, — et ce n'est pas peu dire, — ont été réunies, se sont donné rendez-vous pour concourir. Mais, que c'est triste! Comme ces Aliborons échinés de fatigue, le corps tout pelé par les caresses du maître, ont un air penaud qui contraste avec la fierté de pose du cheval arabe! Il faut une peine infinie et un déluge de coups de matrak pour les placer en rang. Enfin, après une foule d'épisodes comiques, les Arabes sont maîtres de leurs montures.

Le signal est donné... Mais le départ des ânes est accueilli par un rire universel. Au lieu de suivre la ligne directe, ils se jettent de tous côtés, comme une fusée qui éclate dans les mains d'un artificier; ils se répandent à tort et à travers dans la plaine. Cependant trois bourriques d'un esprit plus droit s'acheminent en trottinant paisiblement vers le but. Mais tout-à-coup, ennuyées des coups de bâton que les cavaliers leur administrent pour accélérer leur marche, elles s'arrêtent en jetant des braiements formidables. On a beau les frapper, elles ne remuent pas plus qu'une roche. Un Arabe, mieux avisé que les autres, triomphe de l'empêchement en chargeant l'âne sur son dos et en le portant jusqu'aux trophées, au milieu des huées et des rires des spectateurs. Ce trait d'esprit est couronné de succès. L'Arabe reçoit le prix, d'une modique importance, et l'âne se retire triomphalement à pied.

Une multitude d'enfants arabes grouillent d'impatience dans un pêle-mêle où l'on ne distingue que deux nuances : celle de leur longue chemise, de leur blanche tunique, et celle de leur calotte rouge. Ils sont du reste nu-pieds. La baguette du commissaire est à peine levée qu'ils courent en désordre, se culbutant, sautant les uns par-dessus les autres pour arriver plus promptement. Chose bizarre, c'est le plus petit de la troupe qui met le pied dans l'enceinte et remporte la victoire. Que sa mère n'est-elle là pour jouir de son succès ! Mais l'absurde coutume la retient esclave au gourbi.

Autant les enfants sont faits pour courir, autant les hommes paraissent ridicules dans cet exercice. C'est ce que nous prouvent des soldats, qui sont certes plus gracieux, quand ils chargent l'ennemi. La course à pied avec sac et fusil, exécutée par trente militaires, offre pourtant quelque intérêt. C'est un zéphyr (bataillon d'Afrique) qui l'emporte; mais le général, parfaitement instruit des mœurs rusées de ces soldats, ordonne de visiter le sac du vainqueur : on le trouve vide. Etonnez-vous de la légèreté du zéphyr ! Le général ne paraît pas enchanté de ce tour d'espiègle et il donne le prix

au coureur qui a suivi de plus près le zéphyr, à
un voltigeur qui avait eu la bonhomie de remplir
son sac, selon l'ordonnance.

Arrière les jeux d'enfants... Ils sont terminés et
la véritable fantasia commence. La fougue africaine se donne libre carrière. Deux cavaliers se
détachent des tribus et traversent au galop le
champ de course en faisant tournoyer au-dessus de
leurs têtes leurs longs fusils, qu'ils jettent en l'air
et qu'ils reçoivent droits, en habiles jongleurs. Puis,
se dressant de toute leur hauteur sur leurs étriers,
ils ajustent leur ennemi pendant cinq ou dix minutes, avec une précision admirable, sans paraître le
moins du monde gênés par la course furibonde de
leurs chevaux, qui s'animent étrangement aux cris
de leurs maîtres et bondissent comme des gazelles.

Ces deux éclaireurs sont suivis de trois, de quatre,
de huit, puis de dix autres. Enfin, des tribus
entières s'ébranlent, tournoient comme une bombe
dans la plaine en répétant l'exercice des premiers
cavaliers, en faisant retentir l'air de nombreuses
détonations. Aussitôt les armes déchargées, les chevaux, rompus à ce manége, pivotent sur eux-mêmes
et reviennent sur leurs pas avec la même rapidité,
pour recommencer une nouvelle charge guerrière.

Quelle rage anime ces Africains au visage sombre, au teint oxydé, aux yeux enflammés par la
passion ! Quelle sauvage fureur ! Comme ils se pré-
cipitent sur l'ennemi, le yatagan d'une main, le
fusil de l'autre ! — Comme ils manœuvrent à l'aise
sur leurs chevaux rapides ! La lutte les exalte. Ils
chargent au milieu d'une ronde infernale, en jetant
des cris aigus, assourdissants.

Les tribus roulent comme un tonnerre dans la plaine, où l'on ne voit plus que des tourbillons de fumées et de flammes, à travers lesquels flottent les blancs burnous. Pendant une heure, elles donnent ainsi le spectacle de leur ardeur belliqueuse sur ce vaste champ de bataille digne des Pyramides. Mais les Arabes n'ont pas l'organisation ni l'audace des mamelucks; ils ne cherchent pas même à entamer les bataillons français. Toute leur tactique consiste à charger avec fougue leur ennemi, à tirer avec adresse un coup de fusil et à s'enfuir aussi promptement qu'ils sont venus. C'est la manière scythe. Mais ils ne peuvent se mesurer sérieusement avec des troupes disciplinées à l'européenne. Aussi les engagements, en Afrique, ne sont-ils jamais que des escarmouches plus ou moins meurtrières pour les ennemis de la France.

Cependant les coups de feu diminuent; la poudre distribuée pour la fantasia s'épuise. Alors une procession d'Arabes piétons, au nombre de cinq à six cents, traversent gravement le champ de course. Les uns portent au bout de pieux aiguisés aux extrémités des quartiers de moutons rôti, d'autres des agneaux entiers. Ceux-ci sont chargés d'écuelles de couscoussou, ceux-là de marmites en bois remplies d'une sauce épaisse, autour desquelles danse follement une troupe de nègres et d'Arabes, en frappant à coups redoublés leurs tamtams. Tous ces Africains, qui vont renouveler sur une grande échelle les noces de Gamaches, se rendent au point central de la plaine, où les rejoindront tout à l'heure les tribus à cheval pour célébrer avec eux la fin du jeûne du ramadan.

L'agha de Maskara fait présenter par ses esclaves un mouton entier au général, qui en coupe un morceau et le partage avec son convive. Un agneau rôti, c'est le plus grand cadeau des Arabes, leur plus éclatant témoignage d'estime et d'amitié. Aussi, faut-il bien se garder, à peine de devenir son ennemi mortel, de refuser cette singulière offre lorsqu'elle vous est présentée par un fils d'Ismaël.

Les détonations ont entièrement cessé. Alors les spahis et les chasseurs d'Afrique défilent au trot allongé devant le général et son état-major. Les chasseurs, la meilleure cavalerie française, sans contredit, se distinguent par leur tenue sévère et la précision mathématique de leurs mouvements. Pas une tête de cheval ne dépasse l'autre. Les rangs restent toujours de niveau, allignés au cordeau.

A leur tour, les tribus défilent au triple galop, toutes brides lâchées, toutes voiles dehors, en tirant leur dernier coup de feu. C'est la mêlée la plus fougueuse, le chaos le plus épouvantable qu'on puisse imaginer : six mille Arabes chargeant à fond de train et se culbutant en hurlant comme des forcenés. Leur entraînement et leur joie sauvage tiennent du délire, et les longs éperons s'enfoncent dans les flancs ensanglantés des chevaux, qui soulèvent dans leur course désordonnée des flots de poussière, sous lesquels les spectateurs sont littéralement noyés. C'est une véritable apothéose de soleil, de sable et de poudre. Les curieux se retirent comme ils peuvent de ces nuages enflammés, très-satisfaits, même à ce prix, de connaître la fantasia arabe.

XII

Les Espagnols en Afrique

Parti de la Mecque au septième siècle, à la
tête d'une armée de cent mille Arabes, Sidi-Okbah-
ben-Ouwamir, le Ben-Nafé des légendes de l'Orient,
après avoir conquis l'Afrique et lui avoir fait accepter le mahométisme, poussa son cheval dans la mer
en s'écriant qu'il regrettait de ne pouvoir porter
plus loin l'étendard du Prophète.

Cette fureur de conquête, de prosélytisme armé,
que le Koran, depuis le premier jusqu'au dernier
verset, souffle avec une éloquence irrésistible aux
croyants, anima tous les successeurs du premier
conquérant arabe. Plus heureux que lui, ils traver-
sèrent les mers, roulèrent comme un orage dans les
différentes parties de l'Europe, et portèrent l'étendard du prophète jusqu'aux rives du Gange. Durant
huit siècles, les impétueux musulmans, qui semblaient avoir enchaîné la victoire à leurs armes,

dominèrent et éblouirent l'Espagne, convertissant les infidèles à coups de cimeterre, élevant comme par enchantement de féeriques alhambras, semant sur leurs pas les merveilleuses poésies de leurs conteurs, établissant des bibliothèques, ouvrant de nouvelles voies aux sciences, et dotant l'humanité de précieuses inventions. Ce fut comme un feu d'artifice qui éclatait tout-à-coup dans la nuit du moyen-âge.

Mais la domination musulmane, aussi éphémère que brillante, ne pouvait imposer longtemps à l'Espagne son code religieux, son fatalisme, sa polygamie, son Koran destiné à des races passives, à des races africaines et asiatiques. La chrétienté, trop alarmée par les victoires des mahométans, et trop pressée de prendre sa revanche, commit l'erreur aux onzième, douzième, treizième et quatorzième siècles, d'aller battre de ses flots impuissants Tunis et les côtes de l'Afrique. Le pape Victor III; Roger, roi de Sicile; don Sancte, roi de Navarre; saint Louis; Pierre III, roi d'Aragon; Philippe Doria; le cardinal de Bourbon échouèrent successivement dans leurs croisades contre Méhédyeh de Tunisie, contre Tunis, Tripoli et les côtes du Riff. Les musulmans étaient aussi forts en Afrique qu'ils étaient faibles en Europe. Ce n'était pas chez eux que les Africains devaient être vaincus tout d'abord, c'était dans les pays où ils avaient démontré l'impossibilité d'organiser une société libre sur les préceptes du Koran, et l'incompatibilité radicale de leurs mœurs, de leurs idées avec celles des Européens. Cette preuve faite, ils furent chassés d'Espagne avec la rapidité qu'ils avaient mise à l'enva-

19.

hir. Leurs établissements avaient si peu de fonde-
ment, qu'il sembla qu'un ouragan contraire les
eût emportés, comme une trombe les avait jetés sur
les rivages de l'Andalousie.

Au commencement du quinzième siècle, un roi
de Grenade, Muley-Mohammed-le-Gaucher, échappa
à la fureur de ses sujets révoltés en prenant un
déguisement de pêcheur; il alla implorer le roi de
Tunis. Mais il ne devait plus revoir la belle Grenade qui capitula en 1492, ainsi que toutes les
villes d'Espagne dominées par les Maures.

La réaction contre les musulmans fut violente
en Espagne. Par la capitulation de Grenade, on
leur avait garanti la tolérance de leur religion, la
sécurité de leur personne et de leur biens. Contrairement à ces engagements formels, Ferdinand
d'Aragon et Isabelle de Castille enjoignirent à tous
les Maures de recevoir le baptême, sous la menace
du bannissement perpétuel et de la confiscation de
leurs biens. Charles-Quint rendit un semblable
décret. Ces chrétiens, de par l'ordre de leur empereur, furent appelés Morisques pour les distinguer
des Espagnols.

Les conversions des Morisques ne les sauvèrent
pas. Une pragmatique de Philippe II les porta au
comble de l'exaspération en leur interdisant l'usage
de leur langue, de leurs vêtements, de leurs bains,
de toutes leurs cérémonies. Ils répondirent à cette
inqualifiable pragmatique, par une terrible rébel-
lion que don Juan d'Autriche étouffa dans le sang.
Les vaincus, dispersés sur tous les points de l'Espagne, étant encore un embarras, Philippe III
hésita longtemps entre une expulsion et une Saint-

Barthélemy; enfin, il adopta le premier parti, et son impolitique édit de 1610 renvoya quinze cent mille Morisques en Afrique, où ils donnèrent à la piraterie un redoutable appoint.

Le banditisme maritime parut aux musulmans un acte légitime de représailles contre la chrétienté, surtout contre l'Espagne qui les avait chassés de son sol et dépouillés. Les premiers pirates qui infestèrent la Méditerranée, s'établirent en face de l'Espagne, sur les côtes du Maroc et d'Oran. Du port admirable de Mers-el-Kébir (la grande mer), ils s'élançaient chaque jour sur la proie chrétienne, la poursuivaient dans toute la partie ouest de la Méditerranée, surprenaient souvent par de hardies descentes les côtes de l'Andalousie, puis ils revenaient s'abriter au fond de leurs inaccessibles repaires.

Dès 1497, le roi Ferdinand ordonna au duc de Médina-Sidonia d'occuper plusieurs points de la côte africaine. Mais le duc ayant échoué devant Oran, les minces succès de l'expédition se bornèrent à la prise de Mélilla, sur la côte du Maroc. A leur tour, les Portugais entrèrent en lice. Ils s'étaient déjà emparés, à l'entrée du détroit de Gibraltar, du port de Ceuta, qui fut plus tard abandonné à l'Espagne. Malheureusement, les Portugais ne purent se maintenir ni à Mers-el-Kébir ni à Oran, dont ils s'étaient emparés avec une grande bravoure. C'est alors que les Espagnols, relayant les Portugais, commencèrent, contre les Maures de la contrée d'Oran, une lutte sanglante qui ne dura pas moins de trois siècles.

Cinq mille soldats du roi Ferdinand d'Aragon,

commandés par don Diégo de Cordova, débarquè-
rent en septembre 1505, sur la plage des Andalous,
et mirent le siége devant Mers-el-Kébir. Les Maures
tinrent un mois dans la place, puis ils se retirèrent
à Oran.

« L'Espagne tout entière fut transportée d'allégresse, dit Alvarez Gomez, à l'annonce de cette
victoire. Pendant huit jours, des prières publiques
retentirent dans les églises pour remercier le Tout-
Puissant d'avoir accordé aux Espagnols un triomphe,
qui non-seulement allait rendre la sécurité à leurs
côtes, mais qui ouvrait encore l'Afrique à leurs
armes. »

L'Espagne s'était trop empressée de se réjouir et
de se congratuler ; car le général don Diégo ayant
entrepris une attaque inconsidérée sous les murs
d'Oran, sa petite armée fut taillée en pièces dans
une impétueuse sortie des cavaliers maures. Don
Diégo s'embarqua pour l'Espagne ; il alla exposer à son gouvernement la dangereuse situation dans laquelle se trouvaient ses troupes. Aussitôt le confesseur de la reine Isabelle, Francisco
de Ximenès de Cisneros, primat des Espagnes, fit
décider une nouvelle expédition et en prit le commandement.

C'était la flotte la plus forte que l'Espagne eût
encore envoyée en Afrique. Elle comptait plusieurs
vaisseaux, de nombreuses caravelles chargées de
soldats, qui, à peine débarqués à Mers-el-Kébir,
reçurent du cardinal l'ordre de marcher sur Oran,
pendant que la flotte embossée devant cette ville,
bombarderait ses murs. L'assaut fut donné à ce
vieux cri de guerre usité contre les Maures : « San-

tiago! y cerrar Espana! (Saint-Jacques! et attaque
Espagne!) » Les musulmans, refoulés dans leurs
mosquées, furent taillés en pièces; quatre mille
d'entre eux furent égorgés et huit mille faits prisonniers. On prit cinq cent mille écus, de nombreuses dépouilles que Ximenès envoya à Grenade
au roi Ferdinand, se réservant seulement quelques
livres arabes. Le gouverneur maure de la forteresse
intérieure de la ville, ne voulut remettre ses clés
qu'au cardinal en personne.

« Le cardinal se rendit à Oran dans une embar-
cation magnifique, dit M. Henri-Léon Fey, l'auteur
d'une excellente Histoire d'Oran. Les couleurs na-
tionales flottaient au vent, la croix archiépiscopale
brillait à la proue, et, sur une large banderole,
étaient ces mots : « In hoc signe vinces. » Lorsque
l'illustre septuagénaire aperçut les remparts d'Oran
pavoisés d'étendards victorieux, il adressa au ciel
des actions de grâces pour le remercier d'une si
belle conquête.

« Comme il traversait les rues d'Oran, encombrées
de cadavres, il fut ému jusqu'aux larmes. Voyant
cela, le commandant de ses gardes lui dit : — « Seigneur, c'étaient des infidèles; de pareilles gens ne
méritent pas compassion. » — « C'étaient des infidèles, à la vérité, répliqua le cardinal, mais leur
mort me ravit le principal avantage de la victoire :
j'aurais voulu les gagner à l'empire bienfaisant du
christianisme. »

Ximenès traita avec une grande humanité le gouverneur maure et les vaincus. Il les renvoya à
Tlemcen, puis il délivra plus de trois cents esclaves
chrétiens, qui, chargés de lourdes chaînes, avaient

été jetés au fond de prisons souterraines. Ces malheureux étaient habituellement employés aux plus répugnants travaux, tournant la meule, du matin au soir, sous le bâton des chaouchs, curant les égoûts, déchargeant les bâtiments dans le port, construisant des chaussées, extrayant du marbre ou sciant de la pierre. Pour toute nourriture, ils avaient deux pains noirs d'une demi-livre chacun, et dix olives en supplément lorsqu'ils travaillaient. Ivres de joie, les esclaves délivrés d'Oran tombèrent aux pieds de Ximenès, dont ils reçurent vivres et vêtements. Le cardinal termina son œuvre par la purification et la transformation des mosquées en églises catholiques.

Croirait-on qu'après avoir emporté en sept jours une redoutable ville fortifiée, devant laquelle les meilleurs généraux espagnols avaient échoué, le cardinal dut se rendre en Espagne pour maintenir son crédit ébranlé et combattre les nombreux ennemis de sa gloire? A ces tristes nouvelles d'Espagne, Ximenès ressentit une tristesse d'autant plus profonde que la prise d'Oran était la première pierre de son édifice, et qu'il avait rêvé, non-seulement la conquête de l'Afrique, mais encore la délivrance de la Terre-Sainte. Il mourut envié et contesté, sans avoir pu réaliser aucun de ses grands desseins.

Jusqu'en 1512, la piraterie des côtes de l'Afrique était allée, pour ainsi dire, à l'aventure; elle n'avait eu aucun chef capable pour guider ses hardis coups de mains, ses téméraires entreprises. A cette époque, le génie du banditisme maritime s'incarna dans les deux Barberousse, fils d'un capitaine marchand de Mételin (l'ancienne Lesbos), qui, ayant trouvé d'excellents avantages à exercer le métier de pirate, conseilla paternellement à ses enfants de continuer son commerce, et leur donna l'éducation ad hoc. Baba-Aroudj, le premier des Barberousse, — car ils firent dynastie de pirates, — débuta, comme beaucoup de grands hommes de terre et de mer, par des revers. Fait prisonnier dans un combat contre les galères des chevaliers de Rhodes, il s'échappa et recommença sa chasse aux navires chrétiens, en croisant sur les côtes d'Italie et d'Afrique. Les Espagnols venaient de s'emparer de Bougie. Avec le concours de son frère Kaïr-ed-Din, Aroudj eut l'audace d'attaquer cette ville fortifiée. Il fut repoussé et grièvement blessé. A peine guéri de l'amputation d'un bras, Aroudj prit sa revanche sur les Génois, qui furent chassés de Gigelli ; puis sur les Espagnols, conduits par Francisco de Vera, qu'il battit devant Alger.

Baba-Aroudj, voyant que tout lui réussit, crut le moment opportun pour se faire proclamer Barberousse Ier, souverain d'Alger. Il étouffa sans plus de scrupule, dans un bain, un chef de forbans, son rival, à Al-Djezaïr ; écrasa une révolte de quelques partisans de sa victime Sélim-Entemi, trancha du sultan, battit monnaie, eut un sérail, un budget, des courtisans, plus de sujets dévoués, plus d'admirateurs qu'il ne voulut, d'autant qu'il eut le soin de faire jeter ses contradicteurs au fond des cachots et de la Méditerranée. Mais le propre des tyrans est de ne pas savoir se contenir, de vouloir toujours batailler et s'agrandir.

Pour le malheur de Barberousse Ier, il jeta les yeux sur le petit royaume de Tlemcen, troublé par la succession d'Abd-Allah, que se disputaient Abou-Zian et Bou-Hamrou, l'ami des Espagnols. Ce dernier triompha, Abou-Zian fut fait prisonnier. Baba-Aroudj venait de s'emparer de Tenez, lorsque des partisans d'Abou-Zian vinrent le supplier de délivrer le roi captif. Le corsaire ayant accepté cette proposition, il marcha à la rencontre de Bou-Hamrou, le battit complètement à Arbal, entra triomphalement à Tlemcen, et, suivant sa promesse jurée sur le Koran, il tira, en effet, Abou-Zian de son cachot; mais ce fut pour le faire pendre immédiatement, ainsi que ses sept fils. Les autres membres de la famille du malheureux Abou-Zian furent noyés dans un étang. Quant aux soixante-dix notables de Tlemcen qui, terrifiés, avaient passé dans le camp de Barberousse, il les fit égorger, sous prétexte qu'ayant déjà trahi deux de leurs souverains légitimes, ils pourraient fort bien ne pas se montrer fidèles à la fortune d'un simple corsaire. On voit que si Baba-Aroudj allait vite en besogne, il ne manquait ni d'esprit ni de coup d'œil. Après ces beaux faits, le corsaire plaça sur sa tête la couronne du royaume de Tlemcen.

Cependant le gouverneur d'Oran, inquiet du dangereux voisinage de Barberousse, établi à vingt lieues de son territoire, résolut de secourir Bou-Hamrou, en instance auprès de lui. Sur ses ordres, trois mille Espagnols, commandés par le colonel Martinez de Argote, sortirent d'Oran. Après avoir emporté d'assaut la forteresse de Câlan, le colonel espagnol se porta vivement sur Tlemcen. Il surprit Barberousse enfermé dans le Mechouar. Le hardi corsaire chercha en vain à franchir les murs de la

forteresse pour aller à la rencontre du roi de Fez,
qui lui amenait vingt mille hommes, les Espagnols
le continrent.

Un pirate ne pouvait se laisser prendre en souri-
cière : il parvint à s'évader par une galerie souter-
raine qui communiquait avec la citadelle. Suivi de
quelques-uns des siens, il gagna la frontière du
Maroc, en ayant la précaution de semer derrière lui
de l'or, de l'argent, des pierreries, de riches vêtements, afin d'amuser ceux qui le poursuivaient ;
mais le vaillant colonel don Martinez ne se laissa
pas prendre à cet artifice d'écumeur de mer ; sa cavalerie rejoignit Barberousse sur les bords de la rivière d'Ouchda ; là, Barberousse, se voyant assailli
et cerné, fit la plus héroïque résistance. Nous laissons parler les auteurs espagnols. Voici la version
de l'évêque de Pampelune, Sandoval :

« Accablé de fatigue et de soif, Aroudj se réfugia
dans un parc de chèvres qu'entourait une faible
muraille de pierres amoncelées sans ciment. Là, il
se mit en défense avec ceux qui ne l'avaient point
quitté ; il combattit valeureusement et avec une singulière audace, jusqu'au moment où Garcia de
Tineo, porte-étendard de Diégo de Andrade, qui
pouvait passer pour un brave soldat espagnol, lui
donna un coup de pique qui le renversa. Il se jeta
sur lui et lui coupa la tête, qu'il emporta à Oran,
où elle resta ; il s'empara également des vêtements.
Tineo fut blessé à un doigt de la main droite ; son
ongle était fendu, et la cicatrice lui en dura même
toute la vie ; il en était très-fier, avec raison, et il
disait que Barberousse étant à terre, si cruellement
frappé lui-même, lui avait fait cette blessure. C'est

ainsi que mourut Aroudj Barberousse, en 1515. »

« La tête du corsaire et ses vêtements, qui étaient de velours rouge brodé d'or, dit Marmol, furent envoyés au gouverneur d'Oran, qui fit présent de la veste au monastère de Saint-Jérôme de Cordoue, où elle servit à faire une chape qui porte le nom de Barberousse. »

Telle fut la fin tragique du fondateur de la dynastie des corsaires d'Alger, qui tinrent trois cents ans en échec toute la chrétienté.

Barberousse Ier mort, vive Barberousse II ! s'écrièrent les pirates algériens. Kaïr-Eddin vengea la mort de son frère Aroudj. Il força les Espagnols à lever le siége d'Alger et dispersa la flotte de Charles-Quint. Le grand-seigneur de Constantinople, Selim Ier, à qui Barberousse avait fait un politique hommage, lui envoya un corps de janissaires, un étendard. un firman par lequel il le nommait capitan-pacha de la mer et lui conférait le titre de vice-roi d'Alger. Le nom de Barberousse devint la terreur du littoral méditerranéen. Heureusement, les chrétiens trouvèrent un digne adversaire à opposer au redoutable forban des musulmans. Le Génois André Doria arrêta ses succès. Barberousse eut bientôt à lutter contre Charles-Quint, qui, prenant lui-même en main la cause de Muley-Assan, roi de Tunis, chassé de ses Etats par le pirate, aborda la côte de Tunis avec une magnifique flotte et une armée de trente mille hommes, prit le fort de la Goulette, s'empara de Tunis, délivra vingt mille esclaves chrétiens et détruisit l'armée de Barberousse.

Mais cette expédition de Charles-Quint (1535)

fut plus glorieuse que fructueuse; vainement il tenta de s'emparer d'Alger. Hassan-Aga, l'intrépide lieutenant de Barberousse, le repoussa en lui infligeant des pertes considérables; Barberousse reprit ses courses en mer; il battit Doria et eut l'honneur d'être appelé par François Iᵉʳ; il réunit sa flotte à celle de la France dans le port de Toulon. André Doria ayant évité le combat, Barberousse ravagea les côtes de l'Italie. Parmi les nombreux prisonniers qu'il fit se trouva un ennemi plus dangereux qu'André Doria, ce fut la fille du podestat de Reggio, dont l'éclatante beauté l'enflamma. Un vieux forban amoureux fou d'une chrétienne ne pouvait plus courir sus aux bâtiments chrétiens. Comme un vieux lion amolli par l'amour, Barberousse II alla finir ses jours dans un palais qu'il possédait près de Constantinople. Son fils Hassan, Barberousse III, lui succéda.

Pendant que les Espagnols livraient, sur mer, de nombreux combats dont le dénoûment leur était presque toujours fatal, ils luttaient avec non moins d'acharnement et de difficultés dans le rayon d'Oran. Repoussés du royaume de Tlemcen, ils durent à la mort de Barberousse la conclusion d'un traité de paix avec les Turcs, qui évacuèrent la ville de Tlemcen. Leur expédition de 1547, pour s'emparer des villes du littoral de l'Ouest à l'Est, ne fut pas plus heureuse. Après avoir donné l'assaut à Mazagran, que devaient illustrer trois siècles plus tard les armes françaises, les Espagnols échouèrent devant Mostaganem, où commandait Hassan-Pacha, fils de Barberousse.

Dès lors, les Espagnols, au lieu d'étendre leur

action au-delà de Mers-el-Kébir et d'Oran, furent presque constamment entourés, bloqués par les forces combinées des Maures de Tlemcen, de Maskara, par celles des pachas d'Alger et des Turcs ; ils tinrent jusqu'en 1792, date de leur retraite définitive. Nous raconterons sommairement à nos lecteurs les diverses phases de cette lutte acharnée entre les Africains et les Espagnols.

En 1556, le pacha Salah-Reïs prépara une formidable expédition destinée à expulser d'Afrique tous les chrétiens. C'était un homme à exécuter ce grand projet, car il avait déjà conquis Touggourt, Ouargla, le Souf ; en outre, il avait pris les villes de Bougie, de Tlemcen et de Fez du Maroc. Sur sa demande, le sultan Selim II lui envoya six mille Turcs et quarante galères.

La mort, en frappant subitement Salah-Reïs, sauva les Espagnols. Un renégat corse, Hassan-Kaïd, proclamé gouverneur d'Alger, reprit le projet de Salah-Reïs. Il gagna Oran par terre à la tête de 3,000 Turcs et de 45,000 Maures. Il s'était déjà emparé du Château-des-Saints, lorsqu'il dut revenir promptement à Alger pour apaiser des troubles sérieux survenus en son absence.

Le comte d'Alcaudete, délivré des Algériens, songea à tirer vengeance des Maures de Mostaganem. Malheureusement, le siège de cette ville traîna en longueur, et le pacha d'Alger eut le temps de porter secours à Mostaganem. Les troupes d'escalade, commandées par le comte d'Alcaudete, furent précipitées des remparts. Alors commença une retraite désastreuse pour l'infanterie espagnole, que chargea l'excellente cavalerie turque. L'armée espagnole, en pleine déroute, périt presque entièrement dans la journée du 26 août 1558. Le comte d'Alcaudete fut tué, un grand nombre de ses soldats furent égorgés ou faits prisonniers, ce qui ne valait pas mieux. Hassan-Pacha retourna à Alger pour revenir bientôt assiéger Oran.

Informé des échecs de son armée, Philippe II envoya une escadre, forte de trente-cinq voiles, vers Oran. Mais une tempête jeta la belle escadre du roi d'Espagne sur l'île de la Herradura, où elle périt corps et biens. Malgré une telle fatalité, les Espagnols d'Oran repoussèrent les colonnes d'escalade du bouillant Hassan, qui, la rage au cœur en voyant sa sanglante défaite, jeta son turban dans la boue et s'écria : « O musulmans ! se peut-il que quatre coquins de chrétiens tiennent contre vous dans un pareil chenil ! »

Hassan renouvela inutilement ses assauts ; trente-cinq galères chrétiennes, conduites par Mendoza et Doria, le forcèrent à lever ce siège meurtrier.

Aucune ville n'eut autant d'assauts à soutenir que la place d'Oran ; elle dut ce dangereux honneur à son admirable port de Mers-el-Kebir, le plus vaste, le plus sûr des côtes d'Afrique ; les Espagnols en firent l'arsenal de toutes leurs expéditions maritimes.

Un ardent ennemi des chrétiens d'Afrique fut le bey Châban, qui gouvernait le beylick de l'ouest, en 1686. A la tête de ses hordes d'Arabes, il marcha contre Oran et livra un combat homérique, à une portée d'arquebuse de la ville, dans lequel le commentateur de l'Halfaouïa le peint ainsi :

« Il fit preuve, dans le dernier combat qu'il livra, d'une valeur à faire pâlir les exploits d'Antara, fils de Cheddad. Un des témoins de cette journée mémorable, dit que Châban eut, dans la mêlée, deux sabres brisés dans la main. Son ardeur dans l'action fut incomparable. Il s'était paré de ses plus somptueux vêtements ; il montait le plus généreux de ses coursiers. Tant que l'ennemi tarda à paraître, il rangea en ordre ses combattants, et ne cessa de les exciter en criant : Au martyre ! au martyre de la foi ! »

Après avoir fait des prodiges de valeur, le fanatique Châban fut tué au milieu de la mêlée. « Les chrétiens, ajoute le commentateur, exposèrent sa tête au-dessus de la porte d'Oran, et la nuit ils allumaient au-dessus un lampion. »

Les Espagnols eurent à soutenir les horreurs d'un long siège. Ils étaient constamment bloqués. Bou-Chelagram, bey de Maskara, succéda à Châban ; il vint attaquer Oran, mais sans succès. Par malheur, en 1708, un taleb (poète) d'Alger se mit à prêcher la guerre sainte. Le dey s'enflamma aux écrits énergiques, aux fanatiques prédications de ce thaleb, nommé Sidi-Mohammed-Ben-Mohammed-Ben-Aly-Ben-Yessead-ben-Saïd-Ben-Abd-el-Ouahed-Eben-Yehia-Eben-el-Abas.

Le dey Mohammed-Baktache remit le commandement de l'expédition à son khalifa Sidi-Hassan.

Ainsi menacée, la pauvre ville d'Oran demanda du secours à l'Espagne ; mais le moment était défavorable. On était alors, en Europe, au plus fort de la guerre de succession. Des trahisons, des défections avaient lieu. En 1706, don Luis Mon, chef de division des galères d'Espagne, ayant le commandement de vingt-deux navires, fut chargé de faire le blocus d'Oran ; mais il préféra rallier l'escadre anglaise et se mit à la disposition de l'archiduc Charles. La ville d'Oran fut donc abandonnée, en 1708, à son courage, à ses seules ressources. Elle fut emportée d'assaut, après Mers-el-Kebir, par les janissaires de Sidi-Hassan, qui, aux cris de mort habituels contre les chétiens : « Allah akbar ! (Dieu est grand !) au martyre ! au martyre ! » franchirent, le sabre aux dents, ses remparts, massacrèrent les troupes espagnoles, firent succéder le viol, l'incendie à l'égorgement, forçant les chrétiens à jeter à bas les clochers de leurs églises, les réduisant à l'esclavage.

L'allégresse gagna tous les musulmans. Le dey d'Alger, Mohammed-Baktache, faillit devenir fou de joie lorsqu'on lui écrivit, après la prise d'Oran : « O souverain ! ses portes se sont ouvertes ! » Ce qui n'empêcha pas le bienheureux dey d'Alger d'être assassiné par Dely-Ibrahim, lequel fut assassiné également trois mois plus tard ; mais il eut le temps de tuer Sidi-Hassan, dont il enviait la gloire, l'idole des Algériens, « le lion conquérant, la noble créature, le sublime Baba-Hassan, celui qui chassa les chrétiens d'Oran. »

Par le traité d'Utrecht, la France, l'Angleterre, la Hollande et l'Espagne ayant terminé la désastreuse guerre de succession, Philippe V songea à reprendre la ville d'Oran des mains des musulmans. Il publia à ce sujet un manifeste où il est dit : « La position de la place et du port d'Oran, donne à la régence d'Alger des avantages formidables sur les provinces méridionales de mon royaume. »

Une expédition composée de 28,000 hommes, portés par 51 bâtiments de guerre et 500 navires de transport, débarqua à l'Est du cap Falcon le 30 juin 1732. Les Espagnols défirent complètement les 40,000 Maures qui s'étaient opposés à leur descente. Le lendemain, ils entrèrent sans coup férir dans la place d'Oran. Malgré les attaques réitérées des beys de l'Ouest, l'Espagne garda Oran jusqu'en 1792. Mais elle recula plutôt devant les convulsions de la nature que devant les Maures; elle fut vaincue par une horrible catastrophe survenue dans la nuit du 8 au 9 octobre 1790.

A une heure du matin, lorsque toute la ville était plongée dans le sommeil, commença le tremblement de terre, « si profond, si terrible, dit le comte de Cumbre Hermosa, dans son rapport au roi Charles IV, qu'en moins de trois minutes, il ruina la majeure partie des édifices et ébranla le reste de fond en comble. »

Vingt-deux secousses renversèrent presque toutes les maisons d'Oran, enterrèrent vivantes, au milieu des décombres, plus de trois mille personnes, parmi lesquelles se trouvaient sept cent soixante-cinq hommes du régiment des Asturies, le gouverneur-général et sa famille.

Jamais le jour n'éclaira un tableau de désolation plus effrayant que celui d'Oran le 9 octobre. Ceux qui avaient survécu au tremblement de terre, s'attendaient d'un moment à l'autre à être engloutis, et demandaient à grands cris des prêtres pour les confesser; mais il n'y avait plus de prêtres; les blessés, les mourants imploraient des secours; mais les médecins, les médicaments et les hôpitaux étaient sous les décombres. Les déportés, qui, par la force des choses, parcouraient la ville en liberté, demandaient du pain; mais on était sans tamis, sans pétrins et sans fours pour la cuisson. Par surcroît de mal, les déportés se mirent à piller les maisons, et le visage féroce des Maures, accourus à la nouvelle de la ruine de la ville d'Oran, se montra aux habitants terrifiés.

Les Espagnols donnèrent alors un exemple de leur héroïque ténacité. Tant de désastres ne les accablèrent pas. Sous les yeux de leurs ennemis, ils relevèrent leurs murailles, organisèrent la défense, repoussèrent les Maures, qui comptaient déjà tenir une proie certaine. Le dey d'Alger, Mohammed-ben-Osman, combina ses forces avec celles du bey de Maskara, afin d'enlever aux chrétiens cette malheureuse ville. Le dernier siège d'Oran dura une année, pendant laquelle il fallut chaque jour accomplir des prodiges de valeur pour repousser l'ennemi, furieux de cette défense désespérée sur des ruines et des cadavres. Le 23 juillet 1791, le fort Saint-Philippe était sur le point d'être pris par les Arabes, lorsque le chevalier de Torcy, à la tête de trois cents gardes wallonnes, fit une impétueuse sortie, jeta les assaillants dans les fossés et revint frappé de neuf blessures avec trente-quatre hommes. Enfin, le dernier assaut, donné le 18 septembre par toutes les troupes du bey de Maskara, fut également repoussé par le brave de Torcy et les Espagnols.

La cour d'Espagne, moins constante que sa petite armée d'Afrique, désespéra du salut d'Oran. Le triste roi Charles IV, réservant toutes ses ressources pour l'indigne coalition contre la France républicaine, dans laquelle il était entré, livra sa plus importante possession de la côte d'Afrique au dey d'Alger Hassan, moyennant réserve d'un comptoir espagnol

semblable à l'ancien comptoir français de La Calle,
l'autorisation de pêcher le corail le long des côtes
de l'Ouest, et quelques autres stipulations commerciales assez insignifiantes. Le 5 mars 1792, les derniers soldats espagnols sortirent d'Oran et s'embar-
quèrent pour l'Espagne, à laquelle il ne resta plus
en Afrique que ses possessions du Maroc : Melila,
Ceuta, le Penon de Velez.

Le lendemain, 6 mars, les musulmans firent une
entrée triomphale dans Mers-el-Kebir et Oran, qu'ils
gardèrent jusqu'en janvier 1831, époque à laquelle
le comte de Damrémont vint congédier, au nom de
la France, l'avilissant despotisme des beys d'Oran.

Un exemple suffira pour convaincre nos lecteurs
des aberrations et des cruautés des beys de l'Ouest,
qui ont dépassé en criminelles folies les Néron et
les Caligula. Le bey d'Oran passait ses journées à
couper lui-même la tête des malheureux qu'il avait
condamnés. Presque toujours ivre, ce bey hébété
et féroce déshonorait dans son palais les filles qu'il
faisait publiquement enlever par ses chaouchs. Tant
d'infamies suscitèrent une révolte de tribus, à la
tête desquelles marcha celle des Beni-Ahmer ; Mekalech les vainquit au Tamrouza. La puissante
tribu des Beni-Ahmer, qui avait toujours secondé
les Espagnols, fut marquée de l'ouchoum, c'est-à-
dire d'un tatouage à la figure, constatant son état
de vasselage. Ce signe de servitude avait été souvent
imposé à des peuplades vaincues par les Romains
et les Goths. Comme la nature humaine allie souvent une certaine grandeur au crime, Mekalech fit
grâce à un Arabe des Bordjias qui avait voulu venger
l'enlèvement de sa sœur en tirant un coup de pisto-

let sur le bey. Mais cet Arabe, devenu à tort enthousiaste d'un tyran aussi généreux, vint quelques mois après lui révéler une trame de ses ennemis. Le bey, pour le remercier, le fit étrangler. L'enlèvement d'une Hélène arabe, qui venait d'épouser l'agha des Zucélas, perdit Mekalech. Ses odieux chaouchs ravirent avec la plus odieuse brutalité la belle épouse de l'agha et la firent marcher nue devant eux jusqu'au château d'Oran, en frappant à coups de bâton les Arabes ameutés et indignés de ce spectacle. Ils se conformaient pourtant aux instructions de leur maître, qui leur avait ordonné de compter les pas de la belle arabe de sa demeure au palais du bey, pour qu'on lui donnât autant de solthanis d'or. Enfin, las du sanglant gouvernement de Mekalech, les Arabes d'Oran adressèrent leurs plaintes à Alger. L'agha Omar fut envoyé à Oran pour se défaire du terrible bey. On lui appliqua une calotte de fer rouge, sur la tête, et, lorsqu'il eut avoué avoir dissipé toutes les richesses du Trésor, il fut étranglé par ses propres chaouchs. Un autre bey d'Oran périt d'une manière aussi tragique. Bou-Kabous, l'homme au pistolet, ainsi nommé parce qu'il avait abattu à ses pieds, d'un coup de pistolet, un cheik qui lui avait déplu, fut livré aux chaouchs du dey d'Alger. Ils lui écorchèrent la figure, lui ouvrirent le ventre et l'accrochèrent par le dos à une branche de fer. Il vécut ainsi deux jours entiers, exposé aux outrages de la foule. Mais tirons le voile sur ces atrocités et revenons aux conquêtes des Espagnols dans la contrée de l'Ouest.

Ces importantes possessions de la côte d'Afrique, qui avaient coûté à l'Espagne trois siècles de luttes si sanglantes et si ruineuses, furent acquises à la France après quelques heures de fusillade. Il est vrai qu'Alger avait été pris l'année précédente. Cependant la France eut à combattre sérieusement dans la belliqueuse province de l'Ouest, où surgit le dernier défenseur de la nationalité arabe, Abd-el-Kader. Elle ne commit pas la faute de l'Espagne; elle ne se contenta pas d'occuper un port important de la Méditerranée ou de mettre une garnison dans Oran, elle comprit que, si elle n'absorbait pas les Arabes par la colonisation, par une heureuse transformation, elle serait enveloppée et dévorée par eux, comme le furent les Romains et les Espagnols; aussi, après trente ans à peine d'occupation, est-elle plus solidement assise dans la province d'Oran que ne le furent jamais les Espagnols après trois cents ans. Il faut dire, pour avoir toute la vérité, qu'il existe de Maure à Espagnol une haine créée par l'ancienne domination des musulmans en Espagne, par la violente expulsion des Morisques d'un pays où ils étaient établis depuis si longtemps, par les luttes séculaires sur les côtes d'Afrique, dont nous venons de dérouler le dramatique tableau, et, qui sait? peut-être même par le sang mêlé des deux races; car rien n'est terrible comme des frères ennemis. J'ai vécu dans la province d'Oran, peuplée encore de plus d'Espagnols que de Français, et jamais je n'ai vu s'établir une amitié réelle ou simplement de bonnes relations entre Arabes et Andalous, comme les appellent les indigènes.

Ces haines historiques, desquelles nous sommes heureusement dégagés, expliquent à la fois nos

succès faciles en Afrique et les résistances extraordinaires que les Espagnols ont trouvées. La haine
est une force, et toutes les fois que les Espagnols
mettent le pied sur la côte africaine, ils la déve-
loppent chez les Maures, leurs éternels ennemis.

FIN

TABLE DES MATIÈRES

9,641. — Abbeville, Imp. R. Housse, rue Saint-Gilles, 106.

LES FEMMES

ET LES MŒURS

DE L'ALGÉRIE

PARIS. — IMPRIMERIE DE J. CLAYE

Rue Saint-Benoît, 7

DEUXIÉME ÉDITION

LES FEMMES

ET LES MOEURS

DE L'ALGÉRIE

PAR

BENJAMIN GASTINEAU

PARIS

COLLECTION HETZEL

LIBRAIRIE J. CLAYE, RUE JACOB, 18

1863

www.ingramcontent.com/pod-product-compliance
Lightning Source LLC
Chambersburg PA
CBHW071629270326
41928CB00010B/1849